CW00330422

Romanian /
Limba Română

A Course in Modern Romanian

James E. Augerot

Romanian / Limba Română

A Course in Modern Romanian

The Center for Romanian Studies
LasVegas ◇ Oxford ◇ PalmBeach

Published in the United States of America by
Histria Books, a division of Histria LLC
7181 N. Hualapai Way
Las Vegas, NV 89166 USA
HistriaBooks.com

The Center for Romanian Studies is an imprint of Histria Books. Titles published under the imprints of Histria Books are distributed worldwide.

All rights reserved. No part of this book may be reprinted or reproduced or utilized in any form or by any electronic, mechanical or other means, now known or hereafter invented, including photocopying and recording, or in any information storage or retrieval system, without the permission in writing from the Publisher.

Second Printing, 2020

Library of Congress Control Number: 2020938310

ISBN 978-973-98392-0-4 (hardcover)
ISBN 978-1-59211-076-6 (paperback)

Copyright © 2000, 2020 by Histria Books

Contents

Part Two

Introduction
Introducere

This manual of Romanian is intended for all those who wish to learn this fascinating Eastern romance lanuage. Part One is intended to develop oral proficiency, each lesson containing a preparatory section in which the student is simultaneously introduced to pronunciation, intonation, and new semantic and syntactic structures. This portion is the cornerstone for the entire lesson. It is followed by a memorizable dialogue; a section with notes, grammatical, and otherwise: some drills and exercises; and a homework assignment. After the preparatory unit no new words or structures occur in a given lesson, allowing the student to concentrate on mastery of a limited set of new items.

The texts are couched in cultivated colloquial speech. In the texts there has been an attempt to gear the utterances of each character to what we consider the norm of his or her peer group in Romania today. Thus, a professor talks like a more or less typical professor, a student will exhibit some of the jargon of students, etc. Deviations from the prescribed literary norm are noted where the difference might be considered important.

The grammatical notes to each lesson are kept to a minimum in consideration of the fact that the prospective student of the Romanian language is likely to have already done extensive work in another language and should, therefore, have some linguistic sophistication. The grammar given is based on the principle that the beginner does not need elaborate explanation. It becomes more thorough and formal in the Part Two of the manual where the texts become more erudite and the emphasis shifts to the written language. The native Romanian speaker should note that grammatical analysis is sometimes at variance with traditional schemes. A pronunciation guide and more grammatical information are given in the Appendices. The spelling of Romanian conforms to the 1993 reform. Many Romanians continue to disagree with this reform, much as they did with the 1953 reform. Again, the most significant area in dispute has to do with the homophonic letters '*î* din i'and '*â* din a', but the new rules are kind to the foreign learner.[1]

The drills in each lesson touch upon the major new structures and are meant to be suggestive, not exhaustive. Individual teachers should supplement the drills in accordance with the needs of their students. The same comment applies to the homework. Note particularly that the preparation for each dialogue is a set of drills in itself. The teacher is expected to lead the students in oral repetition of each sentence and to incorporate previous materials while doing so. For instance, each time a new

---

[1] Use '*î* din *î*' at the beginning or end of a word (ignoring prefixes and recognizing that there are compound words) and use '*â* din a' everywhere else.

verb is introduced, the teacher should see to it that all tenses and persons studied to that point are actively elicited during the lesson.

Throughout the textbook the vocabulary is controlled and repeated periodically. No attempt has been made to give exhaustive treatment to any semantic group of words. It is assumed that once the student can effectively use expressions with the words for the colors 'red' and 'blue,' for instance, he or she may add at will from a dictionary any additional hues needed. The same is obviously true of plant names, nationalities, foods, etc. Please note that in the preparatory portion of each lesson the translations are given in the context of the dialogue and, thus, may not always be illustrative of other meanings commonly carried by the item in question. A complete lexicon is provided at the end of the book.

Part Two of the textbook shifts the emphasis from conversation to vocabulary acquisition by means of extensive reading selections, preceded by shorter texts which anticipate new vocabulary and difficult constructions that will appear in the main text. These preparatory readings are not designed specifically to be informative or interesting, but with the practical purpose of introducing words and concepts that will occur in the main text for that lesson. A certain amount of inelegance was unavoidable in the construction of these preliminary texts. Certain opinions or topics are necessitated solely by the thematic content of the principal text and are not intended to sustain a particular point of view. It was difficult to anticipate the lexicon and structures of some texts without carrying some of their flavor into the preparatory pieces.

The author would appreciate any comments the reader may care to make. I would especially value observations from students who use this manual since it is for them the manual was constructed.

The original version of this manual was developed in the 1960s by Florin Popescu and myself. It has now been thoroughly revised and updated to reflect the changes taking place in Romania today. It is difficult to give precise credit for the various improvements since in over 25 years of use many people have made suggestions which have led to the current form of the textbook. The series of Fulbright lecturers who have taught Romanian here at the University of Washington, beginning with Theodor Hristea and continuing through Marin Petrişor, Corneliu Căpuşan, Dan Grigorescu, Mircea Borcilă, Ioan Şeuleanu, Aurel Sasu, Liliana Ionescu-Ruxăndoiu, Rada Proca, Radu Rotaru, and Dumitru Dorobăţ have all contributed immensely. Special thanks to Professor Dumitru Irimia of the Romanian Department at the A.I. Cuza University in Iaşi, for allowing me to use his detailed explanations of verbal categories in the tables at the end of the book. Most recently, Oana Bott of Babeş-Bolyai University made a substantial contribution by proofreading the revised version.

I must also thank Kostas Kazazis and Rodica Boţoman who used this manual with several generations of students and offered useful suggestions.

James E. Augerot
University of Washington

Part One
Partea întâi

Lesson 1
Lecţia întâi

1.1. Pronunţie şi vocabular

Să plecăm.	Let's leave.
Vrem să plecăm.	We want to leave.
Unde să plecăm?	Where are we going (leaving to)?
Tocmai vrem să plecăm.	We were just wanting to leave.
Mai întâi să plecăm.	Let's leave first.
Mergem la facultate.	We are going to the department.
Mai întâi mergem la facultate.	First, we are going to the university.
Mergem împreună la facultate.	We are going together to the university.
Să mergem apoi la facultate.	Let's go afterwards to the university.
Bine, apoi mergem la bibliotecă.	Fine, afterwards we are going to the library.
Apoi la bibliotecă.	Afterwards to the library.
Apoi la cofetărie.	Then to the coffee shop.
Întâi (mergem) la facultate şi apoi la bibliotecă.	First, (we are going) to the department and then to the library.
Atunci mergem întâi la cofetărie.	Then, we are going first to the coffee shop.
Mâncăm ceva.	We are eating something.
Să mâncăm ceva.	Let's eat something.
Vrem să mâncăm ceva.	We want to eat something.
Vrem să mâncăm ceva împreună.	We want to eat something together.
Vrem să mâncăm ceva la cofetărie.	We want to eat something at the coffee shop.
Vrem să plecăm la facultate.	We want to go to the department.

Vrem să mergem la bibliotecă.	We want to go to the library.
Dar noi vrem să mâncăm ceva.	But we want to eat something.
Unde mergeţi?	Where are you going?
Unde plecaţi?	Where are you going (leaving to)?
Unde mâncaţi?	Where are you eating?
Mergeţi la facultate?	Are you going to the department?
Plecaţi la bibliotecă?	Are you going to the library?
Mâncaţi ceva la cofetărie?	Are you having (eating) something at the coffee shop?

1.1.1. Expresii uzuale (Common expressions)

Bună dimineaţa!	Good morning.
Bună ziua!	Good day.
Ce mai faceţi?	How are you? (*lit.* What more are you doing?)
Mulţumim, bine!	Fine, thanks. (*lit.* We thank [you].)
Cu plăcere!	You are welcome. (With pleasure.)

1.2. Text: La universitate

— Bună dimineaţa! Ce mai faceţi?

— Mulţumim, bine! Tocmai vrem să plecăm.

— Unde mergeţi?

— Mai întâi la facultate şi apoi la bibliotecă.

— Foarte bine. Mergem împreună.

— Cu plăcere, dar noi vrem să mâncăm ceva.

— Atunci mergem întâi la cofetărie.

1.2.1. Observaţii şi note (Notes and observations)

1. **Pronumele personale.** In contrast to English, the personal pronouns in Romanian are seldom used. Thus, for 'we go' the Romanian most often simply says *mergem*. *Noi mergem* is used to place emphasis upon the 'we.' You will note that this is possible in Romanian without ambiguity since the verbal endings *-m* and *-ţi* are sufficient to differentiate between persons;

facem	'we do'	faceţi	'you do'
mergem	'we go'	mergeţi	'you go'

2. It must also be noted that as in the other Romance languages, the same verbal form translates both 'we go' and 'we are going,' 'we do' and 'we are doing,' etc. in English.

3. **Accent.** The word accent in Romanian normally falls on the penultimate syllable of what we shall later show to be the *base form* of the word. For now, it is sufficient to place the accent on the next to last syllable of those ending in vowels and the final syllable for those ending in consonants. (In other words, *on the vowel before the last consonant* in both cases.) Wherever this rule does not apply, a vowel in bold type will indicate the accented syllable.

	Thus:	unde	[únde]
		bibliotecă	[bibliotéko]
		plecăm	[plekóm]
	But:	facem	[fáčem]
		ceva	[čevá]

4. **Intonaţie.** Although many patterns are possible, the following three intonation contours are quite basic:

a. Statement: Mergem împreună la facultáte.
b. Yes-no: Mâncaţi ceva la cofetărié?
c. Question: Únde plecaţi? Cé mai faceţi?

5. **Facultate.** A Romanian *facultate* is somewhere between an American 'department' and 'college' or 'school.' The *facultate* is the immediate subdivision of the university, with a dean in charge, but often one encounters a *Facultate de chimie* or a *Facultate de limbi străine*, which correspond to a 'Chemistry Department' or a 'Department of Foreign Languages,' respectively.

1.2.2. Substituiri şi transformări

In the following simply repeat the major sentence elements substituting the new parts:

Model: Unde mergeţi?

_____ plecaţi?

_____ mâncaţi?

Model: Unde mergeţi mai întâi?

_____ plecaţi _____ ?

_____ mâncaţi apoi?

Model: Mergeţi la universitate?

_____ facultate?

_____ cofetărie?

Plecaţi _____ ?

Mâncați _____?

Model: Mergeți mai întâi la universitate?

_____ facultate?

_____ bibliotecă?

_____ cofetărie?

_____ apoi _____?

_____ facultate?

_____ universitate?

_____ bibliotecă?

Plecați_____?

_____ universitate?

Mâncați _____ la cofetărie?

Model: Unde vreți să mergeți?

_____ plecați?

_____ mâncați?

Model: Mergem mai întâi la universitate?

_____ facultate?

_____ apoi _____?

Plecăm _____?

Mâncăm _____?

Model: Tocmai vrem să mergem la facultate?

_____ plecăm _____?

Apoi _____ mergem _____?

_____ mâncăm _____?

Mai întâi_____?

Model: Ce faceți la facultate?

_____ universitate?

_____ bibliotecă?

_____ cofetărie?

_____ mâncați _____?

Model: Ce faceţi apoi?

_____facem _____?

_____ mai întâi?

_____ faceţi _____?

Oral practice

Listen to the instructor and repeat the names:

Iorga, Eminescu, Caragiale, Coşbuc, Hasdeu

Macrea, Ibrăileanu, Iorga, Puşcariu, Slavici

Canarache, Băltăcean, Cernăuţeanu, Grigorescu, Ştefănescu

Vârtosu, Vlahuţă, Delavrancea, Densusianu, Popovici

Note the pronunciation of the diphthongs written *ea, ia, eu, iu* as well as the fact that final *i* has an effect on the preceeding consonant but is not pronounced as a full vowel.

Exerciţii pentru acasă

Practice writing Romanian by copying the text.

Lesson 2
Lecția a doua

2.1. Pronunție și vocabular

Luați loc!	Sit down! (*lit.* Take a place!)
Vă rog să luați loc!	Please sit down.
Ce faceți astăzi?	What are you doing today?
Ce serviți astăzi?	What are you having today? (What are you serving today?)
Tort ori prăjitură.	Cake or pastry.
Serviți tort ori prăjitură?	Will you have cake or cookies (pastries)?
Serviți numai cafea și apă minerală?	Will you have only coffee and mineral water?
Mâncăm tort ori prăjitură.	We'll eat cake or cookies (pastries).
Mai întâi, luăm o prăjitură.	We'll have a pastry first.
O cafea cu zahăr.	A coffee with sugar.
O cafea fără zahăr.	A coffee without sugar.
Aducem o cafea cu zahăr.	We're bringing a coffee with sugar.
Aduceți repede o cafea cu zahăr.	Bring a coffee with sugar right away.
Aduceți o cafea fară zahăr.	Bring a coffee without sugar.
Doriți un coniac?	Would you like a cognac?
La cafea, doriți și coniac?	Would you like cognac with your coffee?
La prăjitură doriți apă minerală?	Would you like mineral water with your pastry?
Nu avem timp.	We don't have time.
Nu avem cafea.	We don't have coffee.
Nu avem coniac.	We don't have cognac.

Aveți cafea?	Do you have coffee?
Aveți coniac?	Do you have cognac?
Nu avem nici cafea.	We don't have coffee either.
Nu avem nici coniac.	We don't have cognac either.
Nu avem nici cafea, nici coniac.	We don't have either coffee or cognac.
Luăm o cafea.	Let's take a coffee.
Să luăm și o cafea.	Let's have a coffee, too.
Trebuie să luăm cafea.	We have to have coffee.
Astăzi trebuie să luați ceva.	Today you have to take (have) something.
Trebuie să mergem.	We have to go.
Trebuie să mergeți acum.	You have to go now.
Trebuie să mergem repede.	We have to go quickly.
Trebuie să mergeți repede la facultate.	You have to go quickly to the university.
Trebuie să plecăm astăzi.	We have to leave today.
Trebuie să plecați astăzi.	You have to leave today.
Venim mâine.	We're coming tomorrow.
Venim după curs.	We're coming after the course.
Venim la facultate acum.	We're coming to the univetsity now.
Venim la cofetărie după curs.	We're coming to the coffee shop after the course.
Venim și noi după curs.	We, too, are coming after class.
Veniți la bibliotecă acum?	Are you coming to the library now?
Veniți astăzi sau mâine?	Are you coming today or tomorrow?
Venim mâine.	We're coming tomorrow.
Venim după curs sau mâine.	We're coming after the course or tomorrow.
Venim repede.	We're coming quickly (right away).
Venim repede după curs.	We're coming quickly after the course.
Nici mâine nu venim.	We aren't coming tomorrow either.
Nici astăzi nu plecăm.	We aren't leaving today either.
Nici prăjitură nu servim.	We won't have pastry either.
Astăzi nu servim nici coniac.	We won't even have cognac today.

2.1.1. Expresii uzuale (Common expressions)

De acord.	O.K. (all right)
Bună ziua!	Good day.
Vă rog!	Please. (*lit.* I pray you.)
Luaţi loc!	Sit down. (*lit.* Take a place.)

2.2. Text: La cofetărie

CHELNERUL: Bună ziua! Luaţi loc, vă rog! Ce serviţi astăzi?

ION: Ce aveţi?

CHELNERUL: Avem tort ori prăjitură; cafea şi apă minerală.

ANGHEL: Nu vrem nici prăjitură nici tort.

ION: Mai întâi aduceţi numai o cafea cu zahăr şi o cafea fără zahăr. Apoi şi apă minerală.

CHELNERUL: La cafea doriţi şi coniac?

ION: Astăzi, nu! Nu avem timp. Trebuie să mergem la facultate.

ANGHEL: De acord, acum nu. Venim după curs sau mâine.

2.2.1. Observaţii şi note

1. **Articolul nehotărât.** The indefinite article has two singular forms: *o, un*. The *o* occurs with the majority of nouns ending in a vowel (feminines) and *un* with those in a consonant (masculines and neuters):

un tort	o cafea
un coniac	o prăjitură
un curs	o cofetărie

   Exceptional forms will be noted as they occur.

2. **Imperativ.** The plural-polite imperative corresponds exactly to the second person plural:

Mergeţi.	You are going.	Mergeţi!	Go!
Plecaţi.	You are leaving.	Plecaţi!	Leave!

3. **Trebuie.** *Trebuie* 'one must, one should' is an impersonal form used normally with the particle *să* plus a conjugated verb form:

Trebuie să mergem.	We must go.
Trebuie să mergeţi.	You must go.

   If the pronoun subject occurs, it is placed before the impersonal verb form:

Noi trebuie să mergem.	We have to go.
Dumneavoastră trebuie să mâncaţi.	You have to eat.

4. **Dorim, doriţi.** Although this verb means 'want, desire,' its formulaic use by waiters and/or the politeness implied in its use causes it to be the equivalent of 'would want, desire' in English.

2.2.2. Exerciţii.

Substituiri

Review the sentence types we have seen so far by substituting major sentence elements in the following:

Model: Ce aveţi astăzi?

_____ serviţi _____ ?

Continue with: *mâncaţi, faceţi, vreţi.*

Model: Trebuie să aduceţi ceva.

_____ serviţi _____ ?

Continue with: *mâncaţi, faceţi, vreţi.*

Model: Serviţi un coniac, vă rog!

_____ un tort, _____ .

Continue with: *o prăjitură, o cafea, o apă minerală, ceva.*

Model: Vă rog să aduceţi o cafea.

_____ un tort.

Continue with: *o prăjitură, o cafea, o apă minerală, ceva.*

Model: Venim după curs.

_____ mâine.

Continue with: *acum, astăzi, repede, apoi, mai întâi.*

Întrebări şi răspunsuri

Ce vreţi să mâncaţi?	Vrem să mâncăm o prăjitură (un tort).
Ce vreţi să serviţi?	Vrem să servim _____ .
Ce aveţi astăzi?	Astăzi avem _____ .
Unde trebuie să mergeţi acum (astăzi, mâine)?	Acum trebuie să mergem la facultate. (curs, etc.).
	Astăzi trebuie să plecăm la universitate (facultate, etc.).

Ce trebuie să faceți astăzi (acum, mâine)?   Acum trebuie să servim un coniac (o cafea, etc.)

Mâine trebuie să mâncăm o prăjitură (un tort).

Exerciții pentru acasă (Homework)

Complete each of the following sentences in at least three ways:

Trebuie să _____.

Nu avem _____.

Vă rog să _____.

Lesson 3
Lecția a treia

3.1. Pronunție și vocabular

Intrăm în cofetărie.	We're going into the coffee shop.
Intrăm în bibliotecă.	We're going into the library.
Intrați în bibliotecă.	You're going into the library.
Intru în facultate.	I am entering the department.
Intri în facultate.	You [singular] are going into the department (university).
Ieșim din cofetărie.	We're leaving the coffee shop.
Ieșiți din bibliotecă.	You're going out of the library.
Ies din bibliotecă.	I'm leaving the library.
Ieși din facultate.	You're going out of the department.
Ies acum din facultate.	I'm leaving the department now.
Trebuie să intru în facultate.	I have to (should) go in the department.
Trebuie să intri în facultate.	You have to go in the department.
Trebuie să intrăm acum la lecție.	We have to go into class now.
Acum, trebuie să intrați la lecție.	Now, you have go to the lecture (class).
Mai întâi trebuie să intri la lecție.	First, you have to go to class.
Trebuie mai întâi să intru în cofetărie	First I have to go to the coffee shop.
Apoi trebuie să intrați în bibliotecă.	Then you have to go to the library.
Trebuie să intrați întâi în bibliotecă și apoi în facultate.	You have to go to the library first and then to the department.
Ies eu mai întâi.	*I* go out first.

Ieşi dumneata mai întâi.	*You* exit first.
Trebuie să intru eu mai întâi.	*I* am supposed to enter first.
Apoi, trebuie să intri dumneata.	*You* are supposed to enter afterwards.
Trebuie să intru eu mai întâi şi apoi, dumneata.	*I* am supposed to enter first and you, afterwards.
Sunt grăbit. (grăbită)	*I* am in a hurry. (feminine form)
Eşti grăbit. (grăbită)	*You* are in a hurry. (feminine form)
Sunt şi eu grăbit.	*I*, too, am in a hurry. (I am in a hurry, too).
Eşti şi dumneata grăbit.	*You*, too, are in a hurry.
Sunt grăbit. Merg la lecţie.	I'm in a hurry. I'm going to class.
Şi eu sunt grăbită. Merg la o lecţie de limba romănă.	I'm in a hurry, too. I'm going to a Romanian class (lesson).
Merg acolo.	I'm going there.
Merg şi eu tot acolo.	I am going there, too.
Tot acolo merg şi eu.	I am going there, too.
Mergi acolo.	You are going there.
Mergi şi tu acolo.	You also are going there.
Tot acolo mergi şi tu.	You are going there, too.
Vrem să plecăm.	We want to leave.
Vreau să plec.	I want to leave.
Vrem să învăţăm.	We want to study.
Vreau să învăţ.	I want to study.
Vrei să înveţi.	You want to study.
Vrem să ştim.	We want to know.
Vreau să ştiu.	I want to know.
Vrei să ştii.	You want to know.
Ştii ceva?	Do you know something?
Nu ştiu nimic.	I don't know anything.
Ştii că învăţ limba romănă?	Do you know that I am learning (studying) the Romanian language?
Nu ştiu că înveţi limba romănă.	I don't know that you are learning (studying) the Romanian language.
Vreau să învăţ limba romănă.	I want to learn Romanian.
Ştii că trebuie să merg la lecţie?	Do you know that I have to go to class?

Nu ştii că trebuie să intru eu mai întâi? | Don't you know that *I* should enter first?

Aşteaptă! Nu ştii că trebuie să intru
eu întâi şi apoi, dumneata? | Wait, don't you know that *I* should enter
first and *you,* afterwards?

Trebuie să ştii că şi la ieşire, eu ies
mai întâi şi apoi ieşi dumneata. | You must know that at the exit, too, *I* leave
first and *you* leave afterwards.

Serviţi încă o cafea? | Are you having another coffee?

Mâncaţi încă o prăjitură? | Are you eating another pastry?

Mai mâncaţi încă o prăjitură? | Are you eating yet another pastry?

Învăţaţi încă o lecţie? | Are you studying another lesson?

Dumneata trebuie să mai înveţi încă o lecţie. | You have yet to learn another lesson.

Care? | Which?

Care lecţie? | Which lesson?

Ce fel de lecţie? | What kind of lesson?

O lecţie de politeţe? | A lesson in politeness?

Care cofetărie? | Which coffee shop?

La care bibliotecă? | To which library?

La care bibliotecă vrei să mergem? | To which library do you want us to go?

3.1.1. Expresii uzuale

Pardon!	Pardon.
Scuzaţi.	Excuse me.
Mulţumesc!	Thank you.
Aşa?!	So? Is that so?
Adică...	That is...; I mean...

3.2. Text: O lecţie de...?

ION: Pardon, domnişoară!

IOANA: Aşteaptă, domnule! Nu ştii că trebuie să intru eu mai întâi şi apoi dumneata?

ION: Scuzaţi! Sunt grăbit. Merg la lecţie.

IOANA: Şi eu sunt grăbită. Merg la o lecţie de limba română.

ION: Aşa?! Toc acolo merg şi eu. Vreau să învăţ limba română.

IOANA: Perfect. Dar dumneata trebuie să mai înveţi încă o lecţie.

ION: Ce fel de lecţie?

IOANA: O lecţie de... politeţe!

ION: Adică?!

IOANA: Trebuie să ştii că şi la ieşire, eu ies întâi, şi apoi ieşi dumneata.

ION: Mulţumesc! Acum ştiu.

3.3. Observaţii şi note

1. **Şi.** The word şi may also mean 'also' or 'too.' It emphasizes whichever sentence constituent it occurs with, e.g.:

Eu vreau un tort pentru Ion.	I want a cake for Ion.
Şi eu vreau un tort pentru Ion.	I, too, want a cake for Ion.
Eu vreau şi un tort pentru Ion.	I want a cake, too, for Ion.
Eu vreau un tort şi pentru Ion.	I want a cake for Ion, too.

   Both... and... is also translated with *şi: Şi ea şi el merg la cofetărie.* 'Both she and he are going to the coffee shop.'

2. **Palatalizare.** The vowel *i* in word final position causes palatalization in preceding consonants or consonant groups, some of which call for a different symbol:

plec	[plek]	pleci	[pleč]
ies	[jes]	ieşi	[ješ]
merg	[merg]	mergi	[merǧi]
servesc	[servesk]	serveşti	[servešti]

3. **Dumneata.** Ioana in the dialogue addresses Ion with the second person singular which normally indicates a great degree of intimacy, but here she softens it by using the polite second person pronoun *dumneata.* Most often two students would quickly shift into the *tu* form if they knew one another fairly well, and they would rarely address one another with *dumneavoastră* plus the second plural form of the verb. Here Ioana achieves a certain distance by using the *dumneata* form, while Ion plays the respectful stranger by using the second plural forms of the verb that would go with an implied formal *dumneavoastră.* Thus, there is a three level system of politeness in Romanian. We will discuss it further in the following lessons.

3.4. Exerciţii

3.4.1. Substituiri

Model: Intru şi eu în facultate.

_____ tu _____?

Continue with: *dumneata, noi, eu, dumneavoastră.*

Model: Trebuie să mergeți dumneavoastră mai întâi.

_____ merg _____?

Continue with *mergem, mergi; ies, ieșiți, ieșim, învăț; plec; mănânc.*

Model: Vreau să învăț o lecție.

Vrem _____ .

Continue with *vrei, vreau; doresc, dorim, doriți, dorești.*

Model: Plec acasă. *Plec și eu acasă.*

Pleci acasă? *Pleci și tu acasă?*

Plecați acasă?_____?

Merg la cofetărie. _____ .

Mergi la cofetărie?_____?

Mergeți la cofetărie? _____?

Vreau să învăț. _____ .

Vrei să înveți? _____?

Vreți să învățați? _____?

Model: Mergem la lecție. *Tot acolo mergem și noi.*

Plecăm la bibliotecă. *Tot acolo* _____ .

Mâncăm ceva la cofetărie _____ .

Merg la lecție._____ .

Mănânc la cofetărie. _____ .

Plec la bibliotecă_____ .

3.4.2. Întrebări și răspunsuri

1. Practice the response formula in the negative:

Unde mergi?	Merg la universitate.
	Nu vrei să mergi și dumneata?
Unde pleci?	Plec acasă.
	Nu vrei să pleci și dumneata?
Unde mănânci?	Mănânc la cofetărie.
	Nu vrei să mănânci tot acolo?

Unde înveți?   Învăț la bibliotecă.

                                            Nu vrei să înveți și tu acolo?

Try these also with the plural forms:

Unde mergi apoi?   *Apoi merg la o lecție de limba română.*

Unde intri mai întâi?   _____?

Vrei să știi?   *Da, vreau să știu.*

Vrei să înveți?   _____?

Vrei să ieși (mergi, pleci etc .)?   _____?

Exerciții pentru acasă

Use the expressions *vreau să* and *vrei să* in sentences with each of the verbs below, e.g.

    plec: Vreau să plec acasă.   *Vrei să pleci acasă și tu?*

Continue with: *merg, mănânc, iau (iei), aduc, am (ai), intru, ies, învăț (înveți), știu.*

Lesson 4
Lecţia a patra

4.1. Pronunţie şi vocabular.

Eşti vesel (veselă).	You're happy (gay).
Astăzi eşti vesel.	Today you're happy.
Astăzi mai eşti vesel?	Today are you still happy?
Astăzi mai eşti tristă?	Today are you still sad?
Sunt trist.	I'm sad.
Acum sunt trist.	Now I'm sad.
Acum nu mai sunt trist.	Now I'm not sad anymore.
Sunt cam trist.	I'm rather sad.
Eşti cam trist.	You're rather sad.
Uneori eşti cam trist.	Sometimes you're rather sad.
Îmi pare bine.	I'm glad. (It seems good to me.)
Îţi pare bine.	You're glad. (It seems good to you.)
Îmi pare bine că astăzi eşti vesel.	I'm glad that you're happy today.
Îţi pare bine că acum sunt vesel?	Are you glad that I am happy now?
De ce vrei să ştii?	Why do you want to know?
De ce sunt veselă?	Why am I happy?
Vrei să ştii de ce sunt vesel?	Do you want to know why I am happy?
Pentru că, uneori, eşti cam trist.	Because sometimes you're rather sad.
Sigur că vreau să ştiu.	Sure I want to know.
Bine că vrei să ştii.	It's good that you want to know.
Vin de la cofetărie.	I am coming from the coffee shop.

Vin de la dentist.	I am coming from the dentist.
Venim de la bibliotecă.	We're coming from the library.
Vii de la dentist și mai ești și vesel?	You're coming from the dentist and you're still happy?
Sunt la cofetărie.	I am at the coffee shop.
Sunt acasă.	I'm at home.
Ești acasă.	You're at home.
Mai ești acasă?	Are you still at home?
Nu sunt acasă.	I'm not at home.
Nu e acolo.	He (she) isn't there.
El nu e acolo.	He isn't there.
Astăzi nu e acolo.	Today he isn't there.
Nu este nimeni acolo.	No one is there.
Nu e nimeni acolo.	No one's there.
Nu-i nimeni acolo.	No one's there.
Nu-i nimeni în cabinet (ul medical).	No one's in the (doctor's) office.
Nu e nimeni în cabinet.	No one's in the office.
Nu este nimeni în cabinet.	No one is in the office.

4.1.1. Expresii uzuale.

Imi pare bine!	I'm glad. (*lit.* It seems good to me).
Formidabil!	Great!
Nimic curios!	That's not strange!

4.2. Text: De ce e vesel Anghel?

ION: Îmi pare bine că astăzi ești vesel.

ANGHEL: De ce îți pare bine?

ION: Pentru că, uneori, ești cam trist.

ANGHEL: Și nu știi de ce sunt vesel?

ION: De unde să știu?

ANGHEL: Și vrei să știi?

ION: Da, sigur că vreau să știu.

ANGHEL: Ei bine, vin de la dentist.

ION: Formidabil! Vii de la dentist şi mai eşti şi vesel?!

ANGHEL: De ce nu? Nimic curios! Astăzi nu e acolo. Nu-i nimeni.

4.3. Observaţii şi note

1. **Vorbirea familiară.** The third person singular of the verb 'to be' in Romanian is *este*, and it is often reduced in informal speech to *e* or *i*; thus there is a good correspondence between English and Romanian:

   el este — *he is*   el nu este — *he is not*

   el e — *he's*   el nu e (nu-i) — *he isn't*

2. **Double negatives.** In Romanian one must negate the main verb when a negative pronoun or adverb is used.

   Nu e nimeni acolo.   There is no one there.

   Nu vreau nimic.   I don't want any. (I want none.)

   Noi nu avem nici cafea.   We don't have coffee either.

3. **Adjectiv.** Romanian adjectives agree in gender with the noun they modify:

   masculine: *feminine*:

   Ion e trist.   Ioana e tristă.

   Ion e vesel.   Ioana e veselă.

   Tu eşti formidabil!   Tu eşti formidabilă!

4.4. Exerciţii

4.4.1. Substituiri

Model: Ion este cam vesel.

_____ trist.

Continue with: *bun, grăbit, trist.* Repeat with *Ioana.*

Model: Sunt şi eu la cofetărie.

_____ în cabinet.

Continue with: *lecţie, cofetărie, bibliotecă, acasă.*

Model: Vin de la dentist.

_____ facultate.

Continue with: *cofetărie, cabinet,* etc.

Model: E sigur. Merg acasă. *E sigur că merg acasă.*

E bine. Vrei să ştii. _____ .

E formidabil. Tu eşti vesel. _____ .

E bine. Nu-i nimeni acasă_____ .

Nu-i bine. Nu-i acasă. _____ .

4.4.2. Întrebări şi răspunsuri

Îţi pare bine că mergem la facultate?	Da, îmi pare bine că...
Îţi pare bine că plecăm de la dentist?	Da, îmi pare bine...
Eşti trist(-ă) (vesel, grăbit)?	Da, sunt trist(-ă). Nu, nu sunt trist(-ă). (etc.)
De unde vii (vin, venim, veniţi)?	Vin de la cofetărie (facultate, bibliotecă, lecţie, etc.).
Unde mergi (merg, mergem, mergeţi)?	Merg la lecţie. (etc.)
Unde eşti?	Sunt la dentist (facultate, etc.).
Vreţi să ştiţi de ce sunt la facultate (bibliotecă, etc.)?	Da, vrem să ştim...
De ce eşti la facultate (cofetărie etc.)?	Pentru că vreau să învăţ (să mănânc, etc.)

4.4.3. Exerciţii pentru acasă

Finish each of the following sentences in at least three ways:

Veniţi de la _____ ?

Plec la _____ .

Eşti în _____ ?

Vreţi să ştiţi de ce _____ ?

Bine că _____ .

Lesson 5

Lecţia a cincea

5.1. Pronunţie şi vocabular

Maria este o fată.	Maria is a girl.
Ea este o vânzătoare.	She is a salesclerk.
Ea e o cumpărătoare.	She's a customer.
Ea este veselă.	She is jolly.
Ea e o fată veselă.	She's a jolly girl.
Ea este o fată cuminte.	She is a good (well-behaved) girl.
Maria este o vânzătoare bună.	Maria is a good salesclerk.
Ea este simplă.	She is simple (plain).
Ea e o simplă vânzătoare.	She's a plain clerk (just a clerk).
Plecăm la şcoală.	We're leaving for school.
Pleacă la şcoală.	He (she) is leaving for school.
Aducem apă.	We're bringing (some) water.
Aduce apă la masă.	He brings water to the table.
Mâncăm frumos.	We eat nicely (in a nice manner).
Mănâncă frumos.	He eats nicely.
Venim acasă.	We come home.
Vine acasă.	She comes home.
Ştim o poezie.	We know a poem.
Ştie o poezie.	He knows a poem.
Lucrăm la birou.	We work at the office.
Lucrează într-un magazin.	She works in a store.

Ea lucrează ca vânzătoare într-un magazin.	She works as a salesclerk in a store.
Pleacă la timp la şcoală.	She leaves for school on time.
Merge atent pe stradă.	She walks attentively down the street.
Vine devreme acasă.	She comes home early.
Mănâncă frumos.	She eats nicely.
Mănâncă atent o prăjitură.	He eats a pastry attentively.
Ştie ceva.	She knows something.
Ştie şi o poezie.	He knows a poem, too.
Ştie şi o poezie frumoasă.	He knows a lovely poem, too.
Învăţăm bine.	We study well.
Învaţă bine.	He studies well.
Adunăm bine.	We add well.
Adună bine.	She adds well.
La aritmetică încă nu adună bine.	He doesn't add well in arithmetics yet.
Aveţi cafea bună?	Do you have good coffee?
Avem o idee.	We have an idea.
Ea are o idee.	She has an idea.
El are o idee bună.	He has a good idea.
Eu am o idee bună.	I have a good idea.
Bunica are o idee bună.	Grandmother has a good idea.
Suntem la cofetărie.	We are at the coffee shop.
Suntem într-un magazin.	We are in a store.
Sunteţi într-o bibliotecă.	You are in a library.
Eşti într-un birou.	You are in an office.
Presupunem că suntem într-un magazin.	Suppose (pretend) that we are in a store.
Să presupunem că suntem la cofetărie.	Let's suppose that we are in a coffee shop.
Avem o lecţie de aritmetică.	We have an arithmetic lesson.
Are o lecţie de pedagogie.	He has a lesson in pedagogy.
Ai o lecţie de limba română?	Do you have a Romanian lesson?
Când ai lecţie?	When do you have a lesson?
Într-o zi când nu ai lecţie de aritmetică.	Some day when you don't have an arithmetic lesson.
Înţelegem că mergem la şcoală.	We understand that we're going to school.
Înţeleg că vrei să pleci.	I understand that you want to go.
El înţelege că suntem aici.	He understands that we're here.

Cumpărăm cafea.	We buy (are buying) coffee.
Cumpăr cafea.	I buy (am buying) coffee.
Cumperi sare.	You're buying salt.
Ce vrei să mănânci?	What do you want to eat?
Ce vrei să cumperi?	What do you want to buy?
Vreau să cumpăr un kilogram de sare.	I want to buy a kilo of salt.
Vreau să cumpăr o pâine albă.	I want to buy a loaf of white bread.
Vrem să cumpărăm un litru de ulei.	We want to buy a liter of oil.
Vreți să cumpărați o ciocolată?	Do you want to buy a chocolate?
Un leu, doi lei, trei lei, patru lei, cinci lei, șase lei, șapte lei, opt lei nouă lei, zece lei.	One lei, two lei, three lei, four lei, five lei, six lei, seven lei, eight lei, nine lei, ten lei.
De un leu.	A leu's worth.
Cu șase lei.	At (the price of) six lei.
De șase lei.	Six lei worth.
Cât plătim?	How much do we pay?
Cât plătiți?	How much do you pay?
Plătim 900 (nouă sute) de lei.	We pay 900 lei.
Plătiți 1 (un) leu.	You pay 1 leu.
Plătesc 2 (doi) lei.	I pay 2 lei.
Plătești 3.000 (trei mii) de lei în total.	You pay 3,000 lei in all.
Cât trebuie să plătesc în total?	What do I have to pay altogether?
Vă rog să luați loc!	Please sit down.
Vă rog să plătiți la casă!	Please pay at the cashier.
Te rog să plătești la casă!	Please pay at the cashier.

5.2. Text: O problema de aritmetică sau de... pedagogie?!

Maria este o fată bună și veselă. Pleacă la timp la școală, pe stradă merge atent, vine devreme acasă, aduce apă la masă, mănâncă frumos și știe și o poezie frumoasă. În general, e cuminte și învață bine. Doar la aritmetică... încă nu adună bine. De ce? Adună bunica pentru ea. Astăzi, însă, bunica are o idee:

BUNICA: Maria, să presupunem că suntem[1] într-un magazin. Eu sunt o cumpărătoare iar tu ești o simplă vânzătoare.

MARIA: Când, bunico?

---

[1] *Suntém, suntéți.* Also occur frequently stressed initially: *súntem, súnteți*

BUNICA: Într-o zi când nu ai lecţie de aritmetică. Înţelegi?

MARIA: Înţeleg. Şi ce vrei să cumperi?

BUNICA: Mai întâi, vreau să cumpăr un kilogram de sare de 500 de lei; apoi, o pâine albă de 600 de lei,[2] un litru de ulei de 900 de lei şi...

MARIA: Şi ciocolată nu cumperi?

BUNICA: Bine, cumpăr şi o ciocolată de 100 de lei. Cât trebuie să plătesc în total?

MARIA: Vai, bunico! Dar tu ştii foarte bine că eu lucrez ca simplă vânzătoare! Te rog să plăteşti la casă![3]

5.3. Observaţii şi note

1. **Într-** The preposition *în* never occurs before the indefinite articles *un* and *o*. In its place occurs the expanded form *într-*.

   Thus for *în loc* or *în o cofetărie* we have *într-un loc* or *într-o cofetărie*.

2. **Timpul prezent.** The present tense of the verb. Regular verbs have a basic form in *-a, -i,* or *-e(a)*.

   As we have already seen the first and second persons plural are formed simply by adding *-m* or *-ţi* to the basic form. All other persons of the present tense require the dropping of the final vowel (or vowels in the case of verbs in *-ea*) of the basic form and the addition of the following endings:

   > singular 1 *-u*
   > singular 2 *-i*
   > singular 3 *-ă* (if *-a* verb) or *-e* (if *-i* or *-e* verb)
   > plural 3 *-ă* (if *-a* verb) or *-u* (if *-i* or *-e* verb)

   There are two groups of verbs which add a special infix between the shortened basic form and the personal endings:

a servi	a lucra
serv-esc-(u)	lucr-ez-(u)
serv-eşt-i	lucr-ez-i
serv-eşt-e	lucr-eaz-a
(servi-m)	(lucră-m)
(servi-ţi)	(lucra-ţi)
serv-esc-(u)	lucr-eaz-ă

---

[2] Prices continue to fluctuate in Romania. Thus numbers given here do not necessarily reflect current reality.

[3] First pay the cashier. In Romania, one frequently encounters the system of first selecting goods at the counter, receiving a chit, paying at the cashier, and returning to the original counter to receive the goods. Things have changed somewhat recently, but the old system is still in force in many smaller stores.

Note that the infixes are inserted only where the shortened form of the basic form of the verb occurs. These verbs will be referred to with the appropriate infix in parentheses following the basic form,

e.g., *a servi (esc)*   *a lucra (ez)*, etc.

The vowels *i* and *u* are pronounced in final position only after consonant combinations containing *r* and *l* and/or after vowels. Further reasons will be noted later for considering them to exist even though the *-u* is not written in the current official orthography except where pronounced. Here are some examples of the structure of the verb:

a intra: intr-u	a ieși: ies-(u)	a ști: ști-u	a face: fac-(u)
'to enter' intr-i	'to exit' ieș-i	'to know' ști-i	'to do' fac-i
intr-ă	ies-e	ști-e	fac-e
intra-m	ieși-m	ști-m	face-m
intra-ți	ieși-ți	ști-ți	face-ți
intr-ă	ies-(u)	ști-u	fac-(u)

The same set of present tense endings are typical for *all* verbs, even those considered to be irregular because of varying base forms:

a vrea: vrea-u	a mânca: mănânc-(u)	a veni: vin-(u)
'to want' vre-i	'to eat' mânânc-i	'to come' vi-i[4]
vre-a	mânânc-ă	vin-e
vre-m	mâncă-m	veni-m
vre-ți	mânca-ți	veni-ți
vor-(u)	mănânc-ă	vin-(u)

3. **Numeralul.** The cardinal numerals may be either simple or compound. We will look at the simple ones here and the compound ones (11 to 19 and 21, 31, etc.) in Lesson 8.

The first two numerals have forms correlated to gender:

1 — *un/o*:

un kilogram, un copil, un om, o fată, o carte,

but as pronouns: *Unul este aici. Una este acolo.*

Unul is pronounced (and often spelled) *unu* for counting and adding.

2 — *doi băieți* (masculine) *două fete, scaune* (feminine and neuter)[5]

---

[4] The *-n* disappears in certain words before final *-i*. This is an extension of the palatalization rule mentioned in Lesson 3.
[5] Neuter nouns wiil be discussed in Lesson 8.

The rest have a single form:

3 — trei	100 — o sută
4 — patru	200 — două sute
5 — cinci	1000 — o mie
6 — șase	2000 — două mii
7 — șapte	1,000,000 — un milion
8 — opt	2,000,000 — două milioane
9 — nouă	1,000,000.000 — un miliard
10 — zece	2,000,000,000 — două miliarde

The cardinal numerals *un, o* are homonymous with the indefinite articles and only context determines the difference:

e.g. Cumpăr un litru de ulei.	I buy a/one liter of oil.
Luați o cafea?	Will you have a/one coffee?

The numerals 20 and above, all take *de* before the item counted. We will use only the word *leu*, plural *lei* with the numbers in this lesson: thus, *un leu, doi lei, trei lei, o sută de lei, o mie de lei,* etc. We will cover the plural of nouns in Lesson 8.

The question word *cât* is invariable for 'How much?' When it occurs with a noun and means 'How many?' it agrees like an adjective: *Câțe lei?* 'How many lei?,' *Câte cafele?* 'How many coffees?'

5.4. Exerciții

5.4.1. Substituiri

Model: Maria este bună.

_____ atentă.

Continue with: *veselă, grăbită, frumoasă, cuminte.*

Ion este cuminte. Ion este_____etc.

Model: El pleacă la timp la şcoală.

Ei _____ .

Continue with: *Ea, Tu, Noi, Dumneavoastră, Dumneata, Ele, El, Eu.*

Model: Bunica are o idee.

Noi_____ .

(Continue as above)

Model: Suntem într-un magazin.

_____ o bibliotecă.

Continue with: *un cabinet, o cofetărie, la lecţie, acasă.*

Model: Presupunem că suntem acasă.

_____ mergem pe stradă.

Continue with: *mâncăm frumos, aducem apă la masă, eşti acasă, nu ştim nimic.*

Model: Mergem să cumpărăm ciocolată (sare, ulei) de 1 leu.

Continue with: *2, 5, 8, 6, 4, 3, 7, 9, 10, 100.*

Model: Ştim că tu eşti vânzătoare.

_____ doctor.

Continue with: *student, bun, vesel, grăbit.*

Model: Ştie că lucrezi ca dentist.

_____ doctor.

Continue with: *vânzătoare, vânzător.*

Model: Ştiu că tu eşti vânzătoare.

Continue with: *dentist, doctor, bun, trist, vesel,* etc.

Întrebări şi răspunsuri:

1. Make questions with *cum, cine, ce, unde, când:*

Model: Maria merge frumos pe stradă.

Cum merge Maria pe stradă? Pe unde merge Maria frumos?

Cine merge frumos pe stradă? Ce face Maria pe stradă?

Continue with:

Maria învață limba română bine.

Maria mănâncă frumos un tort.

Maria este cuminte acasă.

Maria vine devreme acasă.

Maria pleacă la timp la școală.

2. Răspundeți la următoarele întrebări:

Unde sunteți acum?

Cum învață Maria?

Cum merge Maria pe stradă?

Cum mănâncă Maria?

Când pleacă Maria la școală?

Când vine Maria acasă?

Ce învață Ion?

Ce vreți să cumpărați?

Ce vrei să mănânci?

Cât plătești în total?

Cât plătim în total?

Unde trebuie să plătim?

Unde trebuie să plătesc?

5.4. Exerciții

5.4.3. Exerciții pentru acasă

Răspundeți la următoarele întrebări:

Unde sunteți acum?

Ce faceți astăzi?

Ce mai faceți?

Cum merge Ion la școală?

Când pleacă Ioana la facultate?

De ce nu adună (calculează) bine Maria?

De unde cumpărăm pâine și ulei?

Cât costă un kilogram de sare?

Lesson 6
Lecţia a şasea

6.1. Pronunţie şi vocabular.

Noi învăţăm împreună.	We study together.
Învăţăm împreună despre pronume.	We are studying about the pronoun together.
Putem refuza.	We can refuse.
Pot refuza.	I can refuse.
Poate refuza.	He can refuse.
Cine poate refuza?	Who can refuse?
Cine te poate refuza pe tine?	Who can refuse you?
El este aici.	He is here.
Dumnealui este aici.	He is here.
Ea este acolo.	She is there.
Dumneaei este acolo lângă fereastră.	She is there by the window.
Noi te necăjim.	We are irritating (teasing) you.
Mereu te necăjim.	We always irritate you.
Mereu mă necăjeşti.	You always irritate me.
De ce 'dumneata' în loc de 'tu'?	Why the polite 'you' in place of the familiar 'you?'
Se poate înţelege.	It may be understood.
De obicei se poate înţelege.	Normally, it's understood.
Cu tine se mai poate înţelege.	One can still get along with you.
Nimeni nu se mai poate înţelege cu tine.	No one can understand you anymore.
Cu tine nu se mai poate înţelege nimeni.	*No one* can get along with you anymore.

Noi dăm un exemplu.	We are giving an example.
Eu dau un exemplu de pronume.	I am giving an example of pronouns.
Ne gândim la gramatică.	We're thinking about grammar.
Te gândeşti la gramatică.	You are thinking about grammar.
Iar tu nu te gândeşti la gramatică.	And you aren't thinking about grammar.
Acum ne supărăm.	Now we're getting angry at each other.
Acum mă supăr.	Now I'm getting angry.
De ce te superi?	Why are you getting angry?
De ce te superi aşa repede?	Why do you get angry so quickly?
Ne înţelegem bine.	We get along well.
Întotdeauna ne înţelegem bine.	We always get along well.
Te privim.	We're looking at you.
Te privesc.	I'm looking at you.
Ne putem concentra.	We can concentrate.
Mă pot concentra.	I can concentrate.
Nu mă pot concentra, când te privesc.	I can't concentrate when I'm looking at you.
Repetăm mai departe.	We repeat (study) further.
Să repetăm mai departe cu Luminiţa?	Shall we study further with Luminiţa?
Voi ştiţi mai mult la română.	You know more in Romanian.
Noi vă ascultăm.	We are listening to you
El nu vă ascultă.	He doesn't listen to you.
Pe voi nu vă ascultă.	You, he doesn't listen to.
Pe mine mă ascultă.	Me, he listens to.
Tot pe mine mă ascultă astăzi la lecţie.	It will still be me he listens to (examines) today in class.
Prevăd că...	I foresee that...
Prevăd că tot pe mine m-ascultă astăzi la lecţie.	I foresee that it will still be me he listens to today in class.
Cine răspunde astăzi la lecţie?	Who is reciting (answering) today in class?
Ce discutaţi cu domnul?	What are you discussing with the gentleman?
Ce tot discutaţi cu domnul Dobrescu?	What are you continually discussing with Mr. Dobrescu?
Ion zice că trebuie să răspund eu mai întâi.	Ion says that I have to answer first.
Deci, el răspunde după aceea.	Thus, he answers after that.
După aceea răspunde şi el.	After that he answers, too.

El spune că așa e politicos.

El zice[1] că așa e politicos.

He says that way is polite.

He says that way is polite.

6.2. Text: Cine răspunde mai întâi?

IOANA: Învățăm împreună despre pronume?

ION: Cine te poate refuza pe tine?

IOANA: Deci: dumneata ești lângă mine, dumnealui este aici, iar dumneaei e acolo lângă fereastră.

ION: Mereu mă necăjești. De ce 'dumneata' în loc de 'tu'?

IOANA: Cu tine nu se mai poate înțelege nimeni. Eu dau un exemplu de pronume de politețe, iar tu numai la gramatică nu te gândești. Acum mă supăr...

ION: De ce te superi așa de repede? Întotdeauna noi ne înțelegem bine, dar când te privesc nu mă pot concentra.

IOANA: Așa-i? Să repetăm mai departe împreună și cu Luminița?

ION: Da... Dar voi știți mai mult la română. Pe voi nu vă ascultă. Prevăd că tot pe mine m-ascultă astăzi!

PROFESORUL: (la curs) Cine răspunde astăzi la lecție? Cum? Nimeni?! Domnișoara Ionescu, ce faceți dumneavoastră acolo? Ce tot discutați cu domnul Dobrescu?

IOANA: Vă rog să mă scuzați, domnule profesor. Ion zice că trebuie să răspund eu mai întâi și după aceea răspunde și el. Zice că așa e politicos.

PROFESORUL: La lecție nu contează cine răspunde mai întâi. De obicei, răspunde cine știe!

6.3. Observații și note

1. **Pronumele de politețe.** The polițe personal pronouns are the following:

>   dumneata (d-ta)
>   dumneavoastră (dvs. sau d-voastră)
>   dumnealui (d-lui)
>   dumneaei (d-ei)
>   dumnealor (d-lor)

Although both indicate respect for and/or absence of familiarity with the person addressed, *dumneata* and *dumneavoastră* differ from one another in two ways: First, *dumneata* is always

---

[1] The verb *n zice* is considered more colloquial and *a spune* more elegant. Some native speakers claim a parralel between *a spune* 'to tell' and *a zice 'to say.'*

singular while *dumneavoastră* may be either singular or plural. Second, use of *dumneavoastră* indicates either more respect for the person addressed or, at least, a greater social distance from him. For example, a professor may address a student with either *dumneata* or *dumneavoastră*, but the student will invariably use *dumneavoastră* when addressing the professor. The pronouns *tu* and *voi* are reserved for close familiar relationships and for addressing children and pets.

To indicate respect for the person talked about, *dumnealui* and *dumneaei* may be used to replace the third person singular pronouns *el* and *ea*, respectively, and *dumnealor* replaces the plural pronouns *ei* and *ele*. The polite forms for the third person can also be expressed with *dânsul, dânsa, dânșii*, respectively.

2. **Pronumele personale.** There are two accusative (direct object) forms for each pronoun, the short form and the emphatic form. The short form always occurs immediately before the verb, except in the imperative. Aside from its emphatic use the longer form is used after prepositions and comparisons.

No.	Person	Nominative	Accusative	Acc. Emphatic
sg.	1.	eu	mă	(pe) mine
	2.	tu/d-tate	te	(pe) tine/d-ta
	3.	el/d-lui	îl	(pe) el/d-lui
		ea/d-ei	o	(pe) ea/d-ei
pl.	1.	noi	ne	(pe) noi
	2.	voi/dvs.	vă	(pe) voi/dv.
	3.	ei/d-lor	îi	(pe) ei/d-lor
		ele/d-lor	le	(pe) ele/d-lor

3. **Pronumele reflexive.** The reflexive pronouns correspond to the short accusative pronouns in every case but the third person singular and plural. In these cases the form *se* is substituted.

Accusative	Reflexive
mă	Eu mă gândesc.
te	Tu te gândești.
îl	El se gândește.
o	Ea se gândește.
ne	Noi ne gândim.
vă	Voi vă gândiți.
îi	Ei se gândesc.
le	Ele se gândesc.

4. **Infinitivul.** The infinitive form of the verb corresponds in almost all cases with what we have called the basic form of the verb. Formally the infinitive is always preceded by *a* as in *a aduna, a face, a putea, a veni, a coborî.*

The infinitive without the preceding *a,* our basic form or stem, may be used with the verb *putea* 'to be able,' as an exact equivalent to *putea* plus the 'să' form of the verb.

e.g. *Pot să plec* and *Poc pleca* both mean 'I can leave.' Likewise *Putem să mergem la facultate* and *Putem merge la facultate* 'We can go to the department.'

Note that all infinitives except those ending in *-e* are accented on the final syllable and are exceptions to our accent rule.[2]

6.4. Exerciții

6.4.1. Substituiri

Model: Mergem. Se poate merge.

Cumpărăm cafea. Se poate cumpăra cafea.

Luăm un coniac. _____ .

Aducem apă la masă. _____

Intrăm in cabinet. _____

Știm o poezie. _____

Presupunem că avem ciocolată. _____ .

Repetăm împreună cu Ion. _____ .

Dăm un exemplu. _____ .

Puteți să plecați. _____ .

Model: Cine te poate refuza pe tine (dumneata)?

Continue with: *mă — mine, vă — dumneavoastră, ne — noi, îl — el (dumnealui), îi — ei (dumnealor), le — ele (dumnealor), o — ea (dumneaei)*

Model: Noi te necăjim când suntem aici.

Ei mă _____ .

El ne _____

Ea te _____ .

Eu vă _____ .

Voi mă _____ .

---

[2] The reason for this ean be found in history: there is a longer form of the infinitive with an additional syllable, *-re*. This longer form is used in modern Romanian as a verbal noun (e.g. *plecare* 'departure;' *mâncare* 'food;' *înțelegere* 'understanding') and no longer as an infinitive strictly speaking, but these forms explain the placement of the accent in the modern infinitive which has lost the final *-re*.

Model: De ce cafea în loc de coniac?

Continue with: *ciocolată — tort, apă — cafea, casă — birou, trist — vesel, vânzătoare — cumpărătoare*

Model: Eu mă supăr (grăbesc, concentrez).

Continue with: *Tu te..., Dumneata te..., Dumneavoastră vă..., El se..., Noi ne..., etc.*

6.4.2. Răspunsuri şi întrebări

Provide questions:

Învăţăm despre pronume.	*Despre ce învăţaţi?*
Da, eu te pot refuza pe tine.	*Mă poţi refuza pe mine?*
Pe mine mă necăjeşti.	_____?
Da, noi ne înţelegem bine.	_____?
Eu mă gândesc la matematică.	_____?
Da, mă supăr când vii la mine.	_____?
Da, ne necăjiţi când spuneţi 'dumneavoastră'.	_____?
Da, eu te ascult când spui ceva.	_____?
Astăzi Ioana răspunde (mai) întâi la lecţie.	_____?

6.4.3. Exerciţii pentru acasă

Make questions from the following sentences with *ce, cum, cine, când, unde:*

For example: *Ion merge astăzi la magazin. Cine merge astăzi la magazin? Când merge Ion la magazin? Unde merge Ion astăzi?*

1. Întotdeauna (noi) ne înţelegem bine.
2. Acum ascult radioul.
3. Ioana răspunde acum.
4. Eu merg uneori la cofetărie.
5. Tu pleci devreme la şcoală.

Lesson 7
Lecţia a şaptea

7.1. Pronunţie şi vocabular

Ioane!	Hey, Ion!
Oprim maşina.	We are stopping the car.
Opriţi motorul.	You are stopping the motor.
Oprim maşina aici.	We are stopping the car here.
Lumină la maşină.	Lights on the car.
Nu am lumină (la maşină).	I don't have any lights (on the car).
Văd un semn.	I see a sign.
Semnul este pe dreapta.	The sign is on the right.
Semnul acela este pe dreapta.	That sign is on the right.
Semnul acela pe dreapta cu 'Oprirea interzisă'.	That sign on the right with 'No Stops.'
Este un poliţist mai încolo.	There is a policeman further ahead.
Nu vezi un poliţist mai încolo?	Don't you see a policeman further along?
Ce să fac?	What should (can) I do?
Nu poţi pleca.	You can't leave.
Nu putem merge.	We can't go.
Nu pot circula.	I can't drive (take it on the road).
Cu lumina stinsă.	With the lights out.
Nu pot circula aşa cu lumina stinsă.	I can't drive like this with the lights out.
Ce să fac? Nu pot merge aşa cu lumina stinsă.	What can I do? I can't go like this with the lights out.
Să vorbim cu poliţistul.	Let's talk to the policeman.

El știe un atelier.	He knows a shop.
Poate că știe el un atelier.	Maybe he knows a shop.
Pe aici pe aproape.	Around here close by.
Poate că știe el vreun atelier pe aici pe aproape.	Maybe he knows some shop around.
Am nevoie de ceva.	I need something.
Am nevoie de un electrician.	I need an electrical repair man.
Unde este atelierul de reparații auto?	Where is the auto repair shop?
Pe stradă.	On the street.
Pe strada aceasta.	On this street.
Este unul chiar pe strada aceasta.	There is one right on this street.
Este unul mai înainte chiar pe strada aceasta.	There is one ahead on this very street.
La ora asta (aceasta).	At this hour.
La ora asta este închis.	At this hour it's closed.
Acum, la ora asta, este închis.	Now, at this hour, it's closed.
Și altul deschis unde este?	And where is an open one?
E cam departe.	It's rather far.
E tocmai acolo.	It's right over there.
Pe strada aceea.	On that street.
A doua la stânga.	The second on the left.
E tocmai acolo, pe strada aceea, a doua la stânga.	It's right over there on that street, the second on the left.
Atunci să mergem la atelierul acela.	Then let's go to that shop.
Circulație mare.	Lots of traffic.
Circulația fără lumină este interzisă.	Driving without lights is forbidden.
Scuzați, însă circulația cu mașina fără lumină este interzisă.	Pardon me, but driving a car without lights is forbidden.
Nu pot staționa.	I can't park.
Nu pot staționa nici aici.	I can't park here either.
Dar nici aici nu pot staționa.	But I can't park here either.
Semnul acesta interzice staționarea.	That sign forbids parking.
Dați mașina înapoi.	Back the car up.
Lângă bordură.	Alongside the curb.
Până ia bordură.	Up to the curb.
Dați mașina înapoi până lângă bordură.	Back up the car to alongside the curb.
La noapte.	For the night.

Dormim aici la noapte?	Do we sleep here for the night?
Astă-seară (În seara aceasta, Deseară).	This evening.
Un prieten ne așteaptă.	A friend is waiting for us.
Un prieten și o prietenă ne așteaptă la Sinaia.	A friend and a girlfriend are waiting for us at Sinaia.
Aveți răbdare.	You have patience.
Aveți răbdare!	Have patience!
Mai pot aștepta.	They can wait more.
Aveți răbdare! Prietenul și prietena mai pot aștepta puțin.	Have patience! Your friends can wait a little more.
Nu ascultați.	You are not listening.
De ce nu ascultați?	Why don't you listen?
Nu scot un cuvânt.	I don't utter a word.
Bine, nu mai scot nici un cuvânt.	O.K., I won't utter another word.
Telefonez la atelier.	I am calling the shop.
Telefonez după electrician.	I (will) call (for) the electrician.
Telefonez după electricianul de serviciu.	I (will) call (for) the electrician on duty.
Telefonez imediat la atelier după electricianul de serviciu.	I will call the shop immediately for the electrician on duty.

7.1.1. Expresii uzuale

Mulțumim frumos.	Thank you very much (beautifully).
Vă mulțumim frumos.	We thank you very much.
Sunteți amabil.	You're kind.
Sunteți foarte amabil.	You're very kind.
Ce să fac?	So what! (*lit.* What should (can) I do?)
Bună seara!	Good evening.
Nu vă supărați!	Excuse me. Forgive me. (*lit.* Don't trouble (anger) yourself.)
Mulțumesc frumos.	Thank you very much.
La revedere!	See you later. Goodbye. So long.
Vă rog, dacă sunteți amabil.	Please, if you would be so kind.
Vă rog, nu vă supărați.	Please, don't trouble yourself.

7.2 Text: Mergem mai departe... sau aşteptăm?

ION: Opresc aici! N-am lumină la maşină!

IOANA: Ioane, nu vezi semnul acela pe dreapta cu 'Oprirea interzisă' şi puţin mai încolo un poliţist?

ION: Ce să fac?! Nu pot merge aşa cu lumina stinsă.

IOANA: Să vorbim cu poliţistul, poate ştie el vreun atelier pe aici pe aproape.

ION: Bună seara! Nu vă supăraţi, vă rog! Am nevoie de un electrician. Unde este atelierul de reparaţii auto?

POLIŢISTUL: Bună seara! Este unul mai înainte chiar pe strada aceasta, dar la ora asta e închis.

IOANA: Şi altul deschis unde este?

POLIŢISTUL: Cam departe. Tocmai acolo, pe strada aceea, a doua la stânga.

ION: Atunci să mergem la atelierul acela.

POLIŢISTUL: Scuzaţi, însă circulaţia cu maşina fără lumină este interzisă.

ION: Ştiu, dar nici aici nu pot staţiona. Semnul acesta interzice staţionarea. Ce facem?

POLIŢISTUL: Daţi maşina înapoi până lângă bordură, opriţi motorul şi aşteptaţi!

IOANA: Şi o să dormim aici la noapte? Astă-seară ne aşteaptă un prieten şi o prietenă, la Sinaia.

POLIŢISTUL: Aveţi răbdare, domnişoară! Prietenul şi prietena dumneavoastră mai pot aştepta puţin.

IOANA: Şi noi ce facem?

POLIŢISTUL: De ce nu ascultaţi mai departe, domnişoară?

IOANA: Bine, nu mai scot nici un cuvânt.

POLIŢISTUL: Aşteptaţi, vă rog, telefonez imediat la atelier după electricianul de serviciu.

IOANA: Aşa? Sunteţi foarte amabil. Vă mulţumim frumos!

POLIŢISTUL: Cu plăcere!

7.3. Observaţii şi note

1. **Articolul hotărât.** The definite article in Romanian is postposed:

   Masculine: -l, -le

un prieten;	prietenul;	the friend
un profesor;	profesorul;	the professor
un semn;	semnul;	the sign

un cuvânt;	cuvântul;	the word
zahăr;	zahărul;	the sugar
un litru;	litrul;	the liter

Abstractly, these nouns, like the first person forms of verbs, may be considered to terminate in an *-u* that is pronounced only after certain sounds or when something is added, such as the article.

There are several masculine nouns that end in *-e* for which the article is always *-le*:

un munte;	muntele;	the mountain
un dinte;	dintele;	the tooth
un șoarece;	șoarecele;	the mouse

Feminine -a

o prietenă;	prietena;	the girlfriend
o fată;	fata;	the girl
o limbă;	limba;	the language
o noapte;	noaptea;	the night
o ieșire;	ieșirea;	the exit
o idee;	ideea;	the idea
o poezie;	poezia;	the poem
o lecție;	lecția;	the lesson

Note the coalescence of the following combinations:

ă + a = a	fată + a = fata
e + a = ea	noapte + a = noaptea
ie + a = ia	lecție + a = lecția

Most feminine nouns end in *-e* or *-ă*. There are a few, however, that end in *-a*. These nouns also take the *-a* article but require a connecting semivowel *-u-*.

o cafea;	cafeaua;	the coffee
o stea;	steaua;	the star
o basma;	basmaua;	the kerchief

There is one feminine noun that ends in *-i* which is also joined to the definite article by means of the connecting semivowel *-u-*.

| o zi; | ziua; | the day |

Folosirea articolului definit: The use of the definite article in Romanian is best learned by example. There are, however, a few generalizations that may be made. In contrast to its occurrence in English, the Romanian definite article is used to denote a general category, thus:

Omul este rău.	Man is evil.
Prietenia este bună.	Friendship is good.

The definite article is automatically omitted after all prepositions, except *cu*:

pe masă	on the table
în parc	in the park

but:

Cu studentul	with the student

unless the noun is modified:

pe masa aceasta	on this table
în parcul frumos	in the beautiful park

2. **Numeralul ordinal.** As adjectives, the ordinal numerals have masculine and feminine forms. In addition they are prefixed with the gendered possessive article:

doi;	al doilea (parc);	a doua (carte)
trei;	al treilea;	a treia
zece;	al zecelea;	a zecea

There are two words for 'first,' *prim(ul)* and *întâi*.

Both have peculiarities. *Primul* normally occurs only before the noun it modifies. *Întâi* may occur both before and after as may all ordinal numerals, but neither requires the possessive article. When *întâi* is used *following* the noun, it does not evidence gender agreement:

lecția întâi	întâia lecție	prima lecție
lecția a doua	a doua lecție	
lecția a treia	a treia lecție	

The only numbers ending in a consonant, *opt, milion, miliard*, etc. add the article to form the ordinal:

opt;	al optulea (bărbat);	a opta (femeie)
milion;	al milionulea;	a milioana

3. **Pronumele demonstrative.** Demonstrative pronouns indicate proximity to the speaker in space or time:

	Nearer the Speaker	*Further from the Speaker*
masculine:		
	acesta *this one;*	acela *that one*
	(prietenul) acesta;	(prietenul) acela
	(atelierul) acesta;	(atelierul) acela
feminine:		
	aceasta *this one;*	aceea *that one*
	(prietena) aceasta;	(prietena) aceea

In less careful speech these forms are often replaced with *ăsta* for *acesta*, *ăla* for *acela*, *asta* for *aceasta*, and *aia* for *aceea*.

4. **Vreun, vreo.** These forms correspond to 'some sort of, any' in English.

Este vreun atelier pe strada aceasta?	Is there a shop of some kind on this street?
Vedeţi vreo grădină?	Do you see some sort of garden?

Vreo, when used with numerals, means 'about, approximately, some.'

Eu o să cumpăr vreo zece litri de vin.	I shall buy about ten liters of wine.

5. It must be noted that the accent rule applies to basic forms and that it does not shift when the article is added, e.g., *dómn* maintains its accent in *dómnul*. This same situation will be obtained in the plural even when more than one syllabic is added:

carte *book*	cărţile *the books*
fată *girl*	fetele *the girls*

We will presume that you have learned the singular noun without the article first. That is the way we have presented nouns so far in the textbook. Thus you will have established the position of stress according to the rules and these nouns in the plural or with the article will not have to be marked as exceptions.

There are only a few true exceptions:

soră *sister*	surori *sisters*
noră *niece*	nurori *nieces*
radio *radio*	radiouri *radios*

7.4. Exerciții

7.4.1. Substituiri

Review the sentence types we have seen so far by substituting major sentence elements in the following:

Model: Văd o mașină. *Mașina este acolo.*

Văd un semn. *Semnul esce acolo.*

Continue with: *stradă, masă, magazin, casă, tort, chelner,* etc.

Model: Un student răspunde la lecție. *Studentul* acesta răspunde la lecție.

Un polițist este mai încolo. _____ este mai încolo.

Nu vezi un semn pe dreapta? Nu vezi _____?

La atelier este un electrician. _____.

Un prieten m-așteaptă acasă. _____.

(repeat with *acela*)

Model: Mașina este pe stradă. Mașina este *pe strada aceasta.*

O fată repetă o lecție la română. _____.

O prietenă mai poate aștepta puțin. _____.

(repeat with *aceea*)

Model: Poți pleca așa. Poți *să pleci* așa.

Poți merge. Poți _____.

Continue with: *opri, discuta, plăti, presupune, veni, învăța, staționa.*

(repeat with *puteți*)

Model: Prietenul ne așteaptă.

Continue with: *vedea, înțelege, privi, asculta, scuza.*

Model: Prietenul nu ne aşteaptă.

(repeat with: *vedea, înţelege, privi, etc.*)

Model: Lumina este stinsă. *Aceasta* este stinsă.

Poliţistul aşteaptă acolo.

Maşina n-are lumină.

Masa este frumoasă.

(repeat with *acela, aceea*)

Model: Venim după curs. Venim *mâine.*

Continue with: *acum, astăzi, repede, apoi, mai întâi.*

7.4.2. Întrebări şi răspunsuri

Ce trebuie să faci când n-ai lumină la maşină? (opri maşina, vorbi cu poliţistul)

Ce trebuie să faci când vorbeşti cu un poliţist? (avea răbdare, asculta)

Ce trebuie să faci când pleci de la cofetărie? (plăti)

Cofetăria este deschisă? Da, la ora aceasta este deschisă.

Biblioteca este închisă? Nu, la ora aceasta _____.

Este deschis atelierul de reparaţii auto? Nu, _____.

PROFESORUL: Atelier de reparaţii auto.

STUDENTUL 1: Unde este un atelier de reparaţii-auto?

STUDENTUL 2: Este unul aici. Altul este acolo.

(Continue with: *cofetărie, bibliotecă, şcoală, magazin, masă, dentist, chelner, facultate, etc.*)

7.4.3. Exerciţii pentru acasă

Retell the dialogue *Mergem mai departe...* in the third person, using the demonstrative pronouns *acesta, etc.* as often as possible.

Lesson 8

Lecția a opta

8.1. Pronunție și vocabular

O să plecăm în excursie.	We shall leave on an excursion.
O să plecăm la munte.	We shall leave for the mountain(s).
O să plecăm mâine.	We shall leave tomorrow.
Mâine o să plecăm în excursie la munte.	Tomorrow we shall leave on an excursion to the mountains.
O să vii și tu?	Will you come, too?
O să vii și tu cu noi?	Will you come with us, too?
Ai treabă?	Are you busy? (*lit.* Do you have a task?)
Ai altă treabă?	Do you have something else (to do)?
O să vii și tu cu noi sau ai altă treabă?	Will you also come with us or do you have something else to do?
El o să meargă.	He will go.
O să mai meargă și el?	Will *he* go as well?
Cine o să mai meargă?	Who else will go?
Ei (ele) o să meargă.	They will go.
O să meargă douăzeci de colegi.	Twenty colleagues (schoolmates) will go.
O să meargă douăzeci de colege.	Twenty colleagues will go.
De la noi, de la facultate, o să meargă douăzeci și trei de colegi și colege.	Of us, from our department, 23 colleagues will go.
De la alte facultăți o să meargă douăzeci și unu de studenți, douăzeci și una de studente, doi profesori și două profesoare.	From other departments 21 students(male), 21 students (female), 2 professors (male), and 2 professors (female) will go.

Ei sunt excursionişti.	They are hikers (tourists).
Ele sunt excursioniste.	They are hikers.
El (ei) o să fie aici.	He (they) will be here.
O să fie şaizeci şi nouă de excursionişti.	There will be 69 excursionists.
Deci, în total o să fie 69.	Thus, in all there will be 69.
Adică (o să fie) şaptezeci cu tine.	That is (there will be) 70 with you.
Eu merg cu tine oriunde.	I (would) go anywhere with you.
Şi apoi... cu tine merg oriunde.	Anyway, I (would) go anywhere with you.
O să avem loc.	We shall have room.
O să avem loc într-un singur autobuz?	Will we have room in a single bus?
Nu putem lua două autobuze.	We can't take two buses.
Suntem numai şaptezeci.	We are only 70.
Plătim zece locuri libere.	We pay for 10 empty (free) seats.
Plătim în plus zece locuri libere.	We pay extra for 10 empty places.
De ce să plătim în plus 10 locuri libere?	Why should we pay extra for 10 empty seats?
O să comandăm un autobuz cu şaizeci şi şase de locuri.	We shall order one bus with 66 places.
O să mai punem în autobuz încă două scaune.	We shall put two more seats in the bus.
Doi băieţi o să stea în picioare.	Two boys will stand up.
Eu am două fotolii mici.	I have two small armchairs.
Eu am acasă două fotolii mici.	I have two small armchairs at home.
Pot să le aduc.	I can bring them.
Tu o să stai într-un fotoliu.	You will sit (stay) in one armchair.
Într-unui o să stai tu, iar în altul o să stau eu.	You will sit in one and I will sit in the other.
Eu nu călătoresc în fotoliu.	I don't travel in an armchair.
În excursie nu se călătoreşte în fotoliu.	On excursions one doesn't travel in an armchair.
Ce, suntem la teatru?	What, are we at the theater?
Tu întotdeauna eşti cavaler.	You are always a gentleman.
Ştiu că întotdeauna tu eşti cavaler.	I know that you are always a gentleman.
Tu şi cu Radu o să staţi în picioare.	You and Radu as well will stand up.
În excursie. Ion stă pe scaun lângă Ioana.	On excursion Ion is sitting on the seat next to Ioana.
Tu ţii mâna la ochi.	You hold (your) hand over (your) eyes.
De ce ţii mâna la ochi?	Why are you holding (your) hand over your eyes?

Nu înțeleg de ce ții tot timpul mâna la ochi.	I don't understand why you constantly have your hand over your eyes.
Nu pot suferi lumina.	I can't stand the light.
O colegă stă în picioare.	A colleague is standing up.
Nu pot suferi să văd o colegă care stă în picioare.	I can't bear to see a colleague who is standing up.

8.1.1. Expresii uzuale

E bine așa?	Is that all right?
Ai treabă?	Are you busy (*lit.* Do you have a task)?
N-am nici o treabă!	I haven't a thing (to do)!

8.2. Text: Mergem în excursie la munte

IOANA: Mâine o să plecăm în excursie la munte. Vii și tu cu noi sau ai altă treabă?

ION: Cine o să mai meargă?

IOANA: De la noi, de la facultate, o să meargă 24 (douăzeci și patru) de colegi și colege, iar de la alte facultăți 21 (douăzeci și unu) de studenți, 22 (douăzeci și două) de studente și 2 (doi) profesori.

ION: Deci în total o să fie 69 (șaizeci și nouă) de excursioniști.

IOANA: Adică 70 (șaptezeci) cu tine. Tu nu ești excursionist?

ION: Sigur că sunt. Și apoi... cu tine merg oriunde. Dar o să avem loc într-un singur autobuz?

IOANA: Nu putem lua două autobuze. Suntem numai 70 (șaptezeci). De ce să plătim în plus 10 (zece) locuri libere? O să comandăm un autobuz cu 66 (șaizeci și șase) de locuri. O să mai punem încă 2 (două) scaune, iar 2 (doi) băieți o să stea în picioare.

ION: Eu am acasă două fotolii mai mici. Pot să le aduc? Într-unul o să stai tu, iar în altul o să stau eu!

IOANA: În excursie nu se călătorește în fotoliu! Ce, suntem la teatru? Știu că tu ești întotdeauna cavaler! Tu și cu Radu o să stați în picioare. E bine așa?

ION: E bine și așa...

În excursie: Ion stă pe scaun lângă Ioana.

IOANA: Nu înțeleg de ce ții tot timpul mâna la ochi?

ION: Țin mâna la ochi fiindcă nu pot suferi să văd o colegă care stă în picioare.

PROVERB: Acela trăiește mult, care trăiește bine.

8.3. Observații și note

1. **Timpul viitor:** Although there is more than one way to express future time in Romanian, the most frequent spoken form consists of *o să* plus the present tense form of the verb, e.g.

(Noi) mergem. *We go.*   (Noi) o să mergem. *We shall go.*

The only complication arises in the third person singular and plural where the verb endings are changed according to a simple rule: if *-ă* in present, then *-e* in the *să* form and *vice versa*, e.g:

El vine. *He comes.*   El o să vină. *He will come.*
Ea adună. *She adds.*   Ea o să adune. *She will add.*
El citește. *He reads.*   El o să citească. *He will read.*

The following table indicates the *să* forms for some of the verbs encountered so far, including several considered irregular.

   singular   1. O să merg (plec, iau, stau, mănânc, fiu, am).
                2. O să mergi (pleci, iei, stai, mănânci, fii, ai).
                3. O să meargă (plece, ia, stea, mănânce, fie, aibă).

   plural   1. O să mergem (plecăm, luăm, stăm, mâncăm, fim, avem).
                2. O să mergeți (plecați, luați, stați, mâncați, fiți, aveți).
                3. O să meargă (plece, ia, stea, mănânce, fie, aibă).

The '*o să*' form is invariable and the third singular and the third plural have identical forms:

El (Ea) o să meargă.   Ei (Ele) o să meargă.
Ea (El) o să citească.   Ele (Ei) o să citească.

And the change from *-e* to or *-ă* to *-e* may cause changes in the preceding syllable of the word.

El merge.   *But:*   El o să meargă.
El o să plece.   El pleacă.

This phenomenon occurs whenever the vowel in the preceding syllable is accented *e* or *o* and the added vowel is *-ă*, irrespective of the grammatical category of the word or the ending added, e.g.

profesor *(male) teacher*   profesoară *(female)* teacher
frumos *beautiful* (m.)   frumoasă *beautiful* (f.)
negru *black* (m.)   neagră *black* (f.)

Some apparent exceptions to this rule will be considered in Lesson 9.

The same change occurs regularly when *o* is the preceding vowel and *-e* is the ending:

scot *I take out*   scoate *he takes out*
picior *leg*   picioare *legs*
port *I carry*   o să poarte *he will carry*

These vocalic alternations are quite regular and widespread in Romanian. Exceptions occur, however, mainly in newly coined or borrowed words.

2. **Pluralul.** The plural of the noun is usually formed by adding *i* or *e* directly to the word when it ends in a consonant and in place of the final vowel otherwise. Those that end in consonants are traditionally called masculine or neuter and those in vowels are normally feminine. There are, however, a few masculines that end in vowels.

Masculine Plural in -i

un profesor;	doi profesori	*professor*
coleg;	colegi	*colleague*
student;	studenţi	*student*
excursionist;	excursionişti	*hiker*
cavaler;	cavaleri	*gentleman*
dentist;	dentişti	*dentist*
kilometru;	kilometri	*kilometer*
munte;	munţi	*mountain*
frate;	fraţi	*brother*

There are a few neuter nouns with plural in *-i*, e.g.: *un fotoliu, două fotolii.*

Feminine Plural in -i

o bibliotecă;	două biblioteci	*library*
cofetărie;	cofetării	*coffee shop*
excursie;	excursii	*excursion*
facultate;	facultăţi	*department*
prăjitură;	prăjituri	*cookie*
bunică;	bunici	*grandmother*
şcoală;	şcoli	*school*

Note that all masculine nouns have their plural in *-i*, while most feminines and most neuters have their plural in *-e* or *-uri*.

Feminine plural in -e

o colegă;	două colege	*colleague*
studentă;	studente	*student*
profesoară;	profesoare	*professor*
excursionist;	excursioniste	*hiker*
fată;	fete	*girl*
persoană;	persoane	*person*
masă;	mese	*table*

Neuter plural in -e

un scaun	două scaune	*chair*
picior	picioare	*leg, foot*
teatru;	teatre	*theater*

Neuter plural in -uri.

Many neuter nouns, normally either monosyllabic or felt to be of foreign origin, form plurals in *-uri,* e.g.

un loc;	două locuri	*place*
tort;	torturi	*cake*
coniac;	coniacuri	*cognac*
stilou;	stilouri	*pen*
birou;	birouri	*office*

Feminine plural in -uri.

A small number of feminine nouns also form plurals in *-uri.*

o marfă;	două mărfuri	*item of merchandise*
treabă;	treburi	*task*
blană;	blănuri	*fur*

As you can see from the above lists all neuter nouns behave as masculine in the singular (*un scaun*) and as feminine in the plural (*două scaune*); because of this the neuter is often called *ambigen* 'bigendered' in Romanian.

3. **Articolul hotărât plural.** There are only two forms of the plural definite article: *-i* and *-le. -i* is added directly to the plural form of masculine nouns. Thus: *profesori+i, munți+i, băieți+i,* yield *profesorii, munții, băieții* in which the second *-i* serves to allow the first one to be pronounced as it is no longer in final position.

For feminine and neuter nouns *-le is added to the plural form, e.g. fete + le fetele, cofetării + le cofetăriile, scaune + le scaunele.*

4. **Numeralul.** Numerals (continued from Lesson 5).

The remaining numerals are compound forms. The numerals from 11 to 19 are formed from the simple forms *unu, doi, trei,* etc., and *zece,* combined by means of the preposition *spre*[1]: *unsprezece, doisprezece, douăsprezece, treisprezece* etc.

The numerals 14 (*patrusprezece*), 15 (*cincisprezece*), and 16 (*șasesprezece*) have reduced forms almost always in pronunciation and often even in writing: *paisprezece, cinsprezece, șaisprezece,* respectively. All of the 'teens' are heard in even more severely reduced forms: *unșpe, doișpe, treișpe, paișpe,* etc.

The numerals from 20 on are formed from the simple forms plus *zeci* (the plural *of zece*): *douăzeci, treizeci, patruzeci, cincizeci* (pronounced: *cinzeci*) etc.

The numeral 60 again uses the form *șai-: șaizeci.* The units above twenty between the tens are expressed by simply adding *și unu, și doi,* etc. The agreement between numeral and noun for the numerals *unu-una, doi-două* still holds when they are part of compounds except for 20 which always has the feminine form because *zece* is a feminine noun:

Masculine: *doisprezece profesori, douăzeci și unu de profesori, douăzeci și doi de profesori.*

Feminine: *douăsprezece profesoare, douăzeci și una de profesoare, douăzeci și două de profesoare.*

Neuter: *douăsprezece scaune, douăzeci și unu de scaune, douăzeci și două de scaune*

As we mentioned before, from *douăzeci* upwards numerals are followed invariably by *de* when the noun is present.

8.4. Exerciții

8.4.1. Substituiri și transformări

Model: Eu plec astăzi. *Tu o să pleci mâine.*

Eu răspund la lecție astăzi.

Eu plătesc astăzi.

Eu vin la tine astăzi.

Eu învăț astăzi.

---

[1] This structure should remind those who know a Slavic language of the Slavic numerals for teens.

Model: Noi înţelegem acum. *Dvs. o să înţelegeţi mai târziu.*

Noi servim acum.

Noi luăm cafeaua acum.

Noi mâncăm acum un tort.

Noi repetăm lecţia acum.

Noi ne gândim acum la şcoală.

(repeat the above, substituting *Ion* in place of *dvs.*)

Model: Eu sunt aici. *Când o să fii şi tu aici?*

Eu merg acolo.

Eu plătesc autobuzul.

Eu le aduc la el.

Eu stau jos.

Eu telefonez acasă.

Eu sunt cavaler, (repeat with *el* in place of *eu* and ea in place of *tu*)

Model: Avem doi prieteni. *El/Ea are un singur prieten.*

Avem două prietene.

Avem două colege.

Avem două locuri.

Avem două picioare.

Avem două fotolii.

Avem doi ochi.

Avem două autobuze.

Avem două scaune.

Avem doi fraţi.

Model: Eu văd un magazin. *Ea/El vede trei magazine.*

Eu văd un teatru.

Eu văd un motor.

Eu văd un atelier.

Eu văd un semn.

Eu văd un loc.

Eu văd un tort.

Eu văd un coniac.

Model: Un băiat este aici aproape. *Doi băieţi sunt acolo departe.*

Un excursionist este aici aproape.

Un student este aici aproape.

Un prieten este aici aproape.

Un munte este aici aproape.

Un dentist este aici aproape.

Un chelner este aici aproape.

Un leu (lion) este aici aproape.

Un litru este aici aproape.

Model: Eu vreau o casă bună. *Ei vor două case bune.*

Eu vreau o fereastră bună.

Eu vreau o prietenă frumoasă.

Eu vreau o colegă veselă.

Eu vreau o studentă interesantă.

Model: Este o şcoală mare acolo? *Da, sunt două şcoli mari acolo.*

(continue with: *stradă, scaun, munte, teatru, maşină*)

Model: Ai o gramatică mare acasă? *Da, am două gramatici mari acasă.*

(continue with: *bibliotecă, stilou, prăjitură, fotoliu, radio, masă*)

Model: Noi ştim o facultate interesantă. *Voi ştiţi două facultăţi interesante.*

(continue with: *cofetărie, lecţie, carte, poezie*)

8.4.2. Întrebări şi răspunsuri

1. Answer according to the pattern:

Unde vrea să meargă? *Vrea să meargă oriunde.*

Când vrea să meargă? *Vrea să meargă oricând.*

Cum vrea să meargă?

Ce vrei să mănânci?

Unde vrei să mănânci?

Când vrei să mănânci?

2. Practice the numerals:

Câţi studenţi vin cu tine? *Cu mine vine un student. Vine unu.*

(continue with: *2, 3, 20, 21*)

Câte scaune sunt în autobuz? *În autobuz sunt două scaune. Sunt două.*

        (continue with: *21, 20, 42, 60, 75*)

Câte studente vin cu tine? *Vin patru studente.*

        (continue with: *1, 2, 3, 12, 20*)

Câte facultăţi sunt la universitate? *La universitate sunt cinci facultăţi.*

        (continue with: *2, 3, 5, 11*)

Câte locuri vrei la teatru? *La teatru vreau două locuri.*

        (continue with: *10, 12, 15, 20*)

Câţi fraţi aveţi? *Am trei fraţi.*

        (continue with: *1, 2, 6, 15*)

Câte ferestre aveţi acasă? *Avem trei ferestre.*

        (continue with: *2, 5, 9, 11*)

3. Answer according to the model:

Unde stai tu? *(Eu) stau lângă fereastră (într-un fotoliu, acasă).*

        (continue with: *— stau ei?— stăm noi?* etc.)

Până când stai? *Stau până mâine (până la ora opt).*

        (continue as above)

8.4.3. Exerciţii pentru acasă

1. Change the following sentences to the future tense:

El merge la universitate.

Ea ştie de ce sunt aici.

Nu vrea vinul acesta.

Eu sunt un student bun.

Ea are 10 lei.

Noi stăm în picioare.

Mâine avem treabă.

Suntem doi băieţi buni.

Cine călătoreşte cu noi?

Unde merg ei?

2. Answer the following questions:

Câţi excursionişti o să plece la munte?

Câte studente sunt aici?

Câţi studenţi suntem în total?

Când nu sunt locuri, cine trebuie să stea în picioare?

La ce oră veniţi la facultate?

Lesson 9
Lecţia a noua

9.1. Pronunţie şi vocabular

Bunicul se joacă.	(The) grandfather is playing.
Bunicul o să se joace.	(The) grandfather will play.
O să se joace bunicul cu noi?	Will grandfather play with us?
O să se joace astăzi bunicul cu noi?	Will grandfather play with us today?
Sigur că o să se joace.	(It's) sure he will play.
(Voi) veniţi la mine.	You are coming to me (to my place).
Veniţi la mine!	Come to me!
Ionel stă pe genunchiul meu drept.	Ionel sits/is sitting on my right knee.
Maria o să stea pe genunchiul meu stâng.	Maria will sit on my left knee.
Şi tu, Maria, o să stai pe genunchiul meu stâng.	And you Maria will sit on my left knee.
Bunicul are faţa frumoasă.	Grandfather has a handsome face.
Bunica are nas drept.	Grandmother has a straight nose.
Bunica are urechi potrivite.	Grandmother has nice-sized ears.
Bunicul are nişte mustăţi lungi.	Grandfather has a long mustache, (*lit.* some long mustaches).
Bunicul are o barbă mare şi albă.	Grandfather has a long (large) white beard.
Bunicul nostru e vesel.	Our grandfather is happy.
Şi al vostru.	Yours, too.
Maria îl mângâie pe bunic.	Maria caresses grandfather.
Bunicul o mângâie pe Maria.	Grandfather caresses Maria.
Mustaţa mea e mai lungă.	My mustache is longer.

A mea e mai lungă.	Mine is longer.
A ta e mai lungă.	Yours is longer.
A lui e mai lungă.	His is longer.
A ei e mai lungă.	Hers is longer.
Ba a mea e mai lungă!	But mine is longer!
Mustaţa mea e ca a ta.	My mustache is like yours.
A mea nu e ca a ta.	Mine is not like yours.
Ba a mea e mai lungă şi nu e ca a ta.	But mine is longer and it is not like yours!
Băiatul trage de-o mustaţă.	The boy pulls on a mustache.
Fata trage de altă mustaţă.	The girl pulls on another mustache.
Fata trage de alta.	The girl pulls on the other.
Bunicul îi împacă.	The grandfather placates (reconciles) them.
Amândouă mustăţile sunt deopotrivă.	Both mustaches are alike.
Amândouă sunt ale noastre.	Both are ours.
Amândouă sunt ale voastre.	Both are yours.
Ochiul meu e mai albastru.	My eye is bluer.
Ba al meu, că nu e ca al tău.	But mine is, because it isn't like yours.
Obrazul meu e mai frumos.	My cheek is prettier.
Al meu e mai alb.	Mine is whiter.
Dar al meu e mai cald.	But mine is warmer.
Bunicul râde cu poftă.	The grandfather laughs vigorously.
Băiatul se înfurie.	The boy gets furious.
Eu mă înfurii.	I get furious.
El trage o palmă pe partea ei.	He slaps her side.
Fata ţipă.	The girl cries out.
Fata trage o palmă pe partea lui.	The girl slaps his side.
Bunicul are faţa roşie şi caldă.	The grandfather has a warm red face.
Obrazul meu drept.	My right cheek.
Obrazul meu stâng.	My left cheek.
Obrazul meu drept e al vostru.	My right cheek is yours.
Obrazul meu stâng e tot al vostru.	My left cheek is yours, too.
Amândoi sunt ai voştri.	They are both yours.
Băiatul plânge.	The boy cries.
El sărută partea lui.	He kisses his side.
Fata are lacrimi în ochi.	The girl has tears in (her) eyes.

Ea sărută partea ei.   She kisses her side.

PROVERB: Decât o mie de ani răi, mai bine unul bun.

(decât = *rather than,* rău, rea, răi, rele = *bad*)

9.1.1. Expresii uzuale

Ba da!	But yes!
Ba nu!	But no!

9.2. Text: Bunicul[1]

MARIA: O să se joace astăzi bunicul cu noi?

IONEL: Sigur că o să se joace.

BUNICUL: Veniți la mine! Așa: Ionel o să stea pe genunchiul meu drept și tu, Maria, o să stai pe genunchiul meu stâng.

Bunicul lor are față frumoasă, nas drept, urechi potrivite, mustăți lungi și o barbă mare, albă. Ionel și Maria îl mângâie pe bunic.

IONEL: Mustața mea e mai lungă!

MARIA: Ba a mea e mai lungă și nu e ca a ta!

Băiatul trage de-o mustață și fata de alta. Bunicul îi împacă:

BUNICUL: Amândouă sunt deopotrivă.

IONEL: Și a mea, și-a ei!

MARIA: Și a mea, și-a lui!

IONEL: Amândouă sunt ale noastre?

BUNICUL: Se înțelege, amândouă sunt ale voastre!

IONEL: Ochiul meu e mai albastru!

MARIA: Ba al meu, că nu e ca al tău!

IONEL: Obrazul meu e mai frumos!

MARIA: Ba al meu, că e mai alb!

IONEL: Ba al meu, că e mai cald!

MARIA: Ba al meu!

IONEL: Ba al meu!

Bunicul râde cu poftă. Băiatul se înfurie și-i trage o palmă pe partea ei; fata țipă și-i trage și ea o palmă pe partea lui. Bunicul are fața roșie și caldă.

---

[1] După Barbu Ștefănescu-Delavrancea

BUNICUL: Şi obrazul meu drept e al vostru, şi obrazul meu stâng e tot al vostru. Amândoi sunt ai voştri.

Băiatul plânge şi sărută partea lui, iar fata, cu lacrimi în ochi, sărută partea ei.

IONEL: Şi obrazul tău drept e al nostru şi obrazul tău stâng e tot al nostru.

MARIA: Da, da... amândoi sunt ai noştri.

9.3. Observaţii şi note

1. **Pronumele posesive.** The possessive adjective pronoun always appears in relation to a definite article. If the noun appears with the article the possessive form has none, but if the noun has none the following special forms of the article occur:

	singular	*plural:*
masculine:	al	ai
neuter:	al	ale
feminine:	a	ale

Thus, the possessive adjective pronouns have the following forms, according to number of possessors and number of things possessed:

single object and	*m, n:*	al meu	al tău	al său
single possessor	*f:*	a mea	a ta	a sa
plural object and	*m:*	ai mei	ai tăi	ai săi
single possessor	*f, n:*	ale mele	ale tale	ale sale
single object and	*m, n:*	al nostru	al vostru	al lor
plural possessor	*f:*	a noastră	a voastră	a lor
plural object and	*n:*	ai noştri	ai voştri	ai lor
plural possessor	*f, n:*	ale noastre	ale voastre	ale lor

More frequent, in speech for the third person there are the invariable forms *al (a, ai, ale) lui*, if the possessor is masculine and *al (a, ai, ale) ei*, if feminine. This latter set of third person possessor identifies the gender both of the possessor and of the thing possessed. In contrast to the *al său, a sa* forms, the *al lui* type can be ambiguous in that it may refer to either the subject of the sentence or a possessor not mentioned in the sentence itself. Note the following situation:

(a) Ion are un creion. Radu are un creion.

(b) Ion îl foloseşte pe al său. *Ion uses his own.*

(c) Ion îl foloseşte pe al lui. *Ion uses his.*

Given the situation in (a), (b) is perfectly clear, while (c) presents us with two possible interpretations.

The possessive articles are used also when a noun possessor is involved; in this case the noun takes the genitive inflection:

un coleg al
o colegă a   prietenului (prietenei)
doi colegi ai
două colege ale

The possessive article disappears if it comes into a position next to a definite article:

colegul
colegii   prietenului (prietenei)
colegele

A more complete discussion of the genitive is given in Part II.

It must be noted that with masculine proper names the *lui* always comes before the noun, e.g.

al lui Ion *Ion's*
a lui Radu *Radu's*

2. **Verbele reflexive.** The reflexive verb *a se înfuria* 'to get angry' is conjugated:

eu mă înfurii   noi ne înfuriem

tu te înfurii   voi vă înfuriați

el se înfurie   ei se înfurie

In this verb the third singular and first plural have -e where one expects -ă (cf., *a pleca: pleacă, plecăm*). This is a general phonetic rule in Romanian and helps explain the feminine forms of *roșu* 'red,' *viu* 'live,' where the feminines are: *roșie, vie*, for instance. The determining factor is the preceding *i*, which causes a following -ă to become -e.

9.4. Exerciții

9.4.1. Substituiri și transformări

Model: Bunicul îi împacă pe Ionel și Maria.

(continue with: *pe Ionel, pe Maria, pe noi, pe voi, pe tine, pe mine*)

Model: Prietenul vă mângâie pe dvs.

(continue as above)

Model: Chelnerul vă servește pe dvs.

(continue as above)

Model: El are un coleg bun. *Colegul lui e bun.*

Ea are o colegă bună. *Colega ei e bună.*

Ei au un coleg bun.

Noi avem o colegă bună.

Tu ai un coleg bun.

Model: Ion are un nas drept. *Nasul lui e drept. Al lui e drept.*

Bunicul are o barbă lungă.

Ioana are o față frumoasă.

El are o față roșie.

Model: Ei se joacă cu bunicul acum.

Eu _____.

Tu _____.

Dvs. _____.

El _____.

Dumneata _____.

Ea _____.

Ea se înfurie pe bunic acum.

(repeat pronouns above)

9.4.2. Întrebări și răspunsuri

Ce face bunicul cu Ionel și Maria?

Unde stă Ionel? Dar Maria?

Cum este bunicul?

Cum este fața bunicului?

Pe cine mângâie bunicul?

Pe cine împacă bunicul?

Pe cine sărută băiatul? (fata?)

Maria și Ionel se împacă?

A cui este mustața dreaptă? (stângă?)

Al cui este obrazul stâng? (drept?)

9.4.2. Exerciţii pentru acasă

Make comparisons using the pairs of words below. For example:
Nasul meu e mai drept decât al tău (decât nasul tău).

ochi — lung, nas — mare, obraz — frumos, ureche — drept, maşină — bun, cafea — cald, genunchi — roşu.

Lesson 10
Lecția a zecea

10.1. Pronunție și vocabular

Vremea era frumoasă.	The weather was beautiful.
Vremea era destul de frumoasă.	The weather was rather nice.
Cum era vremea la munte?	How was the weather in the mountains?
	(*lit.* at the mountain)
Plecam de la hotel dis-de-dimineață.	We left (would leave, used to leave, were leaving) the hotel at the break of dawn.
Mergeam în grupuri.	We went (would go, used to go) in groups.
Ne înapoiam seara.	We came back in the evening.
Ne înapoiam seara târziu.	And we came back late in the evening.
Câte ore făceați la urcare?	How long did (would) it take to climb up?
Câte ore făceați la coborâre?	How long did (would) it take to come down?
Coboram vreo patru ore.	We did it (came down) in about four hours.
Urcăm (destul de) încet.	We went up (rather) slowly.
Coboram repede.	We came (were coming) down quickly.
Coboram însă repede.	We came down, however, quickly.
Coboram însă mai repede.	We came down, however, quicker.
Coboram însă ceva mai repede.	We came down, however, somewhat quiker.
Vă distrați bine.	You were really enjoying yourself.
Cum vă distrați acolo?	How did you enjoy yourself there?
Cum vă distrați acolo în vârful muntelui?	How did you enjoy yourselves at the top of the mountain?
Minunat!	Marvelously!

Fetele montau repede corturile.	The girls quickly set up the tents.
Băieţii pregăteau masa.	The boys fixed dinner.
Noi băieţii montam repede corturile, iar fetele pregăteau masa.	We boys quickly set up the tents and the girls fixed dinner.
Toţi mâneam cu poftă.	We all ate heartily.
Spuneam glume.	We told jokes.
Râdeam cu poftă.	We laughed heartily.
Făceam plajă.	We sunbathed.
Cântam.	We sang.
Soarele era fierbinte.	The sun was hot.
Vântul adia uşor.	The wind wafted gently (easily).
Eu sunt bronzat.	I am tanned.
Vezi ce bronzată sunt?	See how tanned I am?
Tu întotdeauna te bronzezi.	You always tan.
Tu totdeauna te bronzezi mai frumos la munte decât la mare.	You always tan prettier in the mountains than at the sea.
Ce făceau profesorii?	What were the professors doing?
Dar profesorii ce făceau?	But what were the professors doing?
Ei se distrau.	They enjoyed themselves.
Se distrau şi ei?	Were they enjoying themselves, too?
Dar Ion ce făcea?	And Ion, what was he up to (doing)?
Ion era grozav.	Ion was terrific.
Coboram spre seară la hotel.	We were coming down to the hotel in the evening.
Când coboram la hotel?	When were we coming down to the hotel?
Ion era grozav, în special când coboram spre scară la hotel.	Ion was terrific, especially when we were coming down to the hotel in the evening evening.
De ce numai la coborâte era aşa?	Why was he like that only on the descent?
Toţi aveam bocanci de munte.	We all had mountain boots.
Ion era în pantofi de stradă.	Ion was in street shoes.
Mergea foarte încet.	He was going very slowly.
Rămânea în urmă.	He remained behind.
Eu te necăjeam.	I teased (nagged, irritated) you.
Ioana îl necăjea la tot pasul.	Ioana nagged him at every step.

10.1.1. Expresii uzuale

Dis-de-dimineață.	At daybreak.
Bineînțeles!	Surely!
Minunat!	Marvelous(ly)!
Ca de obicei.	As usual.

10.2. Text: După excursie

ANGHEL: Cum era vremea la munte?

MIHAI: Destul de frumoasă. Plecam[1] de la hotel dis-de-dimineață, mergeam în grupuri și ne înapoiam seara târziu.

ANGHEL: Câte ore făceați la urcare și câte la coborâre?

MIHAI: Urcam foarte încet. Făceam vreo 4 (patru) ore. Coboram, însă, ceva mai repede, cam în 3 (trei) ore.

ANGHEL: Si cum vă distrați acolo în vârful muntelui?

MIHAI: Minunat! Noi băieții montam repede corturile, iar fetele pregăteau masa. Toți mâncam cu poftă, spuneam glume, râdeam, cântam, făceam plajă. Soarele era fierbinte iar vântul adia ușor. Vezi ce bronzat sunt?

ANGHEL: Tu totdeauna te bronzezi mai frumos la munte decât la mare. Dar profesorii ce făceau? Se distrau și ei?

MIHAI: Bineînțeles! Ca de obicei.

ANGHEL: Ion ce făcea?

MIHAI: Ion? Era grozav, în special când coboram spre seară la hotel.

ANGHEL: Nu înțeleg. De ce era așa numai la coborâre?

MIHAI: Toți aveam bocanci de munte, numai Ion era în pantofi de stradă! Mergea foarte încet. Mereu rămânea în urmă și Ioana îl necăjea la tot pasul.

10.3. Observații și note

1. **Imperfectul.** The endings for the imperfect are the following: *-am, -ai, a, -am, -ați, -au.* (Since all imperfect endings are accented regardless of the accent pattern of the present tense, they will not be marked.) The same stems used for the first and second persons plural present tense and infinitive are used for the imperfect. They fall into two groups. One group terminates in a back vowel (*a, î*) which coalesces with the *-a-* of the endings, e.g.

$$\text{mânca} + \text{am} = \text{mâncam}$$

---

[1] The choice of translation of the Romanian imperfect tense depends greatly on context. In this dialogue the emphasis is upon the repetition of each action each day of the hike. e.g. 'We would leave the hotel at the break of the day...'

pleca + ai = plecai

coborî + am = coboram

The other group ends in front vowels (*i, e*). In verbs in *-i*, the *-i*, becomes *e* before the *-a* of the endings:

ieşi + am = ieşeam

servi + am = serveam

With both *-i* and *-e* types, the diphthong *(ea)* is formed. When this diphthong occurs after an *-i* the *e* disappears:

scrie + am = scrieam = scriam

(Compare this with the addition of the feminine article *-a* to nouns in *-ie*: *cofetăria + a = cofetăriea = cofetăria.*)

2. **Verbele neregulate.** There are a few special stems. The verb *a fi* 'to be' has a base form in *er-* in the imperfect: *eram, erai, era, eram, erați, erau.*

a vrea 'to want' forms the imperfect with the stem *voi-* (or *vroi-*): *voiam, voiai, voia, voiam, voiați, voiau.*

Also, *a da* 'to give' and *a sta* 'to sit' have *dăde-, stăte-,* as stems for the imperfect: *dădeam, dădeai, stăteam, stăteai,* etc.

Note that those verbs in *-a* and *-i* which take *-ez-, -esc-* in the present tense are not exceptional in the imperfect, e.g. *a lucra (-ez)* 'to work:'

lucra + am = lucram, lucra + ai = lucrai, etc.

The imperfect is used for past actions that are either of some duration or repeated. Thus: *mergeam in grupuri* 'we used to go in groups,' 'we went (each time) in group,' or 'we were going in groups.'

3. **Articolul hotărât plural.** We repeat here that there are only two forms of the plural definite article: *-i* and *-le. -i* is added directly to the plural form of masculine nouns. Thus: *profesori + i, munți + i, băieți + i,* yield *profesorii, munții, băieții* in which the second *-i* serves to allow the first one to be pronounced as it is no longer in final position.

For feminine and neuter nouns *-le* is added to the plural form, e.g.

fete + le = fetele, cofetării + le = cofetăriile, scaune + le = scaunele.

The indefinite article *(un, o)* often defaults to *niște* in the plural, e.g. *un scaun — niște scaune.*

4. **Verbul reflexiv.** Reflexive verbs like: *a se bronza (-ez)* to tan,' *a se înapoia (-ez)* 'to return,' and a *se distra (-ez)* 'to have fun' require the reflexive pronoun. Thus: *eu mă distrez, tu te distrezi, el/ea se distrează, noi ne distrăm, voi vă distrați, ei/ele se distrează.*

The demonstratives *acest(a)* and *acel(a)* have the following forms:

	Singular		Plural	
	Nominative	Oblique	Nominative	Oblique
Masculine	acest	acestui	aceşti	acestor
	acel	acelui	acei	acelor
Feminine	această	acestei	aceste	acestor
	aceea	acelei	acele	acelor

Note that the addition of *-a* is necessary whenever the demonstrative occurs after the noun or when it occurs alone, i.e. as a pronoun:

aceşti băieţi   băieţii aceştia   Aceştia au plecat.

acele fete   fetele acelea   Acelea au venit.

10.4. Exerciţii

10.4.1. Substituiri şi transformări

Model: Plecăm la munte. *Când eram mic(ă), plecam la munte.*

Râdem cu poftă. *Când eram mic, râdeam cu poftă.*

Avem pantofi de stradă. _____.

Rămânem în urmă. _____.

Montăm cortul repede. _____.

Facem plajă la mare. _____.

Mergem la cofetărie. _____.

(repeat with 2nd singular, 3rd singular, 3rd plural)

Model: Tu te distrezi frumos. *Eu, însă, mă distrez mai frumos.*

Tu înţelegi bine. *Eu, însă, înţeleg mai bine.*

Tu urci repede. _____ .

Tu cobori încet. _____.

Tu te bronzezi frumos. _____.

Tu te înapoiezi spre seară. _____.

(repeat with *el, ei*)

Model: Ion era mai vesel decât Ioana.

(substitute: *frumos, trist, bronzat, grăbit, mare*)

(repeat with *Ioana era...*)

Model: Anghel urca mai repede decât Mihai.

(substitute: *târziu, în urmă, bine, devreme*)

Model: Avem un cort. *Vrem nişte corturi. Vrem corturile acestea.*

Avem un pantof. _____.

Vedem un băiat. _____.

Cumpărăm un litru de vin. _____.

10.4.2. Întrebări şi răspunsuri

Răspundeţi la următoarele întrebări:

Cum urcau profesorii?

Câte ore făceau la urcare? Dar la coborâre?

Ce făceau fetele? Dar băieţii?

Ce făceau ei împreună?

Cine se bronza mai frumos?

Unde te poţi bronza mai bine, la munte sau la mare?

Se distrau bine toţi?

Cine merge mai încet la coborâre? De ce cobora aşa?

Când ajungeau la hotel?

Cum era vremea la munte?

Cum era când erai mic?

Lesson 11
Lecția a unsprezecea

11.1. Pronunție și vocabular

La telefon.	On the telephone.
Ion este (vorbește) la telefon.	Ion is (is talking) on the telephone.
La telefon e Ion Dobrescu.	This is Ion Dobrescu at the telephone.
Vă rog, pot vorbi cu Mircea?	Please, can I speak with Mircea?
Mama lui Mircea e la telefon.	This is Mircea's mother at the phone.
Acum a plecat Mircea.	Mircea left (just) now.
Chiar acum a plecat Mircea.	Mircea has just left.
Mircea a coborât scările.	Mircea went down the stairs.
Cred că el a coborât scările.	I think he went down the stairs.
Cred că de-abia a coborât scările.	I think he just went down the stairs.
Eu îl strig.	I am calling him.
Să-l strig (pe Mircea)?	Should I call him (Mircea)?
Nu e nevoie.	There's no need.
Revin mai târziu.	I'll call back later, (*lit.* I return)
O să revin mai târziu.	I shall call back later.
Când se înapoiază Mircea?	When is Mircea coming back?
A spus când se înapoiază?	Did he say when he is coming back?
V-a spus când se înapoiază?	Did he tell you when he is coming back?
El vine înapoi repede.	He is coming back soon (quickly).
El o să cumpere țigări și un ziar.	He will buy cigarettes and a newspaper.

Am fost cu mașina împreună cu mama, cu tata și cu fratele meu.	I went by car together with mother, father, and my brother.
Ați făcut vizite?	Did you pay any visits?
Cui?	To whom?
Ați făcut vizite rudelor?	Did you pay visits to relatives?
Ați vizitat rudele?	Did you visit your relatives?
Am făcut o vizită la Predeal.	I (we) paid a visit at Predeal.
Doar la Predeal am făcut o vizită.	Only at Predeal did we pay a visit.
Doar la Predeal am putut să facem o vizită.	Only at Predeal could we manage to pay a visit.
Am făcut o vizită familiei Ionescu.	We paid a visit to the Ionescu family.
Doar la Predeal am putut să facem o vizită de trei zile familiei Ionescu.	Only at Predeal did we manage to pay a three-day visit to the Ionescu family.
N-am (nu am) avut timp.	We didn't have time.
N-am avut prea mult timp.	We didn't have too much time.
N-am avut prea mult timp la dispoziție.	We didn't have too much time at our disposal.
Aud bine.	I hear well.
N-aud (nu aud) bine.	I don't hear well.
Am auzit bine.	I heard well.
N-am auzit bine.	I didn't hear well.
Cum ai petrecut vacanța?	How did you spend the vacation?
Cum ai petrecut în vacanță?	How was it on vacation?
Am trecut prin Transilvania.	I (we) passed through Transylvania.
Am trecut printr-o localitate din Transilvania.	I passed through an area of Transylvania.
Am trecut prin multe localități din Transilvania.	I passed through many areas of Transylvania.
La cine ați fost în vizită?	Whom did you pay a visit?
Părinții Ioanei sunt doamna Elena și domnul Nicolae Ionescu.	Ioana's parents are Mrs. Elena and Mr. Nicolae Ionescu.
Ioana este colega și logodnica mea.	Ioana is my colleague and fiancee.
Fac o vizită unei familii.	I am paying a visit to a family.
Fac o vizită familiei Ionescu.	I am paying a visit to the Ionescu family.
Facem o vizită unei doamne.	We're paying a visit to a lady.
Fac o vizită doamnei Ionescu.	I am paying a visit to Mrs. Ionescu.
Faci o vizită unui domn.	You're paying a visit to a gentleman.
Face o vizită domnului Ionescu.	She's paying a visit to Mr. Ionescu.
S-a dus să-și cumpere țigara și un ziar.	He left to buy himself cigarettes and a newspaper.

Ai expediat o carte poştală ilustrată din Sinaia.   You sent a picture postcard from Sinaia.

Ai expediat o vedere din Sinaia.   You sent a postcard (a view) from Sinaia.

Ai expediat-o din Sinaia.   You sent it from Sinaia.

Mircea a primit cartea poştală ilustrată
de la dumneata.   Mircea received the picture postcard from you.

Mircea a primit cartea poştală ilustrată pe care
ai expediat-o din Sinaia.   Mircea received the picture postcard that you
sent from Sinaia.

Mircea a primit de la d-ta cartea ilustrată,
pe care ai expediat-o din Sinaia.   Mircea received the picture postcard from you,
the one that you sent from Sinaia.

Am văzut ceva interesant.   I (we) saw something interesting.

Am văzut un lucru interesant.   I saw an interesting thing.

Am văzut multe lucruri interesante.   I saw many interesting things.

Ai călătorit singur?   Did you travel alone?

Ai mers cu cineva?   Did you go with someone?

Ai mai mers cu cineva?   Did you go with someone else?

Ai călătorit singur sau ai mai mers cu cineva?   Did you travel alone or did you go with
someone else?

Am fost cu mama, cu tata şi cu fratele meu Puiu.   I was with mother, father, and my brother Puiu

'Logodnică', ai spus?   'Fiancee,' you said?

Când vă logodiţi?   When are you getting engaged?

Când v-aşi logodit?   When did you get engaged?

Când şi unde v-aţi logodit?   When and where did you get engaged?

Ne-am logodit săptămâna trecută la Predeal.   We got engaged last week in Predeal.

Ce surpriză!   What a surprise!

Te rog să primeşti sincere felicitări.   Please accept sincere congratulations.

Noi transmitem complimente.   We are sending good wishes.

Să transmiţi multe complimente mamei, tatii
şi fratelui.   Give (my) best wishes to (your) mother, father,
and brother.

Te rog să transmiţi multe complimente
logodnicii dumitale.   Please give many good wishes to your fiancee.

11.1.1. Expresii uzuale

Alo, alo!   Hello! Hey!
(This expression corresponds to English 'hello' over the telephone,
but to 'hey!' in most other contexts).

Bine-ai venit!	Welcome.
Bine-ați venit.	Welcome.
Bine te-am găsit!	Nice to find you here. (In response to
Bine v-am găsit!	*Bine-ai venit!*)
Mi se pare că...	It seems to me that...
Urări.	(Good) wishes.
Îți mulțumesc pentru bunele urări!	I thank you for the good wishes.
Vă mulțumesc foarte mult.	Thank you very much.
La revedere, dragul meu.	Goodbye, my dear.
La revedere, draga mea.	Goodbye, my dear.
Sărut mâna.	My regards (*lit.* 'I kiss your hand,' a polite greeting among adults or from children to any adult, used also at parting and for 'thank you')

11.2. Text: După excursie

ION: (la telefon) Alo! Bună dimineața! La telefon e Ion Dobrescu. Vă rog, pot vorbi cu Mircea?

D-NA POPESCU: Bună dimineața, Ion! Mama lui Mircea e la telefon. Bine-ai venit!

ION: Bine v-am găsit, doamnă!

D-NA POPESCU: Chiar acum a plecat Mircea. Cred că de-abia a coborât scările. Să-l strig?

ION: Nu e nevoie. O să revin eu mai târziu. V-a spus când se înapoiază?

D-NA POPKSCU: Vine repede. S-a dus să-și cumpere țigări și un ziar. Mircea a primit de la dumneata cartea poștală ilustrată pe care ai expediat-o din Sinaia. Iți mulțumesc pentru urări. Cum ai petrecut în vacanță?

ION: De minune! Am trecut prin mai multe localități din Transilvania. Am văzut lucruri interesante.

D-NA POPESCU: Ai călătorit singur sau ai mai mers cu cineva?

ION: Am fost cu mașina împreună cu mama, tata și fratele meu Puiu.

D-NA POPESCU: Ați vizitat rudele?

ION: N-am avut prea mult timp la dispoziție. Doar la Cluj am putut să facem o vizită de trei zile familiei Ionescu.

D-NA POPESCU: Scuză-mă! N-am auzit bine. La cine ați fost în vizită?

ION: Am făcut o vizită doamnei Elena și domnului Nicolae Ionescu, părinții Ioanei — colega și logodnica mea.

D-NA POPESCU: 'Logodnică', ai spus? Când și unde v-ați logodit?

ION: Săptămâna trecută, la Predeal.

D-NA POPESCU: Ce surpriză! Îmi pare bine! Te rog să primești sincere felicitări și să transmiși multe complimente mamei, tatii și fratelui dumitale.

ION: Vă mulțumesc foarte mult, sărut mâna!

D-NA POPESCU: La revedere, dragul meu.

11.3. Observații și note

1. **Perfectul compus.** The compound perfect corresponds generally to the simple past tense in English and indicates a completed action in the past. It is formed with the auxiliary *am, ai, a, am, ați, au* and the past participle of the main verb.

The past participle (*participiul trecut*) is most frequently formed by the addition of *-t* to the basic form of the verb. For example:

pleca + t = plecat 'left'

mânca + t = mâncat 'eaten'

veni + t = venit 'come'

coborî + t = coborât 'descended'

All verbs whose basic form ends in *-e* are exceptional and fall into three sub-groups. All three use the short version of the basic form (i.e., without the final vowel).

ut-type:

a petrece	petrec + ut	petrecut 'spent'
a pute(a)	put+ut	putut 'could'
a face	făc+ut	făcut 'did'
a ține	țin+ut	ținut 'held'

All *-e* verbs with the infinitive accented on the ending (*putea, tăcea, bea, avea, vrea, vedea, cădea, zăcea*) belong to the *-ut* type. (Their participles are respectively: *putut, tăcut, băut, avut, vrut, văzut, căzut, zăcut.*)

s-type

a merge	merg+s	mers 'gone'
a înțelege	înțeleg+s	înțeles 'understood'
a răspunde	răspund+s	răspuns 'answered'
a transmite	transmit+s	transmis 'transmitted'
a rămâne	rămân+s	rămas 'remained'
a spune	spun+s	spus 'said'

The final consonant of the stem is truncated before the *-s* fending. Other *s*-type verbs met to date: *a aduce* 'to bring,' *a pune* 'to put,' *a scoate* 'to remove,' *a trage* to 'pull,' *a râde* 'to laugh,' *a plânge* 'to cry,' *a zice* 'to say,' *a duce* 'to take.'

t-type:

a rupe	rup+t	rupt 'torn'
a întrerupe	întrerup+t	întrerupt 'interrupted'

a înfige	înfig+t	înfipt 'stuck'
a fierbe	fiert+t	fiert 'boiled'
a coace	coc+t	copt 'baked'
a frânge	frâng+t	frânt 'won'
a frige	frig+t	fript 'fried'

Note that for this group (all of which are listed here) the final consonant becomes *p* before the ending and then in those verbs with a double consonant the *p* is truncated before the *-t* ending.

2. **Pronumele personale (continued).** The short forms of the pronouns are elided with following words beginning with vowels. This is most evident in the compound past where the auxiliary always begins in a vowel.

Accusative:

Ion mă vede.	Ion m-a văzut.
Ion te vede.	Ion te-a văzut.
Eu îl văd.	Eu l-am văzut.
Eu o văd.	Eu am văzut-o.
Ion ne vede.	Ion ne-a văzut.
Ion vă vede.	Ion v-a văzut.
Ion îl vede.	Ion l-a văzut.
Ion le vede.	Ion le-a văzut.
Aceasta se vede.	Aceasta s-a văzut.

Dative:

Ioana îmi dă cartea.	Ioana mi-a dat cartea.
Ioana îți dă cartea.	Ioana ți-a dat cartea.
Ioana îi dă cartea.	Ioana i-a dat cartea.
Ioana ne dă cartea.	Ioana ne-a dat cartea.
Ioana vă dă cartea.	Ioana v-a dat cartea.
Ioana le dă cartea.	Ioana le-a dat cartea.

There are two vowels that regularly undergo elision: *î* and *ă*, being the weaker when two such vowels come together. The vowels of *nu* and *se* are also elided but only before *a*:

să+îl	Eu o să-l.
să+îți	Eu o să-ți dau ceva.
nu+îl	Eu nu-l văd.
nu+îl	Eu nu l-am văzut.
să+o	Eu merg s-o văd.
nu+am	Eu n-am văzut ziarul de astăzi.
se+a	El s-a dus acasă.

When both the dative and the accusative pronouns occur the dative always precedes, e.g.

Eu ți-l dau.	I give it (him) to you.
Eu ți-o dau.	I give it (her) to you.

Both direct and indirect objects are repeated as a pronoun before the verb in three situations:

When the direct object is a personal animate noun and the definite article is implied. Compare:

Eu văd un profesor.	I see a professor.
Eu îl văd pe profesor.	I see the professor.
Eu am dat cartea unui prieten.	I gave the book to a friend.
Eu i-am dat cartea prietenului.	I gave the book to (my) friend.

When the direct object precedes the verb:

Am văzut ziarul pe care l-ați cumpărat ieri.	I saw the newspaper you bought yesterday.
Am văzut pâinea pe care ați cumpărat-o ieri.	I saw the bread you bought yesterday.

When the direct object is a personal pronoun (usually emphatic):

Eu l-am văzut pe el.	I saw *him*.
Tu ai văzut-o pe ea.	You saw *her*.
V-am văzut pe dvs. acolo.	I saw *you* there.

11.4. Exerciții

11.4.1. Substituiri și transformări

Model: Când erai mic (tu) mergeai la școală cu tata. *Ieri (tu) ai mers la școală cu tata.*
Când erai mic învățai poezii frumoase. *Ieri ai învățat poezii frumoase.*

Când erai mic erai foarte cuminte.

Când erai mic făceai plajă la munte.

Când erai mic aduceai apă la masă.

Când erai mic călătoreai cu fratele tău.

Când erai mică râdeai cu poftă.

Când erai mică plângeai mult.

Când erai mic mâncai ciocolată.

Când erai mică veneai la mine.

(repeat with: *eu, el, noi, voi, ei*)

Model: Săptămâna aceasta merg la dentist. *Săptămâna trecută am mers la dentist.*

Săptămâna aceasta plec în excursie.

Săptămâna aceasta dorm mai mult.

Săptămâna aceasta văd un film.

Săptămâna aceasta ascult lecțiile de limba română.

Săptămâna aceasta cumpăr pantofi.

Săptămâna aceasta repar mașina.

Săptămâna aceasta călătoresc prin Transilvania.

Săptămâna aceasta petrec trei zile la mare.

Model: Aseară ne-am văzut la facultate. *Mâine o să ne vedem la facultate.*

Aseară ne-am distrat la noi acasă.

Aseară ne-am supărat pe el.

Aseară ne-am gândit la el.

Aseară ne-am jucat împreună.

Aseară ne-am dus la cofetărie.

Aseară ne-am înfuriat pe el.

Aseară ne-am logodit.

(repeat with: *voi, ei*)

Model: (Mie) Ei îmi dau un ziar. *Cui i-au dat ziarul? Mie mi-au dat ziarul.*

(Nouă) Ei ne dau un ziar. *Cui i-au dat ziarul? Nouă ne-au dat ziarul*

(continue with: *ție, vouă, lui, dumneavoastră, ei, dumnealui, d-tale, d-ei*)

Model: Dumneavoastră îmi dați mie un câine.

(substitute: *nouă, d-lui, lor, d-ei, lui*)

(repeat with the compound past, noting the reduction and/or elision of the unaccented pronouns. For example: *Dvs. mi-ați dat mie un câine*)

Model: Aici este Ion. *Îl văd. Nu-l văd.*

Aici este Ioana.

Aici este un magazin.

Aici este o cofetărie.

Aici sunt Ion și Ioana.

Aici sunt două studente.

Aici sunt două autobuze.

Model: *Fotoliu.* Studentul 1: *Aici este un fotoliu.* Studentul 2: *Il văd.*
Studentul 3: *Nu-l vedem.*

(continue with: *masă, fată, băiat, ferestre, dentist, atelier, prăjituri, chelner, coleg, teatru, profesori, bocanci, pantofi, munți*)

Model: Am cumpărat un ziar. *Am văzut ziarul pe care l-ați cumpărat.*

Am cumpărat o mașină.

Am cumpărat niște ziare.

Am cumpărat niște case.

Am cumpărat pantofi.

(continue with: *bocanci, cort, ciocolate, un litru de vin, apă minerală, fotoliu, scaune*)

Model: *tu:* Te-am văzut când coborai scările, *voi:* V-am văzut când coborâți scările.

(continue with: *el, ea, ele, ei, dumneavoastră, dumneata*)

Model: *el: L*-ai auzit când cânta.

(continue with: *eu, ea, noi, ele, ei*)

11.4.2. Întrebări

Răspundeți la următoarele întrebări:

1. Cine a fost la telefon?

2. Cu cine ai vorbit la telefon?

3. Cui i-ai mulțumit la telefon? (dvs., d-ta, Anghel, Maria)

4. Pe care l-ai văzut mai întâi?

5. Pe cine ai vizitat la Predeal?

6. La cine ați fost în vizită? (coleg, profesor, prietenă)

7. Cu cine v-ați logodit?

8. Cui i-ați transmis complimente? (mamă, tată, frate, logodnică)

9. Cui îi mulțumiți pentru urări? (profesor, Ion, Ioana, prieten, fată, bunic, polițist, d-na Marinescu)

11.4.3. Exerciţii pentru acasă

Răspundeţi la următoarele întrebări:

1. Cu cine a vorbit la telefon Ion Dobrescu?
2. Cu cine voia să vorbească Ion la telefon?
3. În timp ce vorbeau la telefon, Mircea ce făcea?
4. D-na Rădulescu l-a strigat pe Mircea?
5. Unde s-a dus Mircea?
6. Cu cine a călătorit Ion în maşină?
7. Cui i-a făcut o vizită la Predeal?
8. De ce au fost în vizită tocmai la familia Ionescu?
9. Ce a transmis d-na Rădulescu familiei Dobrescu şi d-rei Ioana Ionescu?
10. Ce aţi făcut dvs. ieri?

11.5. Anecdotă

IONEL: Tăticule, când tu erai mic ca mine ai rămas corigent[1] la istorie?
TATA: Da, dar de ce vrei să ştii?
IONEL: Mi se pare că 'istoria' o să se repete şi cu mine!

---

[1] a rămâne corigent *to fail*

Lesson 12
Lecţia a douăsprezecea

12.1. Pronunţie şi vocabular

Astăzi e cald.

It's hot today.

Ce cald e astăzi!

How hot it is today!

Vreau să mergem undeva.

I want us to go somewhere.

Aş vrea să mergem undeva.

I would like for us to go somewhere.

Tare aş vrea să mergem undeva.

I'd like very much for us to go somewhere.

Tare aş vrea să mergem undeva la ştrand.

I'd really like for us to go somewhere to a swimming pool.

Unde este mai bine?

Where is it better?

Unde ar fi mai bine?

Where would it be better?

Mă gândesc.

I'm thinking.

Să mă gândesc puţin.

Let me think a little.

Acolo e multă lume.

There are a lot of people there.

E lume multă.

There are a lot of people.

E şi mai multă (lume).

There are even more (people).

Eu sunt de părere să mergem afară din oraş.

I think (I am of the opinion) that we should go outside the city.

Eu aş fi de părere să mergem undeva.

I would like to go somewhere.

Aş fi de părere să mergem undeva afară din oraş.

I would like to go somewhere outside the city.

Te gândeşti bine.

That's a good idea. (*lit*. You are thinking well.)

Te-ai gândit bine.

That was a good idea.

E foarte plăcut la Snagov.

It is very pleasant at Snagov.

La Snagov se poate face o baie.

At Snagov one can swim.

Acolo se poate face o baie ca lumea.

There one can swim properly (*lit.* like people).

Acolo se poate face o plimbare.

There one can take a walk.

Acolo se poate înota.

There one can swim.

Acolo se poate face o plimbare prin pădure.

There one can take a walk through the woods.

Ai ceva împotrivă?

Do you have anything against it?

N-ai nimic împotrivă?

Don't you have anything against it?

N-ai avea nimic împotrivă?

Wouldn't you have anything against it?

Putem lua masa la restaurant.

We can eat dinner at a restaurant.

Am putea lua masa la restaurant.

We could eat dinner at a restaurant.

Și dacă n-ai avea nimic împotrivă, am putea lua masa la restaurantul de lângă debarcader.

And if you wouldn't have anything against it, we could have dinner alongside the dock.

Îmi place mai mult la restaurantul acesta.

I like it more at that (this) restaurant.

Îmi place mai mult la restaurantul celălalt.

I like it better at the other restaurant.

Mi-ar plăcea mai mult la celălalt.

I would like it better at the other one.

Pe partea aceasta.

On this side.

Pe partea aceasta a lacului.

On this side of the lake.

Pe partea cealaltă.

On the other side.

Pe partea cealaltă a lacului.

On the other side of the lake.

Mi-ar plăcea mai mult la celălalt, pe partea cealaltă a lacului.

I would like it better at the other one, on the other side of the lake.

Trebuie să trecem lacul.

We have to cross the lake.

Ar trebui să trecem lacul cu barca.

We would have to cross the lake with the boat.

Dar pentru asta, ar trebui să trecem lacul cu barca sau cu vaporașul.

But for that (*lit.* this) we would have to cross the lake with the rowboat or the steamer.

Restaurantul are o bucătărie.

The restaurant has a kitchen.

Are o bucătărie grozavă.

It has a great kitchen (great cuisine).

Știu că are sarmale cu mămăligă.

I know that it has stuffed cabbage and cornmeal mush.

Stai o clipă!

Wait a second! (*lit.* Stand a second!)

Stau pe gânduri.

I'm thinking a moment, (*lit.* I stand in thought).

N-aș sta o clipă pe gânduri.

I would not think (hesitate) a moment.

Dacă aș ști că ar avea sarmale cu mămăligă, n-aș mai sta o clipă pe gânduri.

If I knew that they would have stuffed cabbage and cornmeal mush, I wouldn't hesitate a moment!

Un fel de mâncare.

A kind of food (a course).

Două feluri de mâncare.

Two kinds (courses) of food.

Are toate felurile de mâncare.	It has all kinds of food.
Are de toate.	It has all kinds.
Mititei.	Grilled sausages.
Friptură de vacă.	Roast beef.
Salată de ardei copți.	Roasted pepper salad.
Saramură de crap cu mujdei de usturoi.	Salt carp in crushed garlic.
Și de băut?	And for drinking?
Și are (restaurantul) ceva de băut?	And do they (the restaurant) have something to drink?
O băutură.	A drink.
Tot felul de băuturi: țuică bătrână de Pitești, vin rubiniu de Drăgășani, vin dulce de Murfatlar, vin sec de Odobești.	Every kind of drink: old țuica from Pitești, ruby wine from Drăgășani, sweet wine from Murfatlar, dry wine from Odobești.
Care vin e mai bun?	Which wine is better?
Din care dorești să guști?	From which do you want to taste?
Din care ai dori să guști?	From which would you want to taste?
La început beau o țuică mică.	To start, I am drinking a small țuica.
La început aș bea o țuică mică, apoi, la masă, un vin sec și la desert un vin dulce.	To start, I would drink a small plum brandy; then, at dinner, a dry wine and with dessert a sweet wine.
Tu vrei multe.	You're asking for a lot (of things).
Ai vrea tu multe.	You would like lots.
Dacă e posibil.	If it is possible.
Dacă ar fi posibil.	If it were possible.
Dacă ar fi posibil, ai vrea tu multe.	If it were possible, you would like a lot.
Ai vrea tu multe, dacă ar fi posibil.	You would like a lot if it were possible.
Trebuie să te grăbești!	You have to hurry.
Ar trebui să te grăbești.	You should hurry.
Ai uitat că ar trebui să te grăbești și să plecăm?	Have you forgotten that you had better hurry and we should leave?
Ai uitat că trebuie să conduci mașina?	Have you forgotten that you have to drive?
Ai uitat proverbul: „Vorba multă, sărăcia omului".	You forgot the proverb: "Talk is cheap" (*lit.* 'Much talk, man's poverty').

PROVERB: Cine vorbește multe, ori știe multe, ori minte multe.

12.1.1. Expresii uzuale

Aș fi de părere să...	I would suggest to...
Dacă n-ai avea nimic împotrivă	If you have no objections.
	(*lit.* If you wouldn't have anything against (it).)
Merită!	It's worth it!
Gata!	All right! O.K.!
Gata?	Ready? Finished?
De exemplu (de ex.)	For example (e.g.)

12.2. Text: Mergem la ștrand?

IOANA: Uf! Ce cald e astăzi! Tare aș vrea să mergem undeva la un ștrand. Unde ar fi mai bine?

ION: Să mă gândesc puțin. La Floreasca? E lume multă. La Tei? E și mai multă! Da! Eu aș fi de părere să mergem undeva afară din oraș. De exemplu, la Snagov.

IOANA: Te-ai gândit bine. E foarte plăcut la Snagov. Se poate face o baie ca lumea, se poate înota și se poate face o plimbare prin pădure.

ION: Și dacă n-ai avea nimic împotrivă am putea lua masa la restaurantul de lângă debarcader.

IOANA: Mi-ar plăcea mai mult la celălalt, de pe partea cealaltă a lacului.

ION: Dar pentru asta ar trebui să trecem lacul cu barca sau cu vaporașul.

IOANA: Merită! Are o bucătărie românească grozavă!

ION: Dacă aș ști că ar avea sarmale cu mămăligă, n-aș sta o clipă pe gânduri.

IOANA: Are de toate: mititei, friptură de vacă cu salată de ardei copți, saramură de crap cu mujdei de usturoi, și...

ION: Și de băut?

IOANA: Tot felul de băuturi: țuică bătrână[1] de Pitești, vin rubiniu de Drăgășani, vin dulce de Murfatlar. Din care ai dori să guști?

ION: La început aș bea o țuică mică, apoi, la masă, un vin sec, și la desert un vin dulce.

IOANA: Ai vrea tu multe, dacă ar fi posibil.

ION: Și de ce nu?

IOANA: Ai uitat că trebuie să conduci mașina? Ai uitat că ar trebui să te grăbești și să plecăm? Ai uitat proverbul: 'Vorba multă, sărăcia omului'.

---

[1] *Țuica* is a kind of brandy (generally from plums) found all over the Balkans. It is perhaps better known as *slivovitza* or *slivona* from its Slavic names.

12.3. Observaţii şi note

1. **Condiţionalul.** The conditional tense is formed with the auxiliary: *aş, ai, nr, am, aţi, ar* plus the infinitive form of the main verb. For example: *aş vrea (mânca, merge, opri etc.)*.

    There is a single form for both the third person singular and plural:

el ar vrea	ea ar vrea
ei ar vrea	ele ar vrea

It should also be mentioned that the conditional auxiliary has three forms that are homophonous with the compound past auxiliary and three that are different:

condiţional	*compound past:*
eu aş vrea	am vrut
tu ai vrea	ai vrut
el/ea ar vrea	a vrut
noi am vrea	am vrut
voi aţi vrea	aţi vrut
ei/ele ar vrea	au vrut

The conditional (sometimes called the conditional-optative) generally expresses an action dependent upon a given (contrary-to-fact) condition, e.g.

| Aş pleca, dacă aş putea. | I would leave if I could. |
| Ai bea bere, dacă am avea. | You would drink beer, if we had some. |

The same term also may express a wish or desire:

| Aş bea un vin bun. | I would like to drink a good wine. |

The conditional form in Romanian, as it does in English, often replaces the present in order to convey a more polite tone. Note, for instance, these phrases from the dialogue:

| Eu aş fi de părere să mergem undeva. | I would like to go somewhere. |
| Din care ai vrea să guşti? | From which would you like to taste? |

2. **Celălalt.** This demonstrative pronoun is normally opposed to *acesta*:

> Studentul acesta lucrează bine.   This student works well.
>
> Studentul celălalt nu lucrează deloc.   The other student doesn't work at all.

Observe that if the demonstrative precedes the noun, the article is no longer necessary:

> Acest student lucrează bine.   This student is working well.
>
> Celălalt student nu lucrează deloc.   The other student isn't working at all.

The other forms of *celălalt* are as follows:

	singular	*plural*
masculin	celălalt	ceilalți
feminine	cealaltă	celelalte

3. **Cineva, ceva.** The seemingly irregular accent of *cineva* and *ceva* is explained by the fact that these are compounds of the pronouns *cine* and *ce* followed by the indefinite particle *-va*. Compare the adverbs: *cândva, cumva, undeva*. The *-va* is said to be a result of the reduction of the verb *vrea*, thus *cine vrea* = *cineva*, etc.

4. **Reflexivul dativ.** Besides the normal reflexive verb there are so-called dative reflexives or datives of interest.

When the actor is also the recipient of the action or somehow benefits from it the dative pronoun is inserted before the verb.

> (Eu) îmi cumpăr un coniac.   I am buying myself a cognac.
>
> (Tu) îți cumperi un coniac.   You're buying yourself a cognac.
>
> (El/Ea) își cumpără un coniac.   He/she is buying him/herself a congac.
>
> (Noi) ne cumpărăm cafea.   We are buying ourselves some coffee.
>
> (Voi) vă cumpărați cafea.   You are buying yourselves some coffee.
>
> (Ei/Ele) își cumpără cafea.   They are buying themselves some coffee.

The dative of interest is often substituted for the possessive pronoun:

> Am luat cartea mea.   I took my book.
>
> Mi-am luat cartea.   I took my book.

12. 4. Exerciții

12.4.1. Substituiri și transformări

Model: Vreți să beți o țuică mică? Da, vrem să bem o țuică mică.

(continuați cu: *el, d-ta, d-lui, dv., d-ei, tu, eu, ei, ea*)

Model: Ei își beau cafeaua acum.

(treceți la perfectul compus, viitor, condițional, imperfect)

Model: Eu sunt student. Eu merg la facultate.

Dacă aș fi student, aș merge la facultate.

Tu ai 100 de lei. Tu mănânci o friptură de vacă.

Noi avem o mașină. Noi plecăm în excursie.

Este posibil. (El) Se înapoiază chiar astăzi.

Ionel și Maria stau tot timpul acasă. Ei se joacă toată ziua cu el.

Tu nu mă privești atent. Eu nu mă supăr.

N-aveți nimic împotrivă. Putem călători împreună.

Avem zahăr. Îți pregătesc o cafea.

Avem timp suficient. Ne distrăm și mai bine.

Model: Servesc o prăjitură. *Serviți ceva? Ce serviți?*

Au fost la Snagov. *(Ei) au fost undeva? Unde au fost?*

Ion repetă lecțiile cu colegul lui.

Vorbeam la telefon cu Mircea.

O să ascultăm muzică la 1.

Nicolae a pus apă în radiator.

Ionel l-a necăjit pe bunic.

Maria ține o carte în mână.

Ne-am urcat pe munte săptămâna trecută.

Ieri m-am bronzat la mare.

Ieri am auzit o conversație interesantă la ștrand.

Model: Băiatul acesta e silitor. *Băiatul celălalt e mai silitor. Băieții aceștia sunt silitori. Băieții ceilalți sunt mai silitori.*

Fata aceasta e silitoare. *Fata cealaltă e mai silitoare. Fetele acestea sunt silitoare. Fetele celelalte sunt mai silitoare.*

Lacul acesta e mare.

Prăjitura aceasta e delicioasă.

Restaurantul acesta e mic.

Studentul acesta e vesel.

Cafeaua aceasta e fierbinte.

12.4.2. Întrebări

Răspundeți la următoarele întrebări:

1. De ce ar vrea Ioana să meargă la ștrand?
2. La ce ștrand e mai puțină lume? De ce?
3. Ce se poate face la Snagov în afară de baie?
4. Cum se ajunge pe partea cealaltă a lacului?
5. La ce se gândește Ion?
6. Dacă ați călători în România, ce ați dori să vedeți mai întâi?
7. Ce vinuri (vin) ați dori să beți?
8. De ce nu poate bea Ion vin sau țuică?
9. Vă place să faceți baie?
10. Unde ați prefera să înotați?

12.4.3. Exerciții pentru acasă

Rescrieți propozițiile cu forma cerută a verbului:

1. Eu sunt de părere să petrecem vacanța la munte.
   (perfect compus, condițional, imperfect, viitor)

2. Tu te duci la lac și faci o baie.

   (perfect compus, condiţional, imperfect, viitor)

3. Nu pot pleca devreme la ştrand.

   (perfect compus, condiţional, imperfect, viitor)

4. Nu mai stau o clipă pe gânduri.

   (perfect compus, condiţional, imperfect, viitor)

5. Restaurantul are toate felurile de mâncare.

   (perfect compus, condiţional, imperfect, viitor)

Lesson 13
Lecţia a treisprezecea

13.1. Pronunţie şi vocabular

Tu eşti cuminte.	You are good (sensible).
Fii cuminte!	Be good! (Behave yourself!)
Lasă maşina aici.	He (she) is leaving the car here.
El lasă pisica acolo.	He is leaving the cat there.
Lasă pisica în pace!	Leave the cat alone (*lit.* in peace)!
El ţipă tare.	He screams loudly.
Ţipă mai tare!	Scream louder!
Nu ţipa aşa de tare!	Don't scream so loud!
Nu mai ţipa aşa de tare!	Don't scream so loud anymore!
Cum o să ţipe pisica?	How will the cat scream?
Eu te trezesc la ora 8.	I wake you at eight o'clock.
Tu îl trezeşti pe tăticu.	You are waking daddy.
Nu mai ţipa aşa de tare că îl trezeşti pe tăticu!	Don't scream so loud anymore, you are waking daddy up!
Pisica miorlăie de durere.	The cat is whimpering (meowing) with (the) pain.
Ea, săraca, miorlăie de durere.	It, poor creature, is whimpering from pain.
Ea miorlăie de durere, săraca.	It is whimpering from (the) pain, the poor creature.
Tu tragi pisica de coadă.	You are pulling the cat by the tail.
Tu o tragi de coadă.	You are pulling her by the tail.
Ea miorlăie de durere fiindcă o tragi de coadă.	She is whimpering from pain, because you are pulling her by the tail.

Tu vii aici.	You are coming here.
Vino aici (încoace)!	Come here (hither)!
Vino mai bine aici, în sufragerie!	Better come here in the dining room.
Tu mănânci un ou.	You are eating an egg.
Îți dau să mănânci un ou.	I'm giving you an egg to eat.
Vino aici, în sufragerie, să-ți dau să mănânci un ou.	Come here in the dining room so I can give you an egg to eat.
Mi-e foame.	I'm hungry.
Nu mi-e foame.	I'm not hungry.
Tu bei un suc de roșii.	You are drinking a tomato juice.
Atunci vino să bei un suc de roșii.	Then, come and drink a tomato juice.
Mi-e sete.	I'm thirsty.
Nu mi-e sete.	I'm not thirsty.
Eu sunt obosit.	I am tired.
Tu ești obosită.	You are tired.
Poate ești obosit.	Maybe you're tired.
Ne culcăm târziu.	We go to bed late.
Te culci pe lângă mămica.	You are lying down beside mommy.
Vrei sa te culci puțin lângă tăticu?	Do you want to lie down for a second beside daddy?
Mi-e somn.	I'm sleepy.
Nu mi-e somn.	I'm not sleepy.
Ne plimbăm cu mașina	We're going for a ride in the car.
Ne plimbăm cu bicicleta.	We're going for a bicycle ride.
Plimbați voi cu bicicleta.	You're going for a bicycle ride.
Vrei să te plimbi câteva minute?	Do you want to go for a walk (go for a ride) for a few minutes?
Vrei să te plimbi câteva minute cu bicicleta?	Do you want to ride around on the bicycle for a few minutes?
Te joci prin casă.	You are playing in the house.
El se joacă prin casă.	He is playing in the house.
Joacă-te prin casă!	Play in the house!
Tăticul doarme.	Daddy is sleeping.
Tu faci zgomot.	You are making noise.
Să nu faci zgomot pentru că tăticul doarme!	Don't make noise because daddy is sleeping!

Să nu faci zgomot că doarme tăticu!	Don't make noise 'cause daddy is sleeping!
Mi-e cald.	I'm hot.
Mi-e cald în casă.	I'm hot in the house/indoors.
Stăm de vorbă.	We are having a talk.
Să stăm de vorbă.	Let's have a talk.
Hai să stăm de vorbă.	Come, let's have a talk.
Hai mai bine să stăm puțin de vorbă.	Come on, it's better that we have a little talk.
Hai mai bine să stăm puțin de vorbă ca oamenii mari.	It's better that we have a little talk like grownups.
Ce poftești?	What do you want?
Ce poftiți?	What do you want?
În definitiv, ce poftești?	Exactly what do you want?
Mă joc cu pisica.	I'm playing with the cat.
Vreau să mă joc cu pisica.	I want to play with the cat.
Să mă joc cu pisica.	Let me play with the cat.
Fie! (Să fie!)	So be it! (May it be!)
Fie, dar cu o condiție.	So be it, but with one condition.
Pisica zgârie.	The cat scratches.
Te zgârie.	She is scratching you.
Să n-o mai tragi de coadă că o să te zgârie.	Don't pull her by the tail any more 'cause she will scratch you.
Te duci în curte.	You're going into the yard.
Du-te în curte!	Go (out) into the yard!
Te plimbi prin curte.	You are walking around in the yard.
Du-te și te plimbă prin curte!	Go and walk around (play) in the yard!
Tu ieși pe stradă.	You are going out onto the street.
Să nu ieși pe stradă!	Don't go out onto the street.
Noi cădem jos.	We are falling down.
Tu cazi jos.	You are falling down.
Să nu cazi!	Don't fall down.
Bagă de scamă!	Pay attention! Watch out!
Bagă de seamă să nu cazi!	Pay attention so you won't fall!
Mi-e frig.	I'm cold. (It's cold for me.)
Mi-e frig afară.	I'm cold outside.
Nu mai vreau să mă joc cu pisica.	I don't want to play with the cat any more.

M-ai supărat!	You made me angry!
Nu mai vorbesc cu tine.	I'm not talking to yon any more.
Se întâmplă des.	It happens often.
Ce se întâmplă acolo?	What is happening there?
Ce s-a întâmplat?	What happened?
De ce ţipă copilul?	Why is the child shouting?
Un copil mofturos.	A spoiled child. (*lit.* with airs)
Un copil obraznic.	A naughty (brazen) child.
Un copil neascultător.	A misbehaving child.
Eşti un copil rău.	You're a bad child.
Vezi ce-ai făcut?	See what you did?
Mama ne scoală dimineaţa.	Mother wakes us in the morning.
Tu îl scoli pe tăticu devreme.	You wake (your) daddy early.
L-ai sculat pe tăticu.	You woke (your) daddy.

13.1.1. Expresii uzuale

Fii cuminte!	Be good! Behave yourself!
Poftim, Poftiţi.	Please, (as in 'Please take it.')
	Pardon me. (as in 'What did you say?')
Mi-e ruşine.	I'm ashamed.
Să-ţi fie ruşine!	Shame on you!
A sta de vorbă (= a vorbi)	To converse, to have a talk.
Mămico!	Mommy!
Tăticule!	Daddy!
Dragă!	Dear! (for both masculine and feminine)

13.2. Text: Un copil mofturos

MAMA: Nicuşor! Fii cuminte! Lasă pisica în pace şi nu mai ţipa aşa de tare că îl trezeşti pe tăticul

NICUŞOR: Ea ţipă, mămico.

MAMA: Cum o să ţipe pisica? Ea miorlăie de durere, săraca, fiindcă o tragi tu de coadă. Vino mai bine aici, în sufragerie, să-ţi dau să mănânci un ou!

NICUŞOR: Nu mi-e foame!

MAMA: Atunci vino să bei un suc de roşii.

NICUŞOR: Nu mi-e sete!

MAMA: Poate ești obosit? Vrei să te culci puțin lângă tăticu?

NICUȘOR: Nu mi-e somn!

MAMA: Vrei să te plimbi câteva minute cu bicicleta?

NICUȘOR: Vreau, dar pe afară!

MAMA: Bine, du-te și te plimbă prin curte, însă bagă de seamă să nu cazi și să nu ieși pe stradă!

NICUȘOR: Mi-e frig afară!

MAMA: Joacă-te prin casă, dar să nu faci zgomot că doarme tăticu!

NICUȘOR: Mi-e cald în casă!

MAMA: Atunci, hai mai bine să stăm puțin de vorbă ca oamenii mari.

NICUȘOR: Eu nu sunt om mare, sunt mic.

MAMA: În definitiv, ce poftești?

NICUȘOR: Să mă joc cu pisica.

MAMA: Fie! Dar cu o condiție: să n-o mai tragi de coadă că o să te zgârie.

NICUȘOR: Nu mai vreau să mă joc cu pisica!

MAMA: M-ai supărat! Nu mai vorbesc cu tine.

NICUȘOR: Vreau să mă culc cu tăticu! Tăticule, tăticuleee!!?

TATA: Poftim, Nicușor! (către mama): Ce este, dragă? Ce s-a întâmplat? De ce țipă copilul?

MAMA: Nimic. E un copil mofturos, obraznic și neascultător, (către Nicușor): Vezi ce-ai făcut!? L-ai sculat pe tăticu. Ești un copil rău. Să-ți fie rușine!

13.3. Observații și note

1. **Imperativul.** The imperative has two forms. We noted the plural-polite form already in Lesson 2. The singular-personal form is normally identical with the third person singular of the present tense:

third singular present	*singular imperative*
El lasă.	Lasă! *Let it be!*
El coboară.	Coboară! *Come down!*
El citește.	Citește! *Read!*
El pleacă.	Pleacă! *Leave!*

Certain verbs, primarily intransitive, form their imperatives like the second person singular present:

second singular present	*singular imperative*
Tu mergi acasă.	Mergi acasă! *Go home!*

Tu fugi acasă.

Fugi acasă! *Run home!*

Tu stai acolo.

Stai acolo! *Stay there!*

Tu treci strada.

Treci strada! *Cross the street!*

A small group of important verbs have special forms for the singular imperative which do not correspond to either the second or third singular present:

third singular present

singular imperative

El este atent.

Fii atent! *Be careful!*

El se duce acasă.

Du-te acasă! *Co home!*

El vine la mine.

Vino la mine! *Come to my place!*

El face zgomot.

Fă zgomot! *Make noise!*

El zice 'Bună ziua.

Zi 'Bună ziua!' *Say 'Good day!'*

When the imperative occurs with a personal or reflexive pronoun, the pronoun normally follows the verb, e.g.

El se duce.

Du-te! *Go!*

El se joacă.

Joacă-te! *Play!*

El se plimbă.

Plimbă-te! *Walk!*

El mă lasă.

Lasă-mă! *Let me (alone)!*

El o citeşte.

Citeşte-o! *Read it!*

The negative of the singular imperative is formed by the particle *nu* plus the infinitive. There are no exceptions.

Nu pleca!

Don't leave!

Nu fi aşa!

Don't be that way!

Nu sta aici!

Don't stand here!

Nu citi!

Don't read!

Nu te duce!

Don't go!

The imperative is often softened somewhat by substitution of the corresponding *să-* form. It is difficult co capture the difference in English, but the second of each pair below is less gruff and, depending on the tone of voice, less immediate, more pleading:

Nu te duce!

Să nu te duci!

Nu pleca acasă!

Să nu pleci acasă

Fii atent!

Să fii atent!

13.4. Exerciţii

13.4.1. Substituiri şi transformări

Model: El intră în facultate. *Intră (tu) în facultate! Nu intra în facultate!*

Ea bea apă minerală. *Bea (tu) apă minerală! Nu bea apă minerală!*

Ea pune aparatul jos. *Pune (tu) aparatul jos! Nu pune aparatul jos!*

El coboară mai întâi. *Coboară (tu) mai întâi! Nu coborî mai întâi!*

El serveşte cafea fără zahăr.

Ea ţine banii în casă.

El se înapoiază astăzi.

Ea ne telefonează seara.

El o ia de pe masă.

El îi dă ţigări.

El merge la munte.

Ea stă în picioare.

Ea se duce la ştrand.

El face plajă.

El lasă fereastra deschisă.

El se distrează.

El mă sărută pe obraz.

El îmi spune anecdote.

El îl opreşte în stradă.

Ea trece pe strada noastră.

El râde acum.

El este interesant.

Ea zice aşa.

El vine la ei.

(repeat each imperative with the *să-* form. For example:

Intră(tu) în facultate! *Să (nu) intri în facultate!*)

Model: Când sunt acasă, eu mă culc devreme.

(continuaţi cu: *el, voi, ei, dv., ea, d-ta, noi, d-lui, tu, d-ei, eu*)

(repetaţi exerciţiul folosind imperfectul)

e.g. Când eram acasă, eu mă culcam devreme.

Model: Mie mi-e foame. Ţie ţi-e foame.

(continuaţi cu: *nouă, lui, vouă, lor, dvs., dumitale, ei*)

(repetaţi exerciţiul cu: *sete, cald, frig*)

e.g. Mie mi-e sete. Ţie ţi-e sete.

13.4.2. Întrebări și răspunsuri

Answer the following questions with dative constructions containing *frig, cald, rușine, foame, sete, frică (fear)* as in the examples:

De ce te culci devreme? *Pentru că mi-e somn.*

De ce n-ai înotat în lac? *Pentru că mi-a fost frică (afraid).*

De ce deschide fereastra?

De ce închideți ferestrele?

De ce vă grăbiți să mâncați?

De ce te-ai culcat devreme?

De ce a băut apă înainte de masă?

De ce n-ați stat și la soare?

De ce n-a făcut și baie?

De ce n-au băut și suc de roșii?

De ce n-ați mai servit sarmale cu mămăligă?

De ce nu i-ai spus profesorului înainte de examen că n-ai învățat?

Answer each question with: *câtva, câteva,* or *câțiva.*

Cât timp ai făcut plajă la mare? *Câteva zile.*

Câți oameni au stat la munte? *Câțiva.*

Câți studenți au fost în excursie?

Câte studente au fost în excursie?

Câți profesori o să meargă împreună cu dvs.?

În cât timp treceți lacul?

Ați așteptat mult în stradă?

Ați vizitat multe localități?

Are ea prieteni (colegi) în București?

13.4.3. Temă pentru acasă

Make up ten questions about the dialogue using as many different question words as possible.

13.4.4. Anecdotă

BUNICA: Petrică, de ce nu ești cuminte?

PETRICĂ: Ce fac, bunico?

BUNICA: Nu mai trage pisica de coadă, că miorlăie!

PETRICĂ: Dar, bunico, eu n-o trag; eu numai o țin. Ea trage.

Lesson 14
Lecţia a paisprezecea

14.1. Pronunţie şi vocabular

Copilul acesta are un an.

This child is one year old.

Costel are nouă ani.

Costel is nine years old.

Costel este un băiat de nouă ani.

Costel is a boy of nine.

Magazin de confecţii.

Clothing store.

Costel, un băiat de nouă ani, s-a dus într-o zi
la un magazin de confecţii.

Costel, a boy of nine, went one day to a clothing
store.

Noi probăm un costum.

We are trying on a suit.

Eu probez un costum de haine.

I am trying on a suit of clothes.

Ea probează un costum de baie.

She is trying on a bathing suit.

Vă rog să-mi daţi să probez un costum de
haine, dar să fie fără vestă.

Please give me a suit to try on, but it should
be without a vest.

Costumul acesta este albastru cu dungi albe.

This is a blue pin-stripe suit, (*lit.*, This suit is blue
with white stripes.)

Costumul celălalt este de culoare verde-deschis.

The other suit is light green.

Pe care vrei să-l probezi: pe acesta albastru
cu dungi albe ori pe celălalt de culoare
verde-deschis?

Which one do you want to try on: this blue
pin-stripe or the other light green one?

Ce preţ are costumul acesta?

What is the price of this suit?

Celălalt costum are acelaşi preţ?

Does the other suit have the same price?

(Acestea) Au acelaşi preţ?

Do they (these suits) have the same price?

Între costumele acestea este o diferenţă de preţ.

There is a difference in price between these suits.

Este o diferenţă de preţ între ele?	Is there a difference in price between them?
E diferenţă mare.	It is a big difference.
E mare diferenţă?	Is it a big difference?
O dată, de două ori, de trei ori.	Once, twice, three times.
(Diferenţa este) cam o dată şi jumătate.	The second (suit) costs about one and a half as much as the first, (*lit.*, The difference is about one and a half times between the first and the second (suit).)
Îmbrăcămintea din acest magazin este cam scumpă.	The clothes from this store are rather expensive.
De ce e aşa de scump al doilea?	Why is the second one so expensive?
Al doilea este de aceeaşi calitate cu primul.	The second one is of the same quality as the first (suit).
Nu înţeleg prea bine.	I don't understand very well.
Aşteaptă că-ţi explic imediat.	Wait and I'll explain (it) to you immediately.
Stai că-ţi explic îndată.	Wait and I'll explain (it) to you right away.
Stofa este ţesută din fire sintetice.	The material is woven from synthetic fibers.
Stofa este ţesută la noi în ţară.	The material is woven here in our country.
Stofa costumului albastru cu dungi este ţesută din fire sintetice la noi în ţară.	The material in the blue pin-stripe is woven from synthetic fibers here in our country.
Stofa este din lână.	The material is woolen.
Stofa este sută la sută din lână.	The material is 100% wool.
Stofa celui de culoare verde-deschis este sută la sută din lână.	The material in the light-green is 100% wool.
Nu ne pricepem la cumpărat.	We're not too clever (good at) at shopping.
Nu mă pricep la îmbrăcăminte.	I'm not too clever with clothes.
N-am înţeles de ce primul este mai ieftin.	I didn't understand why the first is cheaper.
Tot n-am priceput de ce primul e mult mai ieftin.	I still didn't get why the first is much cheaper.
Nu este măsura mea.	It isn't my size.
Nu sunt de aceeaşi mărime.	They aren't the same size.
Măsurile sunt la fel.	The sizes are alike.
Măsurile sunt aceleaşi.	The sizes are the same.
Stofa celui de-al doilea este ţesută din fire de lână australiană.	The material of the second one is woven from Australian wool fibers.
Vă rog să mă ajutaţi.	Please help me.
Te rog să mă ajuţi.	Please help me.

Îmbrac costumul verde.	I'm putting on the green suit.
Mă îmbrac cu costumul verde.	I'm putting on the green suit. (*lit.*, I'm dressing myself in...)
Vă rog să mă ajutați să mă îmbrac cu costumul verde.	Please help me put on the green suit.
Costel dezbracă costumul cel nou.	Costel takes off the new suit.
El se dezbracă de costumul cel nou.	He takes off the new suit.
El îmbracă costumul său vechi.	He puts on his old suit.
El îmbracă costumul cel vechi.	He puts on the old suit.
El își îmbracă costumul vechi.	He puts on his old suit.
El nu-și îmbracă costumul cel vechi.	He doesn't put on his old suit.
În timp ce vânzătorul scrie în caiet, el se dezbracă de costumul cel nou și-l îmbracă pe cel vechi.	While the salesclerk is writing in the notebook, he takes off the new suit and puts on his old one.
Un costum costă 405.000 (patru sute cinci mii) de lei.	One suit costs 405,000 lei.
Două costume costă 910.000 (nouă sute zece mii) de lei.	Two suits cost 910,000 lei.
Cât costă fiecare costum?	How much does each suit cost?
Cât costă fiecare?	How much does each cost?
Cel din fire sintetice — 405.000 de lei, iar cel de lână — 600.000 (șase sute mii) de lei.	The synthetic one — 405,000 lei, and the woolen one — 600,000 lei.
Vă aducem bani.	We're bringing you some money.
Vă aducem banii.	We're bringing you the money.
Vă aduc 1.700 (o mie șapte sute) de lei.	I'm bringing you 1,700 lei.
Dați-mi banii înapoi!	Give me the money back!
Dacă vă aduc 110.000 de lei, câți lei îmi dați înapoi?	If I bring you 110,000 lei, how much do you give me back?
Noi scriem frumos.	We are writing (it down) nicely.
Eu scriu o carte poștală.	I am writing a postcard.
Tu scrii într-un caiet.	You are writing in a notebook.
Dv. scrieți totul în caietul acesta.	You are writing everything in this notebook.
Noi cerem de mâncare.	We ask for food.
Eu cer un caiet.	I ask for a notebook.
De ce mi-ai cerut să scriu în caietul tău?	Why did you ask me to write in your notebook?
Vă rog să scrieți totul în caietul acesta.	Please write everything in this notebook.

Vânzătorul scrie în caiet.	The sales clerk is writing in the notebook.
Aşteaptă puţin! Stai puţin!	Wait a minute!
Ia stai puţin!	Now wait a minute!
Eu ţin minte multe lucruri interesante.	I remember many interesting things.
El ţine minte lucruri simple.	He remembers simple things.
(Tu) nu ţii minte atâta lucru?	You don't remember that much stuff (*lit.* so little)?
Domnul învăţător ne-a dat o problemă.	Our instructor (*lit.*, Mr. instructor) gave us a problem.
Aceasta era problema pe care ne-a dat-o domnul învăţător.	This was the problem that our instructor gave us at school.
Vă mulţumesc pentru ajutor.	Thank you for the help.
Am un caiet în faţă.	I have a notebook in front (of me).
Caietul este în faţa mea.	The notebook is in front of me.
El ia caietul din faţa mea.	He is taking the notebook from in front of me.
Petrică smulge caietul din faţa vânzătorului.	Petrică swipes the notebook from in front of the salesclerk.
Eu fug pe stradă.	I run on the street.
Tu fugi pe scări.	You run on the stairs.
Noi fugim din casă.	We are running out of the house.
Ei fug afară.	They are running outside.
El fuge pe uşă afară.	He is running out the door.
Magazin de pălării.	Hat shop.
Ea a avut o pălărie pe cap.	She had a hat on (her) head.

PROVERB: E mai bine să întrebi de două ori decât să greşeşti[1] o dată.

14.1.1. Expresii uzuale

Iertaţi-mă!	Pardon me! Forgive me!
Iartă-mă!	
Vă stă foarte bine.	It suits you very well.
Îţi stă foarte bine.	
Să-l purtaţi sănătos!	Wear it in good health!
Să-l porţi sănătos!	(May you wear it in good health.)
Ia staţi puţin!	

---
[1] a greşi *to err, sin, mistake*

Ia stai puţin!

Now wait a bit! (The addition of *ia* to the singular imperatives adds an aura of impatience.)

14.2. Text: Problema de matematică

Costel, un băiat de nouă ani, s-a dus într-o zi la un magazin de confecţii.

COSTEL: Vă rog să-mi daţi să probez un costum de haine, dar să fie fără vestă.

VÂNZĂTORUL: Pe care vrei să-l probezi: pe acesta albastru cu dungi albe ori pe celălalt de culoare verde-deschis?

COSTEL: Au acelaşi preţ?

VÂNZĂTORUL: Este o diferenţă de preţ între ele.

COSTEL: E mare diferenţa?

VÂNZĂTORUL: Cam o dată şi jumătate între primul şi al doilea.

COSTEL: De ce e aşa de scump al doilea?

VÂNZĂTORUL: Pentru că nu este de aceeaşi calitate cu primul.

COSTEL: Nu înţeleg prea bine.

VÂNZĂTORUL: Stai că-ţi explic îndată. Stofa costumului albastru cu dungi este ţesută din fire sintetice la noi în ţară, iar stofa celui de culoare verde-deschis este sută la sută din lână.

COSTEL: Iertaţi-mă, dar tot n-am priceput de ce primul e mult mai ieftin? Nu sunt de aceeaşi mărime?

VÂNZĂTORUL: Măsurile sunt aceleaşi, însă stofa celui de-al doilea este ţesută din fire de lână australiană.

COSTEL: Acum înţeleg. Vă rog să mă ajutaţi să mă îmbrac cu costumul verde.

VÂNZĂTORUL: Îţi stă foarte bine. Să-l porţi sănătos!

COSTEL: Vă mulţumesc. Dar eu vreau şi celălalt costum. Cât costă fiecare?

VÂNZĂTORUL: Cel din fire sintetice, 452.500 de lei, iar cel de lână e mai scump, 530,000 de lei.

COSTEL: Dacă vă aduc 1.000.000 de lei, câţi lei îmi daţi înapoi?

VÂNZĂTORUL: — 17.500 de lei.

COSTEL: Vă rog să scrieţi totul în caietul acesta.

În timp ce vânzătorul scrie în caiet, Costel se dezbracă de costumul cel nou şi-şi îmbracă costumul cel vechi.

VÂNZĂTORUL: Ia stai puţin! De ce mi-ai cerut să scriu în caietul tău? Nu ţii minte atâta lucru?

COSTEL: Aceasta era problema pe care ne-a dat-o domnul învăţător la şcoală. Vă mulţumesc pentru ajutor.

Costel smulge caietul din faţa vânzătorului şi fuge pe uşă afară.

14.3. Observaţii şi note

1. **Acelaşi.** The English expressions 'the same' and 'the same one(s)' are rendered in Romanian by the demonstrative pronoun *acela* plus a reduced (in pronunciation) form of the conjunction *şi*. The various forms are as follows:

	Singular		Plural	
	Masculine	Feminine	Masculine	Feminine
Nom-Acc:	acelaşi	aceeaşi	aceiaşi	aceleaşi
Gen-Dat:	aceluiaşi	aceleiaşi	aceloraşi	aceloraşi

2. **Fiecare, fiecine.** The indefinite pronouns *fiecare, fiecine* 'each, each one' are also compounds: from the interrogatives *care, cine* and the *să-* form of the verb *a fi* 'to be.'

3. **Numeralele adverbiale.** The adverbial numerals are all formed as phrases, for example:

o dată	once
de două ori	twice
de trei ori	three times
de zece ori	ten times
de douăzeci de ori	twenty times
de o sută de ori	a hundred times

4. **Pe cine? Pe care?** Whenever a long form of a pronoun or a demonstrative functions as a direct object of a verb, it is preceded by the particle *pe*:

Pe care vrei să-l probezi?	Which one do you want to try?
Vreau să îl probez pe acesta şi pe celălalt.	I want to try this one and the other one.
Pe cine ai văzut acolo?	Whom did you see there?
Vrei să mă vezi pe mine?	Do you want to see me?

14.4. Exerciții

Model: Eu am zece ani. Tu ai opt ani.

Eu sunt mai mare decât tine. Tu ești cu doi ani mai mic.

>El are 20 de ani. Ea are 18 ani.
>
>Noi avem 40 de ani. Voi aveți 50 de ani.
>
>Costel are 9 ani. Maria are 12 ani.
>
>Eu sunt un bărbat de 21 de ani.
>
>Dv. sunteți un bărbat de 61 de ani.
>
>D-ta ai 25 de ani. Mama ta are 47 de ani.
>
>Fratele tău au are 17 ani. Sora ta are 19 ani.
>
>Tatăl lui are 50 de ani. Unchiul lui are 40 de ani.
>
>Profesoara ei este o femeie de 30 de ani. Ea are 22 de ani.
>
>Eu sunt o fată de 24 de ani. Dumneaei este o femeie de 26 de ani.

Model: El este un băiat de 10 ani. Ea este o fată de 5 ani.

El este de două ori mai mare.

>Profesorul vostru are 60 de ani. Profesorul nostru are 20 de ani.
>
>Vânzătoarea aceasta are 18 ani. Vânzătoarea cealaltă are 36 de ani.
>
>Mama lui are 80 de ani. El are 20 de ani.
>
>Prietenul meu este un bărbat de 48 de ani. Prietena lui este o fată de 16 ani.

Model: Eu îmbrac costumul verde. *Eu mă îmbrac cu costumul verde.*

Eu dezbrac costumul verde. *Eu mă dezbrac de costumul verde.*

>El imbracă costumul albastru.
>
>Tu dezbraci costumul nou.
>
>Ei îmbracă costumul de baie.

Model: Mi-ați cerut ceva. Probez costumul acesta.

Mi-aşi cerut să probez costumul acesta.

>Ți-au cerut ceva. Tu le-ajuți să se îmbrace.
>
>I-ai cerut ceva. El scrie în caietul nou.
>
>V-am cerut ceva. Dv. vă îmbrăcați în costumul vechi.
>
>Le-ai cerut ceva. Ei te ajută.

Model: Așteaptă! Îți explic imediat. *Așteaptă că îți explic imediat.*

Așteptați! Vă ajut să vă îmbrăcați cu haina.

Stai puțin! Îți scriu prețul în caiet îndată.

Stați o clipă! Vă dăm banii imediat.

Model: N-am nevoie de zahăr. *Să fie fără zahăr!*

Nu vreau culoare deschisă. *Să Se închisă!*

Nu vreau cu dungi.

Nu vreau un costum așa de scump (ieftin).

N-am nevoie de lumină.

Nu vreau pălăria mare (mică).

N-am nevoie de pantaloni lungi (scurți).

Model: De ce e așa de scump al doilea costum?

(substituiți cu: *mare — pălărie; mic — caiet; enormă — carte; frumoși — pantofi; noi — pantaloni*)

14.4.1. Întrebări și răspunsuri

Răspundeți la următoarele întrebări:

1. Ce vrei să cumperi? (*un costum de baie, o pălărie, cafea, un tort, pantofi*)

2. Cât costă?

3. Este mai scump decât celălalt?

4. Este mai ieftin decât al meu?

5. Care este diferența de preț?

6. Care este mai frumos?

7. Câți ani aveți d-voastră?

8. Sunteți mai mare decât mine?

9. Țineți minte câți ani are Costel?

10. De ce a intrat Costel în magazinul de confecții?

11. Câte costume a probat Costel?

12. Câte costume a cumpărat Costel?

13. De ce Costel a cerut vânzătorului să scrie totul în caiet?

14.4.2. Exerciţii pentru acasă

Descrieţi membrii familiei dumneavoastră. Câţi sunt? Câţi ani au? Ce profesii au? Unde sunt acum? Care este mai frumos? Mai inteligent? etc.

14.4.3. Anecdotă

O doamnă, după ce a probat 25 de pălării, i-a spus vânzătoarei:

— Această pălărie este perfectă. O cumpăr. Cât mă costă?

— Nimic, doamnă. Aţi avut-o pe cap când aţi intrat în magazin.

Lesson 15
Lecţia a cincisprezecea

15.1. Pronunţie şi vocabular

Te întâlnim la şcoală.	We meet you at school.
Te întâlnesc la teatru.	I meet you at the theater.
Ce bine că te întâlnesc!	How nice to run into you!
Te căutăm.	We're looking for you.
Te căutam de zor.	I was looking all over for you.
Te căutam de zor şi nu mai ştiam de unde să te iau.	I was looking all over for you and no longer knew where to find you. (*lit.* where to take you from).
De ce atâta grabă?	Why such a hurry?
Ce s-a întâmplat?	What happened?
(Nu s-a întâmplat) nimic grav.	Nothing serious (happened).
Ce faci după amiază?	What are you doing this afternoon?
Ce faci joi după amiază?	What are you doing Thursday afternoon?
O să fiu liber.	I'll be free.
Voi fi liber.	I'll be free.
Şi ea va fi liberă.	She will be free, too.
Pentru ce mă întrebi?	Why do you ask me?
De ce mă întrebi aşa de insistent?	Why do you ask so insistently?
Avem două bilete în plus la teatru, vă invităm şi pe voi.	We have two extra tickets for the theater, we are inviting you too.
O anunţăm pe Luminiţa.	We're telling Luminiţa, (*lit.* We're announcing [it] to Luminiţa.)

S-o anunț pe Luminița.	I'll tell Luminița.
Va trebui s-o anunț pe Luminița.	I will have to tell Luminița.
Numai că va trebui s-o anunț și pe Luminița.	Only I will have to inform Luminița.
Discutăm cu ea.	We are discussing (it) with her.
Discută cu ea!	Discuss (it) with her!
Vă telefonăm miercuri.	We'll call you Wednesday.
Tclcfoncază-mi miercuri!	Call me Wednesday.
Discută cu ea și telefonează-mi miercuri.	Talk it over with her and call me on Wednesday.
Ora aceasta îmi convine.	That is a good time for me.
La ce oră îți convine?	What's a good time for you?
Să zicem pe la 10 și un sfert.	Let's say about 10:15.
La ce teatru vom merge?	What theater will we go to?
Ce vom vedea?	What will we see?
La (Teatrul) Național.	The National (Theater).
Se va juca o comedie.	It will be a comedy. (*lit.* A comedy will play.)
Se va juca comedia *O scrisoare pierdută* de I.L.Caragiale.	It will be the comedy *A Lost Letter* by I.L. Caragiale.
Piesa se va juca la matineu.	The play will be in the afternoon (morning).
Dar cum se face că piesa se va juca la matineu?	But how is it the play will be on in the afternoon and not at night?
Ne cunoaștem.	We are acquainted.
Te cunosc.	I know you.
Cunoști distribuția?	Do you know the cast?
Actorul Radu Beligan va interpreta rolul lui Agamiță Dandanache.	The actor Radu Beligan will interpret the role of Agamiță Dandanache.
Cum să nu! Rolul lui Agamiță Dandanache va fi interpretat de actorul Radu Beligan.	Surely! The role of Agamiță Dandache will be interpreted by the actor Radu Beligan.
Ne lămurim.	We follow the idea.
M-am lămurit.	I got it.
Vă lămurim imediat.	We'll fill you in immediately.
Stai că te lămuresc imediat.	Hold on, I'll fill you in right away.
Stagiunea se încheie.	The season is ending.
Se încheie stagiunea Teatrului Național.	The National Theater's season is ending.
Stagiunea Teatrului Național se va încheia cu piesa *Rinocerii de* Eugen Ionescu.	The National Theater's season will end with the play *Rhinoceros* by Eugene Ionesco.
Toți artiștii pleacă în concediu.	All the actors are going on vacation.

Direcția a aprobat un spectacol extraordinar.	The management approved a special performance.
La cererea Ligii Studenților, direcția a aprobat un spectacol extraordinar cu *O scrisoare pierdută*.	At the request of the Student League, the management approved a special performance of *A Lost Letter*.
Ei dau un spectacol special pentru studenți.	They are giving a performance specially for the students.
Va fi un spectacol dat special pentru studenți.	There will be a performance given specially for the students.
O convingem pe ea să meargă.	We are convincing her to go.
Ce zici, îl vei convinge și pe Ion să meargă?	What do you say, will you convince Ion to go, too?
Nu-ți mai dau nici un telefon.	I won't call you again.
Ne vom întâlni în holul teatrului la ora patru după-amiază.	We shall meet in the lobby of the theater at 4:00 p.m.

15.1.1. Expresii uzuale

Ce zici?	How about it? (*lit.* What do you say?)
Mai încape vorbă?	Does anything remain to be said? (*lit.* Does another word fit?)
N-am nimic împotrivă.	That's fine with me. (*lit.* I have nothing against it.)
Cum să nu!	Surely, (*lit.* How may it not be?)
De zor.	In a hurry; with all one's might.
A da cuiva cu cotul.	To nudge someone with the elbow.

15.2. Text: Invitație la teatru

ION: Ce bine că te întâlnesc! Te căutam de zor și nu mai știam de unde să te iau.

RADU: De ce atâta grabă? Ce s-a întâmplat?

ION: O, nimic grav! Ce faci joi după-amiază?

RADU: Voi fi liber.

ION: Dar Luminița?

RADU: Și ea va fi liberă. Pentru ce mă întrebi așa insistent?

ION: Avem două bilete în plus la teatru. Vă invităm și pe voi. Vreți să mergeți cu noi?

RADU: N-am nimic împotrivă. Numai că va trebui s-o anunț și pe Luminița.

ION: Bine. Discută cu Luminița și telefonează-mi miercuri.

RADU: La ce oră îți convine?

ION: Să zicem pe la zece și un sfert.

RADU: Stai puțin! La ce teatru vom merge și ce vom vedea?

ION: La Național. Se va juca piesa *O scrisoare pierdută* de I.L. Caragiale[1].

RADU: Cunoști distribuția?

ION: Cum să nu. De exemplu, rolul lui Agamiță Dandanache va fi interpretat de actorul Radu Beligan.

RADU: M-am lămurit. E o distribuție excepțională. Dar cum se face că piesa se va juca la matineu și nu seara?

ION: Pentru că joi seara se va încheia stagiunea Teatrului Național cu piesa *Rinocerii* de Eugen Ionescu,[2] după care toți artiștii vor pleca în concediu.

RADU: Nu înțeleg prea bine.

ION: Stai că te lămuresc imediat. La cererea Ligii Studenților, direcția a aprobat un spectacol extraordinar cu *O scrisoare pierdută*.

RADU: Deci va fi un spectacol dat special pentru studenți.

ION: Ei, ce zici, o vei convinge și pe Luminița să meargă?

RADU: Mai încape vorbă? Nu-ți mai dau nici un telefon. Ne vom întâlni în holul teatrului, la ora 4 după amiază.

ION: Atunci ne-am înțeles. Pe joi!

15.3. Observații și note

1. **Timpul viitor.** The future tense in Romanian is also formed with the auxiliary *voi (vet, va, vom, veți, vor)* plus the infinitive of the verb, for example:

Eu voi merge acasă.	I shall go home.
Va pleca și el?	Will he leave too?
Vom citi ziarul de astăzi.	We shall read today's paper.

Note that this form of the future has a slightly bookish nuance: although one will encounter it in conversation, primarily in educated circles, the *o să* form is much more common.

2. **Pasivul.** The passive may be expressed in two ways in Romanian. First, any sentence with a transitive verb may be restated with the former direct object becoming the grammatical subject and the main verb replaced by the proper form of *a fi* 'to be' plus the past participle of the

---

[1] Ion Luca Caragiale (1852-1912) este cel mai mare dramaturg român. Comedia *O scrisoare pierdută* se joacă cu mult succes pe multe scene ale teatrelor din lume. I.L. Caragiale a mai scris schițe, nuvele, pamflete și poezii.

[2] Eugen Ionescu (1909-1994) era un dramaturg român de renume mondial stabilit în Franța, la Paris.

verb; optionally, the former subject may be retained in a prepositional phrase with de (de către), for example:

Eu văd o fată.	Fata este văzută (de (către) mine).
Eu am cumpărat o haină.	Haina a fost cumpărată (de mine).

Second, in the casc of most, but not all verbs, a passive may be formed with the aid of the reflexive pronoun, for example:

Ei mănâncă tortul.	Tortul se mănâncă (de ei).
Ei închid fereastra.	Fereastra se închide.
Ei au interzis circulația.	Circulația s-a interzis.

This second type is also called 'impersonal' in that the agent or the real subject is seldom expressed.

One may make a general, impersonal statement in at least three ways in Romanian, using the second person singular, impersonal pronouns, or as above with *se:*

Dacă cunoşti drumul, poţi să pleci.

Dacă un om (cineva) cunoaşte drumul, poate pleca.

Dacă se cunoaşte drumul, se poate pleca.

All three of the above roughly translate: 'If one knows the way one may leave.'

3. **Tot.** The adjective for 'all' always calls for the following noun to contain the definite article, i.e. *tot costumul, toată maşina, toţi studenţii, toate studentele.* This must he contrasted with the behavior of the normal adjective that may take the article when it precedes the noun. Thus, one may have either: *studentul frumos* or *frumosul student,* although the latter is somewhat poetic in connotation. In fact, it is quite general that the Romanian articles are attached to the first word in a phrase unless that word is considered already to contain a notion of definiteness or indefiniteness, i.e.

studentul acesta	acest student	this student
studenta aceasta	această studentă	this student
copilul bun	bunul copil	the good child
	acest bun copil	this good child

4. **Adverbul.** With the exception of a few special ones (*bun-bine*) and all adjectives in *-esc*, which form adverbs in *-eşte*, the masculine singular form of the Romanian adjective serves as adverb as well:

Tu eşti insistent(ă).	You are insistent.
Tu întrebi insistent.	You are asking insistently.
Este o marfă specială.	It's special merchandise.
Spectacolul e dat special pentru tine.	The performance is given especially for you.

5. **Zilele săptămânii.** The days of the week are all feminine nouns. The form with the definite article most often means 'on Monday(s),' etc.:

luni	Monday	lunea	on Monday(s)
marţi	Tuesday	marţea	on Tuesday(s)
miercuri	Wednesday	miercurea	on Wednesday(s)
joi	Thursday	joia	on Thursday(s)
vineri	Friday	vinerea	on Friday(s)
sâmbătă	Saturday	sâmbăta	on Saturday(s)
duminică	Sunday	duminica	on Sunday(s)

The forms in both columns are used adverbially:

Voi lucra acolo luni.	I will work there on Monday.
Voi lucra acolo lunea.	I will work there on Monday(s).

Note that the days of the week are not capitalized.

15.4. Exerciţii

Model: Ei încheie stagiunea. *Se încheie stagiunea. Stagiunea este încheiată.*

Ei închid fereastra.

Ei deschid uşa.

Ei mănâncă tortul.

Ei adună ciocolata.

Ei presupun că vii la noi.

Ei plătesc cafeaua la casă.

Ei opresc maşina.

Ei văd semnul.

Ei scot cărţile din birou.

Ei pun scaunele în autobuz.

Ei ţin mâinile la ochi.

Ei pregătesc masa.

Model: Maria este veselă, *(a mânca) Maria mănâncă vesel.*

Ei sunt buni. (a lucra)

Tu eşti trist. (a bea coniac)

Copilul e atent. (a merge pe stradă)

Ele sunt frumoase. (a se îmbrăca)

Dv. sunteţi cuminte. (a aştepta)

Noi suntem departe de oraş. (a merge)

Ei sunt politicoşi. (a vorbi)

Cartea e uşoară. (a se citi)

Chelnerul e încet. (a servi)

Model: O să plec mâine. *Voi pleca mâine.*
Ei o să se distreze mai târziu. *Ei se vor distra mai târziu.*

O să coborâm încet.

Eu o să rămân aici.

Ea o să lucreze la birou.

Tu o să mă necăjeşti.

O să te căutăm.

El o să fie lângă magazin.

Dv. o să le întrebaţi mâine.

Asta o si se discute acasă.

Eu o să vă lămuresc imediat.

El o să-ţi ceară nişte bani.

O să-mi dai două cărţi.

O să ne întâlnim la cofetărie.

Ei o să înţeleagă tot.

Ce o să ne aduci de la restaurant?

O să intri fără bilet.

Dar o să ies imediat.

O să am un telefon nou.

Ce o să luăm cu noi?

O să beţi prea mult.

Model: Toţi studenţii sunt buni.

(continuaţi cu: *străzi, exemple, maşini; mustăţi, pantofi*)

15.4.1. Întrebări şi răspunsuri

Răspundeţi la următoarele întrebări:

1. De ce îl căuta Ion pe Radu?

2. Câte bilete avea Ion?

3. Radu era de acord să meargă la teatru?

4. Unde se juca piesa?

5. Cu cine trebuia să vorbească Radu?

6. Ce l-a convins pe Radu să meargă?

7. Cine a cerut un spectacol extraordinar?

8. Ce credeţi, a mers şi Luminiţa la spectacol?

9. Când aţi fost ultima[3] dată la teatru?

10. Ce piesă aţi văzut?

11. V-a plăcut spectacolul?

---

[3] ultim *last*

12. Ce preferați să vedeți: o piesă sau un film?

13. Când mergeți de obicei la teatru, după-amiaza sau seara?

14. Mergeți cu prietenii sau singur?

15. Când mergeți cu un prieten, vă întâlniți la teatru sau mergeți acolo împreună?

16. Ce faceți de obicei după spectacol?

15.4.2. Anecdotă: La cinema

Nicu îi dă cu cotul lui Costel: "Costele, domnul din dreapta mea doarme."

Costel (somnoros): "Și pentru asta trebuia să mă trezești pe mine?"

Lesson 16
Lecţia a şaisprezecea

16.1. Pronunţie şi vocabular

Acum se vine, domnule, la gară?	Hey! It's pretty late to come to the station, don't you think, sir? (*lit.* Does one come now, to the station?)
Unde ai lăsat bagajul?	Where did you leave the baggage?
Şi bagajul unde l-ai lăsat?	And where did you leave the baggage?
Nu mă lua aşa repede!	Wait a minute! (Don't rush me!)
Povestea e nostimă.	The story is funny (cute).
Îţi povestim ceva nostim.	We're telling you something funny.
Vreau să-ţi povestesc ceva nostim.	I want to tell you something funny.
Mai întâi să-ţi povestesc ceva nostim.	First, I want to tell you something funny.
Trenul rapid pleacă peste 5 minute.	The express train leaves in five minutes.
Auzi că rapidul pleacă peste 5 minute?	Do you hear, the express leaves in five minutes?
Trenul rapid pleacă în direcţia Ploieşti-Braşov-Sibiu.	The express train is leaving for Ploieşti-Braşov-Sibiu.
Trenul rapid nr. 33 (treizeci şi trei) pleacă peste 5 minute în direcţia Ploieşti-Braşov-Sibiu.	The express train number 33 is leaving in five minutes for Ploieşti-Braşov-Sibiu.
Ne urcăm în vagon.	We are getting into the car.
Te urci în vagon.	You are getting into the car.
Urcă-te în vagon.	Get into the car.
Ce mai stai, urcă-te în vagon!	What are you waiting for, get into the car!
În stradă era adunată multă lume.	There were many people gathered in the street.
Circulaţia era întreruptă.	The traffic was stopped (interrupted).

Pe la jumătatea drumului era adunată multă lume şi circulaţia era întreruptă.	Halfway here many people were gathered in the street and there was stopped traffic.
Probabil era un accident.	There was probably an accident.
Vreun accident, probabil.	Probably some sort of accident.
Îţi fac observaţie.	I'm criticizing you.
Îi fac observaţie lui Ion.	I'm criticizing Ion.
Un pieton îi făcea observaţie unui şofer.	A pedestrian was criticizing a driver.
Şoferul mă loveşte cu maşina.	The driver is hitting me with the car.
M-ai lovit ieri.	You hit me yesterday.
De ce nu eşti atent, domnule?	Why aren't you more careful, Mister?
Şi şoferul ce i-a răspuns?	And what (how) did the driver answer?
Eu nu te recunosc.	I don't recognize you. I don't know you.
Scuzaţi, dar nu v-am recunoscut.	Sorry, but I didn't recognize you.
Spune odată, dar repede!	Speak up, but quickly.
Spun un banc (o glumă).	I tell a joke.
Fac un banc.	I make a joke.
Mai faci şi bancuri!	You still make jokes!
În loc să te scuzi pentru întârziere, mai faci şi bancuri.	Instead of excusing yourself for being late, you're still making jokes.
În faţa gării.	In front of the station.
În spatele gării.	In back of the station.
Ioana ne aşteaptă în faţa gării.	Ioana is waiting for us in front of the station.
Coboară repede!	Get out (down) quickly!
Eu iau valiza mea.	I am taking my case.
Eu îmi iau valiza.	I'm taking my case.
Aşteaptă-mă să-mi iau valiza!	Wait for me to take my case.
Poftiţi în vagoane, vă rog!	All aboard, please!
Acum 10 minute erai gata să pleci singur.	Ten minutes ago you were ready to leave alone.
Şi era păcat, zău aşa! Rămânea şi locul liber în maşină.	And it would have been a shame, really! There would have been an extra place in the car, too.
Ioana se supără.	Ioana is getting mad.
De ce nu? S-ar supăra şi Ioana că n-ai vrut să mergi cu noi.	Why not? Ioana would get mad because you didn't want to go with us.
Lasă pe mine, că ţi-o fac şi eu altădată cu vârf şi îndesat.	Just you wait, 'cause next time I'll make you pay the piper.

Şeful gării aprobă restituirea banilor.

The station master approves the restitution of money.

Să-l rugăm pe şeful gării să-ţi aprobe restituirea banilor pentru biletul de tren.

Let's ask the station master to approve the restitution of the money for the train ticket.

16.1.1. Expresii uzuale

Păcat. Ce păcat!	It's a shame. What a shame! What a pity! (*lit.* sin)
Zău! Really!	Gee whiz!
Cum să nu?	Why not? Sure.
Nu mă lua aşa repede!	Take it easy! Don't rush me!
A face cuiva observaţie.	To criticize someone.
A i-o face cuiva cu vârf şi îndesat.	To get even with someone.

16.2. Text: Pe peron

RADU (de la fereastra vagonului): Acum se vine, domnule, la gară? Şi bagajul unde l-ai lăsat?

ION (calm): Nu mă lua aşa repede! Mai întâi să-ţi povestesc ceva nostim.

RADU: Ce?

O VOCE: Atenţiune! Atenţiune! Trenul rapid numărul 33 pleacă peste 5 minute în direcţia: Ploicşti-Braşov-Sibiu.

RADU: Auzi că pleacă peste 5 minute. Ce mai stai, urcă-te în vagon!

ION: Imediat, dar să-ţi povestesc mai întâi.

RADU: Spune odată, dar repede!

ION: Pe la jumătatea drumului era adunată multă lume în stradă şi circulaţia întreruptă...

RADU: Vreun accident, probabil.

ION: Da. Un pieton îi făcea observaţie unui şofer: 'De ce nu eşti atent, domnule, că m-ai lovit şi ieri'.

RADU: Şi şoferul ce i-a răspuns?

ION: Foarte calm: 'Scuzaţi, domnule, dar nu v-am recunoscut'.

RADU (supărat): În loc să te scuzi pentru întârziere, mai faci şi bancuri. Ce mai aştepţi, urcă-te că pleacă trenul! Sau nu mai mergi cu mine?

ION: Cum să nu! Dar cu maşina. Ioana ne aşteaptă în faţa gării. Coboară repede!

RADU: Acum îmi spui? Aşteaptă-mă să-mi iau valiza!

O VOCE: Poftiţi în vagoane, vă rog!

ION: Erai gata, gata să pleci singur. Şi era păcat, zău aşa! Rămânea şi locul liber în maşină!

RADU: Tot tu vorbești?

ION: De ce nu? S-ar supăra și Ioana că n-ai vrea să mergi cu noi.

RADU: Lasă pe mine că ți-o fac și eu altădată cu vârf și îndesat.

ION: Bine. Dar mai întâi să mergem să-l rugăm pe șeful gării să-ți aprobe restituirea banilor pentru biletul de tren.

PROVERB: Vorba dulce mult aduce.

16.3. Observații și note

1. **Imperfectul și Condițional.** In conversation, the imperfect tense may replace the conditional and preserve the meaning:

Dacă am merge acum, am ajunge înaintea ternului.	If we would go now, we would arrive before the train.
Dacă mergeam acum, ajungeam înaintea trenului.	If we would go now, we would arrive before the train.
Aș pleca cu tine, dacă aș avea bani.	I would leave with you if I had (some) money
Plecam cu tine, dacă aveam bani.	I would leave with you if I had (some) money.

2. **Acum o oră.** Expressions of time relative to the present moment use *acum* for English 'ago' and *peste* for 'in;' e.g.

Vin peste o oră.	I'm coming in an hour.
Plec peste trei zile.	I'm leaving in three days.
Am venit acum o oră.	I came an hour ago.
Am plecat acum trei zile.	I left three days ago.

3. **Posesivul.** The possessives (*meu, mea, tău, ta, etc.*) may be replaced by corresponding short dative pronouns when they occur in conjunction with a direct object. Thus, the following pairs of sentences are equivalent in meaning:

Iau valiza mea.	Îmi iau valiza.
Unde ai pus cartea ta?	Unde ți-ai pus cartea?
Ei au luat biletele noastre.	Ei ne-au luat biletele.

4. **Cu vârf și îndesat.** The expression *cu vârf și îndesat* comes from filling a measure to the brim (*vârf*) and pressing the contents down (*a îndesa*) to make room for even more. Thus it is used here to indicate a greater amount mainly in a moral sense. In the dialogue it conveys the idea that Radu will get even by playing an even greater joke on Ion.

16.4. Exerciţii

16.4.1. Substituiri şi transformări

Model: Ioana bea ţuica mea. *Ea îmi bea ţuica.*
Profesorul a cerut exerciţiile ei. *Dumnealui i-a cerut exerciţiile.*

Părinţii tăi ar citi cartea mea.
Ion mănâncă tortul meu.
Maria vrea banii mei.
Electricianul acela repară maşina mea.
Prietena lor a cumpărat pantofii mei.
Colegul acesta a luat locul meu.
(repetaţi exerciţiul cu: *tău, ta, tăi, tăle* în loc de *meu* etc.)

Model: Tu te gândeşti la mine. *Gândeşte-te la mine!*
Tu nu refuzi să pleci. *Nu refuza să pleci!*

Tu nu te superi repede.
Tu mă asculţi când spun ceva.
Tu nu răspunzi la întrebare.
Tu vorbeşti cu poliţistul.
Tu ai răbdare.
Tu îmi povesteşti o întâmplare.
Tu o discuţi cu ei.
Tu eşti un bărbat.
Tu nu eşti rău.
Tu nu stai acum.
Tu îmi faci observaţie.
(repetaţi cu pluralul)

Model: Răspundeţi la întrebări cu o expresie de timp:

Când o să plecaţi la munte? *O să plecăm peste o săptămână.*

Când ai venit? *Am venit acum două minute.*

Când trebuie să urci în tren?

Când o să-mi povesteşti întâmplarea?

Când ai terminat şcoala?

Când a aprobat şeful gării restituirea banilor?

Când o să pregăteşti masa?

Când va fi spectacolul?

16.4.2. Întrebări şi răspunsuri

Răspundeţi la următoarele întrebări:

1. Despre ce este vorba în dialog?

2. Cine făcea bancul?

3. De ce nu se urca Ion în tren? Ce s-a întâmplat cu Ion în drum spre gară?

4. Se supără Radu în timp ce Ion spune povestea?

5. Ce trebuiau să facă cu biletul Ion şi Radu, când plecau de la gară?

6. Ce făcea Ioana între timp?

16.4.3. Exerciţii pentru acasă

Scrieţi o glumă pe care să o puteţi spune mâine la lecţie.

16.4.4. Anecdotă: În gara M...

Trenul rapid are o oprire de o jumătate de oră, în gara M...

Când domnul X coboară din vagon, se uită atent la numărul vagonului şi zice:

— Perfect! 1492 (o mie patru sute nouăzeci şi doi). Cum să-l uit? Atunci a descoperit Cristofor Columb America.

Domnul X intră în bufetul gării unde mănâncă şi bea bine. După ce bea două-trei ţuici mari aude semnalul trenului. Fuge repede la tren, dar nu-şi mai aduce aminte numărul vagonului. În timp ce trenul pleacă dl. X întreabă pe cineva:

— Când a fost prima dată Cristofor Columb în America?

— Îmi pare rău, domnule, dar nu-l cunosc.

Part Two
Partea a doua

Lesson 17
Lecţia a şaptesprezecea

17.1. Lectura pregătitoare 1: Anapoda

Tocmai mă întorceam de la cercul de chimie, când cineva mă bate pe umăr. E Mitică. Mă întorc spre el şi văd că e nervos la culme.

— Ce se-ntâmplă cu tine? zic eu.

— Stai să-ţi povestesc. Cobor din autobuz pe uşa din spate şi mă duc să fac nişte cumpărături la autoservirea din Bulevardul Bălcescu. Nimic deosebit. Ies şi mă îndrept spre autobuz, dar aud pe cineva strigând: domnule, domnule! Mă opresc locului. Întorc capul şi văd poliţistul lângă mine. Mi se adresează aspru: vă rog, buletinul dvs.! Ca să nu fac circ în jurul nostru, după ce m-am certat puţin cu el, i l-am dat. L-a luat, s-a uitat atent la poză, la mine, apoi respectuos mi l-a dat înapoi, spunând: să nu mai coborâţi din autobuz pe uşa din spate!

— Ei şi! Ce-i cu asta?

— Stai puţin! După atâta timp pierdut, mă îndrept iarăşi spre staţie. Dar aici, o mulţime de lume... Dau să mă urc pe uşa din faţă. Nu ştiţi că pe uşa aceasta se coboară numai? Vă rog buletinul! Şi iar l-ain dat. Dar de data asta am dat şi 25 de lei amendă pentru nerespectarea regulilor de călătorie în comun. Uite chitanţa! Ce zici?

— Ce să zic? Să-ţi fie învăţătură de minte! Nu se călătoreşte anapoda. Pedeapsa îţi va prinde bine.

PROVERB: Cine nu deschide ochii deschide punga.

17.1.1

a amenda, -ez (vt) *to fine*

anapoda (adv) *at cross purposes*

aspru (adj) *harsh, severe*

iarăşi (adv) *again*

a (se) îndrepta (vt, refl) *to straighten, to go toward a certain direction*

în jur (phrasal prep) *around*

autoservire, -i (f) *self-service store*

a bate, bat (vt) *to hit, beat, knock*

buletin, -e (n) *identity card*

a certa, cert (vt) *to argue*

cerc, -uri (n) *circle*

chimie, -i (f) *chemistry*

chitanţă, -e (f) *receipt*

circ, -uri (n) *circus*

culme, -i (f) *acme, apex*

dau să mă urc... *I try to get on...*

deosebit (adj) *special*

a deschide, deschid (vt) *to open*

a (sc) întoarce, întorc (vt, refl) *to turn*

învăţătură, -i (f) *learning, lesson*

minte, minţi (f) *mind*

mulţime, -i (f) *crowd, multitude*

pedeapsă, pedepse (f) *penalty, punishment*

poză, -e (f) *picture, photograph*

a prinde, prind (vt) *to catch, hold*

pungă, -i (f) *purse*

respectuos (adj) *respectful*

tovarăş, -i (m) *comrade*

umăr, umeri (m) *shoulder*

uite! *look!* (shortened form of *uită-te*)

17.1.2. Gramatică

Here is a review of the Romanian verb system.

Timpul prezent. The present stem has two forms, the long base that corresponds to the infinitive in all cases except for those verbs in *-ea (putea, tăcea, etc.)*; and a short or truncated base that equals the long base minus the final vowel. Note that monosyllabic verbs maintain the final vowel also in the short base.

To the *long base* are added the present first and second plural endings *-m, -ţi* and the verbal noun *-re*:

long base	1st pl	2nd pl	verbal noun
a certa	certăm	certaţi	(certare)
a amenda	amendăm	amendaţi	(amendare)
a coborî	coborâm	coborâţi	(coborâre)
a urla	urlăm	urlaţi	(urlare)
a tăia	tăiem	tăiaţi	(tăiere)
a înfuria	înfuriem	înfuriaţi	(înfuriere)
a oua			(ouare)

long base	1st pl	2nd pl	verbal noun
a fugi	fugim	fugiţi	(fugire)
a jigni	jignim	jigniţi	(jignire)
a bate	batem	bateţi	(batere)

a tăcea	tăcem	tăceți	(tăcere)
a umple	umplem	umpleți	(umplere)
a da	dăm	dați	(dare)

Note that *a* becomes *ă* before *-m*, e.g., *certăm, amendăm,* but *-ă* becomes *-e* in verbs in *-i* or verbs in *-ia* whose short base ends in *-i* after truncation, e.g. *tăiem, înfuriem.* (Also see third singular present below.)

Although there is a potential verbal noun for every verb in Romanian, many are not used and some have been replaced by other nominal forms (see Lesson 21); those given above in parentheses fall into this category.

To the *shore base* are added the remainder of the present tense endings, first singular (*-u*), second singular *-i*, third singular *-ă* (when back vowel in long base) and *-e* (when front vowel in long base), and third plural *-ă* or (*-u*) (under same conditions as third singular).

shore base	*1st sg*	*2nd sg*	*3rd sg*	*3rd pl*
cert —	cert	cerți	ceartă	ceartă
amend(ez) —	amendez	amendezi	amendează	amendează
cobor —	cobor	cobori	coboară	coboară
url —	urlu	urli	urlă	urlă
tai —	tai	tai	taie	taie
înfuri —	înfurii	înfurii	înfurie	înfurie
ou —	ouă	ouă		

shore base	*1st sg*	*2nd sg*	*3rd sg*	*3rd pl*
fug —	fug	fugi	fuge	fug
jign(esc) —	jignesc	jignești	jignește	jignesc
bat —	bat	bați	bate	bat
tac —	tac	taci	tace	tac
umpl —	umplu	umpli	umple	umplu
da —	dau	dai	dă	dau

The infixes *-ez-, -esc-* occur only with the short bases. As was remarked earlier, the (*-u*) of the first singular and third plural is written and pronounced only after a vowel or the combination of consonant plus liquid (l, r), e.g. *urlu, dau;* but the (*-u*) of the first person is replaced by *-i* in verbs whose long base ends in *-ia,* e.g. *eu înfurii.* The verbs *a da* and *a sta* lose their *a* in third singular.

Viitorul și optativ-conjunctivul. One of the two forms of the future is based on the *optativ-conjunctiv* (here referred to as the *să-* form). The *să-* form in turn is identical with the present, except for the third person. In the third person *-ă* is replaced by *-e* and vice versa. Both the plural and singular have the ending of the singular. The future, in addition, has an invariable *o* before the *să-* form.[1] Thus: *o să fac, o să faci, o să facă*, etc.

Note especially the application and nullification of the *ă / e* alternation in:

third present tai + ă = taie

third să- form tai + e = (o să) taie

third present plou + ă = plouă

third să- form plou + ă = (o să) plouă

The more literary future is formed simply from the future auxiliary plus the infinitive: *voi tăia, vei tăia, va tăia, vom tăia, veți tăia, vor tăia.*

Gerunziu. The gerund is formed by adding *-ind(u)* to the short bases of *i*-stems and *-ând(u)* to all others except those whose short bases also end in *i*, e.g.

a bate — bătând	a certa— certând	a coborî — coborând
a da — dând	a tăcea — tăcând	a fugi — fugind
a fi — fiind	a tăia — tăind	

The (*u*) occurs in writing and in pronunciation when an enclitic follows, e.g.

Mă duc	ducându-mă
Îl văd	văzându-l

Dative of location. The dative form of location may be used with verbs such as *a rămâne, a (se) opri*. Thus one may say either:

Rămân locului.	Rămân pe loc.	I remain in my place.
Mă opresc locului.	Mă opresc pe loc.	I stop on the spot.

17.1.3. Exerciții

1. Combine the sentences as in the example:

El vine de la facultate. El vede un accident.

Venind de la facultate, (el) vede un accident.

---

[1] There is also a colloquial form of the future with the verb *a avea* in place of *o: am să fac, ai să faci* etc. This form may also carry a nuance of obligation, i.e. 'I have to do...'

Ea întoarce capul. Ea mi se adresează.

El mă bate pe umăr. El strigă la mine.

El se uită la o doamnă. El îi dă buletinul înapoi.

Ea îmi dă biletul înapoi. Ea îmi cere să plătesc amenda.

Ei mă opresc. Ei încep să se certe cu mine.

Eu plec. Eu îmi iau haina.

Noi îl așteptăm pe Ion. Noi pierdem trenul.

2. Use the following verbs in sentences in the present tense, varying the person with each. Then put them all into the future tense:

a amenda to fine,   *a apropia* to approach,   *a îndrepta* to straighten,

a se întoarce to turn,   *a învăța* to learn, to teach;   *a veni* to come,

a prinde to hold/to grasp,   *a vinde* to sell

3. Povestiți ceva ce vi s-a întâmplat pe stradă.

17.2. Lectura pregătitoare 2: Suprapreț

Mergeam pe bulevard în sus, cu gândul să târguiesc tot ce era trecut pe listă: lămâi, măsline, piper, pâine proaspătă, etc.

În fața autoservirii, însă, era adunată lume multă în jurul unui tânăr, care, galben la față, striga ca un nebun, să-l lase să treacă. Faptul acesta m-a făcut să mă apropii de grupul care se mărea în jurul lui.

— Ce-a făcut?

Când m-am întors spre el, mi-am dat seama că l-am mai văzut undeva, vânzând bilete de cinema la suprapreț.

De data asta a fost prins vânzând bilete pe sub mână pentru un meci de fotbal. Fiindu-i teamă să nu fie prins, el aruncase biletele pe jos, susținând că lumea îl jignește, că e om cinstit. Dar cetățenii au început să lase neatenția la o parte și să tragă la răspundere pe fiecare pentru vina lui.

PROVERB: Cinstea nu se cumpără, nici nu se vinde.

17.2.1. Vocabular

a achita, achit (vt) *to pay off*	neatenție, -i (f) *inattention*
a se apropia, apropii (refl) *to approach*	nebun (adj) *crazy*

a arunca, arunc (vt) *to throw (away)*

a bănui, -esc (vt) *to suspect*

carne (f) *meat*

cetățean, cetățeni (m) *citizen*

a cinsti, -esc (vt) *to honor*

fapt, -e (n) *fact*

galben (adj) *yellow*

a implica, implic (vt) *to imply*

a începe, încep (vi) *to begin*

a jigni, -esc (vt) *to annoy*

justiție, -e (f) *justice*

lămâie (f) *lemon*

listă, -e (f) *list*

a mări, -esc (vt) *to enlarge*

măslină, -e (f) *olive*

parcă (adv) *seemingly*

piper (n) *pepper*

prelung (adj) *prolonged, lasting*

proaspăt (adj) *fresh*

rațiune, -i (f) *reason*

(pe) sub mână *on the sly*

suprapreț, -uri (n) *inflated price, illegal price*

sus (adv) *up*

a susține, susțin (vt) *to maintain, support*

a tăia (vt) *to cut*

teamă, temeri (f) *fear*

a târgui, târguiesc (vt) *to buy, bargain for*

vină, vini (f) *guilt*

a vinde, vând (vt) *to sell*

17.2.2. Gramatică

Imperfectul. The imperfect is formed by adding the always stressed imperfect endings *-am, -ai, -a, -am, -aț, -au* to the basic form of the verb. In this process any two back vowels, *a + a* or *i + a*, coalesce, i.e.

implica + am = implicam	I was implicating
coborî + am = coboram	I was descending

and *i + a* yields *ea,* i.e.

fugi + am = fugeam	I was running (away)
ciuli + am = ciuleam	I was pricking up (my ears)

The verbs *a da* and *a sta* have suppletive imperfect stems *dade-* and *state-*.

Perfectul compus și participiul trecut. The compound past was thoroughly presented in Lesson 11. We may simply summarize here. All verbs in *-a, -î, -i* form the participles on the basic form by adding *-t*. The verbs in *-e* form their participles on the short base and fall into three classes:

-ut	*-s*	*-t*
a pierde — pierdut	a prinde — prins	a coace — copt
a tăcea — tăcut	a duce — dus	a rupe — rupt

But there are a few irregular ones: *a vedea — văzut; a crede — crezut.* Compare: *a vinde — vândut.* In this last verb note also the alternation here between *ă* and *i: eu vând, tu vinzi; i* occurs only when a front vowel follows in the next syllable.

These irregular verbs generally present the same phenomenon in the gerund: *văzând, crezând,* and even *vânzând.*

Ce o fi? This occurs in interrogatives with present meaning: *Unde o fi Ion?* 'Where (I wonder) is Ion?'

It also occurs often with the past participle to indicate action in the past: *Ce o fi făcut?* "What (I wonder) did he do?'

17.2.3. Exerciții

1. Treceți următoarele propoziții la perfectul compus:

Mă duc să cumpăr niște fructe.

El strigă ca un nebun.

Mașina se apropie și eu fug.

Spectacolul începe la 7 fix.

La ce te gândești acum?

Și vânzătorul poate târgui.

Prețul se mărește mereu.

De ce te jignește lumea?

2. Folosiți următoarele verbe pentru a forma propoziții. De exemplu: *În timp ce mă-ntorceam, el m-a bătut. În timp ce fugeam, m-a văzut polițistul.*

a amenda — a apropia   a se duce a se uita

a fugi — a certa	a crede — a întreba
a întoarce — a prinde	a explica — a refuza

3. Compuncţi o conversaţie între un vânzător şi doi cumpărători.

17.3. Text: Vă rog, buletinul!

Care va să zică trebuie să cumpăr o jumate[2] de kilogram de măsline, 3 lămâi, piper, vanilie, o pâine proaspătă şi... Şi parcă mai trebuia ceva. Ce? Ştiam sigur că mi s-a indicat să mai târguiesc ceva dar... Aşa e când pui prea multă bază pe memorie. De ce nu mi-oi fi notat eu? De ce nu mi-oi fi făcut o listă? Ce trebuie să mai cumpăr? Un şuierat [3]prelung m-a făcut să rămân locului. Am întors capul. Ce s-a întâmplat? Cu gândurile aiurea,[4] am făcut o ilegalitate. Traversam bulevardul pe stop. Agentul de circulaţie se apropie de mine, mă salută foarte respectuos cu mâna ia chipiu[5] şi, privindu-mă în albul ochilor, îmi spuse:

— La locurile de traversare au fost instalate semafoare. Pe culoarea galbenă se pregăteşte de traversare, pe verde se traversează, iar pe roşu...

— Vă rog să mă credeţi că ştiu.

— Ştiaţi, dar una ştiţi şi alta faceţi. Aţi traversat pe roşu.

— Recunosc. E vina mea. Plătesc amenda. Am greşit, am greşit. Tăiaţi-mi o chitanţă, să-mi fie învăţătură de minte. Cât mă costă neatenţia asta?

— Vă rog, buletinul!

— Plătesc amenda.

— Vă rog, buletinul!

— Dacă plătesc amenda pe loc, pentru ce mai e nevoie de buletin?

În jurul nostru au început să se adune mulţime de curioşi. 'Ce-o fi făcut'? Se întrebau ei, ciulind[6] urechile la discuţia noastră.

— Buletinul!

— Dar o chitanţă?

— Buletinul!

— Vă e teamă că nu sunt eu cel care a traversat strada pe stop, ci fratele meu?

Cercul curioşilor s-a mărit. Mi se adresează priviri duşmănoase.[7] Se comentează:

"A fost prins la 'Unic' la autoservire..."

---

[2] jumate = jumătate
[3] a şuiera *to whistle*
[4] aiurea *elsewhere*
[5] schipiu *cap*
[6] a ciuli *to prick up one's cars*
[7] duşmănos *hostile*

"Da de unde, a vândut bilete la suprapreţ la *O lume nebună, nebună, nebună.*"

Toate aceste jigniri aduse persoanei mele le consider neavenite.[8] Dar domnul agent de circulaţie ştie una şi bună:[9]

— Vă rog, buletinul!

— Am spus de la bun început că mă consider pasibil[10] de pedeapsă şi plătesc amenda. De ce insistaţi să vă dau buletinul? Buletinul a traversat ilegal bulevardul? Vă e teamă să nu fiu cumva vreun spion?

— Vă rog, buletinul!

— Cei certaţi cu justiţia îşi iau măsuri de precauţie. Nu riscă. Îi ajută chiar pe bătrâni şi pe nevăzători[11] la traversarea bulevardelor. Aşa că nu înţeleg de ce aveţi nevoie, de ce ţineţi să-mi vedeţi buletinul?

— Vă rog, buletinul!

— Care e raţiunea? Dacă-mi explici pentru ce ai dumneata nevoie de buletinul meu, ţi-l dau cu cea mai mare plăcere. Dacă refuzam să plătesc amenda, înţeleg.

— Buletinul!

L-am dat. S-a retras mai într-o parte şi, cu un creion chimic, cu datele de pe buletin, mi-a completat o chitanţă pe care am achitat-o pe loc. Să mă bată cel de sus[12] dacă ştiu pentru ce a avut aşa mare nevoie de buletinul meu! În afară de faptul că s-a uitat la poză şi la mine, n-a făcut nimic altceva.

Care va să zică trebuia să cumpăr o jumătate de kilogram de măsline. Am cumpărat. Trei lămâi. Le-am luat. Ce trebuia să mai cumpăr? Un şuierat prelung m-a făcut să mă opresc locului. Am întors capul. Ce s-a întâmplat? Cu gândurile anapoda, traversam din nou pe roşu. Şi culmea! Acelaşi poliţist se îndrepta spre mine.

— La locurile de traversare s-au instalat semafoare. Pe culoarea galbenă....

— Ştiu. Eu sunt cel de adineaori.[13] Iar am greşit. Vă rog daţi-mi o amendă şi mai aspră.

— Vă rog, buletinul!

— Dar l-aţi văzut, eu sunt cel care...

— Vă rog, buletinul!

Curioşii au început din nou să se adune. Se bănuia că sunt implicat în '*Procesul maimuţelor*'.

— Vă rog, buletinul!

— Tot buletinul ăla[14] îl am, n-am avut când să schimb poza.

---

[8] neavenit *unmerited*

[9] una şi bună *one good one. i.e. is stubborn*

[10] pasibil *liable*

[11] nevăzător *unseeing, blind*

[12] cel de sus *the one above (in heaven), God*

[13] adineaori *a little while ago*

[14] ăla = *acela*

— Buletinul!

L-am dat. S-a retras iar intr-o parte. A confruntat poza cu mine, a tăiat chitanța, m-a salutat respectu-os ți ne-am despărțit prieteni. Amendat de două ori, pe merit, m-am îndreptat spre casă, gândindu-mă la faptul că pentru o traversare pe stop se cere buletinul, se confruntă poza cu persoana respectivă și, mai ales, se face atâta circ... când ar putea fi atât de simplu și eficient.

Ce trebuia să mai cumpăr?

(Scînteia, Nr. 7643 din 15 martie, 1968, pagina 2)

17.3.1. Întrebări

1. La ce se gândea cetățeanul când a auzit fluierul polițistuluil?

2. De ce l-a oprit polițistul?

3. Ce i-a cerut polițistul? De ce a refuzat cetățeanul?

4. De ce s-a adunat lumea? Ce credeau ei despre eroul nostru?

5. De ce vroia polițistul buletinul?

6. Ce a făcut polițistul cu buletinul?

7. A refuzat cetățeanul să plătească amenda?

8. A învățat cetățeanul ceva?

17.3.2. Teme pentru conversație

1. În familia dumneavoastră, cine face cumpărături?

2. Ați fost amendat vreodată? Unde? De ce?

3. Se spune că profesorii sunt adesea cu gândurile anapoda (distrați); credeți că există ceva adevăr în această afirmație?

Lesson 18

Lecția a optsprezecea

18.1. Lectura pregătitoare 1: Frumoasa Românie

Un călător care își propune să cunoască România are de străbătut o cale lungă ca să-și poată înfățișa imaginea clară a acestei țări de o frumusețe rară, bogată în toate privințele[1]. În aceste ținuturi ce se remarcă printr-o varietate de relief și culoare chiar dacă știi dinainte drumul și peisajul următor, frumusețile, făurite parcă de zei, te fac să te simți îndatorat față de natura ce-ți oferă asemenea priveliști.

La frumusețile naturale (Munții Carpați și nenumăratele izvoare cu ape limpezi, cascadele și Marea Neagră care formează litoralul românesc) se adaugă minunatele monumente istorice, datând din trecutul poporului român.

Astfel sunt operele de artă din timpul Imperiului Roman, aflate la Constanța, care au o vechime de aproape 2000 de ani. Alt exemplu sunt minunatele biserici din nordul Moldovei, care dovedesc în același timp atât credința strămoșească, cât și jertfele poporului român, încercat în războaie și menit să fie strajă Apusului împotriva migrațiunii popoarelor și a expansiunii otomane.

De aceea, oricine vizitează România pleacă entuziasmat. A face o excursie în România e nu numai o plăcere, dar înseamnă în același timp a cunoaște istoria unui popor, care, de la Decebal, regele și întemeietorul statului dac și până astăzi, a trebuit să sufere multe războaie și a moștenit lupta pentru libertate și independență.

Dacă ai fost o dată în România, îți amintești de ea, întocmai ca de o carte pe care după ce ai citit-o prima oară, ai vrea s-o mai răsfoiești și n-o poți uita niciodată.

PROVERB: Apa trece, pietrele rămân.

a adăuga, adaug (vt) *to add*	a meni, menesc (vt) *to predestinate*
a aminti, -esc (vt) *to remind, remember*	a număra, număr (vt) *to count*
apus, -uri (n) *west, sunset*	oară, ori (f) *time*
bogat (adj) *rich*	odinioară (adv) *in olden times*

---

[1] *În toate privințele* means 'in all respects,' while *in privința aceasta* means 'as for as that is concerned.'

cale, căi (f) *street, road*

călător, -i (m) *traveler*

credinţă, -e (f) *belief*

dinainte (adv) *before*

a dovedi, -esc (vt) *to prove*

a făuri, -esc (vt) *to forge*

frumuseţe, -i (n) *beauty*

imperiu, -i (n) *empire*

a încerca, încerc (vt) *to try*

îndatorat (adj) *indebted*

a înfăţişa, înfăţişez (vt) *to present, describe*

a însemna, -ez (vt) *to mean*

întemeietor, -i (m) *founder*

întocmai (adv) *precisely*

jertfă, -e (f) *victim, sacrifice*

limpede (adj) *clear*

a oferi, ofer (vt) *to offer*

piatră, pietre *(f) rock*

popor, popoare (n) *people*

privelişte, -i (f) *landscape*

privinţă, -e (f) *view, area*

a propune, propun (vt) *to propose*

a răsfoi, -esc (vt) to *leaf (through)*

rege, -i (m) *king*

a remarca, remarc (vt) *to note*

a rândui, -esc (vt) *to organize*

a schimba, schimb (vt) *to change*

a străbate, străbat (vt) *to pierce, roam*

a trimite, trimis (adj) *to send*

următor (adj) *following*

zeu, -i (m) *god*

18.1.2. Gramatică

Pluralul substantivului. Nouns in Romanian may be divided into three categories according to grammatical gender. In their written form masculine and neuter nouns tend to end in a consonant and feminine nouns in the vowels *ă* and *e*. The difference between masculine and neuter nouns is morphological through the formation of the plural and *syntactically* by agreement with adjectives and numerals.

masculin: -i	făurar — făurari	hoţ — hoţi	zeu — zei
	an — ani	domn — domni	copil — copii
	crap — crapi	perete — pereţi	mititel — mititei
	munte — munţi	rege — regi	litru — litri
	fiu — fii		

-o	ardei — ardei	ochi — ochi	răţoi — răţoi
	genunchi — genunchi	unchi — unchi	pui — pui

Exceptional masculine: *om — oameni*

neutru: -e	capăt — capete	buletin — buletine	exemplu — exemple
	fapt — fapte	popor — popoare	război — războaie

-uri	foc — focuri	cerc — cercuri	lucru — lucruri
	cort — corturi	drept — drepturi	cadou — cadouri
	gând — gânduri	hotel — hoteluri	obicei — obiceiuri

-i	imperiu — imperii	fotoliu — fotolii	studiu — studii

Note that the *-uri* plural is the norm for monosyllabic neuter nouns.

feminin: -e	casă — case	credință — credințe	privință — privințe
	vârstă — vârste	poză — poze	măslină — măsline
-i	dungă — dungi	legătură — legături	lecție — lecții
	coadă — cozi	dimineață — dimineți	culoare — culori
	limbă — limbi	dobândă — dobânzi	mulțime — mulțimi
	seară — seri	lumină — lumini	curte — curți
	țigară — țigări	sărbătoare — sărbători	idee — idei
	țară — țări	încercare — încercări	justiție — justiții
	stradă — străzi	jumătate — jumătăți	hârtie — hârtii
-le	șosea — șosele	baclava — baclavale	zi — zile
	cafea — cafele	basma — basmale	stea — stele
-o	lămâie — lămâi	femeie — femei	baie — băi
	bătaie — bătăi	ploaie — ploi	

Exceptional feminines: *lână — lânuri; vreme — vremuri; treabă — treburi; lipsă — lipsuri — învățătoare învățătoare; soră — surori; noră — nurori.*

In feminines that take the *-i* plural there is often a concomitant vocalic alternation in the preceding syllable:

a > ă	țară — țări	stradă — străzi	facultate — facultăți
ea > e	scară — seri	orăşean — orăşeni	dimineață — dimineți
oa > o	coadă — cozi	culoare — culori	scrisoare — scrisori

There is yet another alternation in such nouns as *masă — mese, fată — fete.* This and other alternations will be discussed in detail in Lesson 19.

Adjectivul. The adjective normally agrees with the noun it modifies both in gender and in number. The vast majority of adjectives end (orthographically) in the singular in a consonant for the masculine, *-ă* for the feminine; and *-i* and *-e,* respectively, for the plural, e.g. *frumos — frumoasă; frumoşi — frumoase.* Exceptional forms are as follows:

1. Genderless adjectives with the singular in -e and the plural in -i:

verde — verzi *green*	repede — repezi *fast*
dulce — dulci *sweet*	moale — moi *soft*
cuminte — cuminţi *good*	fierbinte — fierbinţi *hot*
mare — mari *large*	

2. Adjectives in velar consonants *(k, g)* normally have only -i in the plural:

adânc — adâncă — adânci *deep*	drag — dragă — dragi *dear*
larg — largă — largi *broad*	lung — lungă — lungi *long*
mic — mică — mici *small*	

Note also:

vechi — veche — vechi *old*	gălbui — gălbue — gălbui *yellowish*

But those ending in *-nic* and *-tec,* as well as *sărac* 'poor' and *pribeag* 'homeless' have separate feminine plurals:

unic — unici	unică — unice *unique*
văratec — vărateci	văratecă — văratece *summer*
sărac — săraci	săracă — sărace *poor*

18.1.3. Exerciţii

1. Folosiţi următoarele verbe în propoziţii după modelul de mai jos:

Model: *Ca să ajungeţi la şcoală la timp, trebuie să vă grăbiţi.*
Ştiam că v-aţi grăbit, ca să ajungeţi la timp.

a ajunge — a se grăbi	a rândui — a schimba
a număra — a şti	a-şi aminti — a se gândi
a bea — a meni	a dovedi — a găsi
a câştiga — a încerca	a vedea — a răsfoi

2. Faceţi o propoziţie cu fiecare pereche de cuvinte:

credinţă — a dovedi	călător — a străbate	întemeietor — deştept
a număra — zeu	rege — nebun	a înfăţişa — drum
cadou — a trimite		

3. Răspundeți la întrebări:

Care sunt frumusețile naturale ale Statelor Unite?

Unde sunt cele mai cunoscute monumente istorice ale Statelor Unite?

Câte războaie au suferit Statele Unite pe teritoriul lor?

Care este cel mai înalt munte din Statele Unite?

Ce țară europeană ați vrea să vizitați? De ce?

18.2. Lectură pregătitoare 2: Zboruri

În lumea actuală zborurile cosmice au căpătat popularitate pe tot globul. Numele astronauților au pătruns în cele mai îndepărtate colțuri ale lumii și sunt citate pe dinafară de oameni de toate vârstele, îndeosebi de copiii din toate țările.

De fapt, zborurile omului spre infinitul cerului au apărut în mintea oamenilor cu mii de ani în urmă; ele au căpătat diverse forme, cum sunt în poveștile românești calul năzdrăvan[2] care zboară spre lună, zmeul zmeilor[3] care călătorea pe-un nor, etc. Cunoașterea acestor povestiri ar fi interesantă și ar face desigur legătura cu alte povești din alte țări.

Mulți scriitori sunt făurarii unor povestiri științifico-fantastice bazate pe vechi povești și visuri ale oamenilor pe care le-au îmbunătățit în raport cu descoperirile ivite.

Desigur, însă, că nu poți să socotești actualele zboruri interplanetare ca având la bază niște simple povești. Ele sunt rezultatul unor calcule cărora oameni foarte instruiți, savanții, le-au închinat întreaga viață, încă din zorii civilizației.

PROVERB: Ce nu poate face un singur om fac mai mulți împreună.

18.2.1. Vocabular

actual (adj) *current*

a apărea, apar (vi) *to appear*

bazat (adj) *based*

cal, cai (m) *horse*

calcul, -e (n) *calculation*

capăt, capete (n) *end*

a căpăta, capăt (vt) *to receive*

a instrui, instruiesc (vt) *to instruct*

a se ivi, -esc (vi) *to appear, come up*

a îmbunătăți -esc (vt) *to improve*

a închina (vt) *to dedicate, pray*

împreună (adv) *together*

a-și închipui, închipui (vt) *to imagine*

a îndepărta (vt) *to put at a distance*

---

[2] Calul năzdrăvan *superhorse*

[3] Zmeul zmeilor *superdragon, invincible, but a little dumb*

a cita, -ez (vt) *to cite*

legătură, -i (f) *connection*

a descoperi, descopăr (vt) *to discover*

a pătrunde, pătrund (vt) *to penetrate, enter*

pe dinafară (adv) *by heart*

printre (prep) *among*

a dobândi, -esc (vt) *to obtain*

rezultat, -e (n) *result*

făurar, -i (m) *ironsmirh* (archaic)

a socoti, -esc (vt) *to calculate, consider*

creator, -i (poetic) *creator*

spre (prep) *toward*

figură, -i (f) *face, figure*

zori (f pl) *dawn*

18.2.2. Gramatică

Articolul hotărât. The definite article is enclitic (attached to the first element of each noun phrase) and is largely predictable in form.

Nouns in:	(-u)	take:	-l	lucru-l —> lucrul	băiat(u)-l —> băiatul
	-ă		-a	apă-a —> apa	bază-a —> baza
	-a		-ua	cafea-ua —> cafeaua	basma-ua —> basmaua

And most nouns in *-e* take *-a (cale-a —> calea, cofetărie-a —> cofetăria)*, although masculines in *-e* take *-le (perete-le —> peretele, dinte-le —> dintele)*.

All masculines and neuters that orthographically end in a consonant are considered to end in (-u) in their underlying form; and, as we pointed out with the verb, final *-u* and *-i* are not pronounced except after a double consonant ending in *r* or *l*.

The coalescence of *ă + a* into *a (casă + a —> casa)* and the disappearance of *e* after *i* before *a (furie + a —> furia)* have already been noted in Lesson 7.

In the plural all masculines in *-i* take *-i (dinţi-i —> dinţii, părinţi-i —> părinţii, copii-i —> copiii)* and all feminines and neuters in *-i* and *-e* take *-le, fete-le —> fetele, ape-le —> apele, scaune-le —> scaunele, fotolii-le —> fotoliile, cercuri-le —> cercurile*.

This latter includes even the otherwise irregular nouns like *basmale-le —> basmalele, sărmalele —> sărmalele* where the first *-le* is the plural marker and the second one is the definite article.

18.2.3. Exerciţii

1. Faceţi cât mai multe întrebări pornind de la fiecare propoziţie din text.

De exemplu: În lumea actuală, zborurile cosmice au căpătat popularitate pe tot globul. *Unde? Ce? Ce fel de zboruri?*

2. Treceţi cuvintele în *italice* la plural (atenţie la acord):

(a) Acest *scriitor a* prevăzut *zborul* cosmic.

(b) Am aprins un *foc* într-un *colţ* al casei.

(c) Un *zmeu* călătoreşte pe un nor.

(d) Acest *film* are la bază o poveste simplă.

(e) *Copilul* acesta este dintr-o ţară minunată.

(f) El nu poate să-şi închipuie *rezultatul.*

(g) *Creaţia* ştiinţifică ajută la îmbunătăţirea vieţii.

(h) *Calculul* savantului a fost exact.

3. Faceţi propoziţii cu verbele:

a căpăta, a cita (ez), a dobândi (esc), a închina, a pătrunde, a spori (esc), a înlocui (esc), a urma (ez), a rândui (esc).

18.3. Text: Răsfoind calendarul

La origine, calendarul era un fel de registru în care cămătarii[4] Romei antice îşi însemnau numele datornicilor[5] şi dobânzile[6] pe care aceştia trebuia să le achite[7] la fiecare început de lună. Cuvântul calendar e legat de *calendae,* care însemna 'prima zi a lunii'. Se cunoaşte expresia *la calendele greceşti,* adică, mai pe româneşte, *la paştele cailor*[8]. Grecii nu aveau cuvântul *kalendae,* la ei nu erau niciodată calendae, aşa că romanii ziceau în glumă, în loc de 'niciodată'[9], *ad kalendas Graecas* 'la calendele greceşti'. Numele ultimelor luni ale anului sunt formate de la numeralele şapte *(septem),* opt *(octo),* nouă *(novem)* şi zece *(decem),* ceea ce pare destul de curios pentru noi, care socotim,[10] de exemplu, că octombrie e luna a zecea, iar decembrie a douăsprezecea. Numărătoarea[11] lunilor se înfăţişa la Roma altfel decât în epoca modernă, dar să vedem mai precis cum:

---

[4] cămătar *usurer*
[5] datornic *debtor*
[6] dobândă *interest*
[7] a achita *to pay off*
[8] la paştele cailor *on horse's Easter, i.e., never*
[9] niciodată *never*
[10] a socoti *to calculate*
[11] numărătoare *count, tally*

Scriitorii latini ne povestesc că din inițiativa lui Romulus, întemeietorul legendar al Romei, romanii și-au rânduit odinioară anul, împărțindu-l[12] în zece luni. Pe atunci anul începea cu luna martie și avea 304 zile; în felul acesta *septembrie* era desigur luna a șaptea, *octombrie* a opta, *noiembrie* a noua și *decembrie a* zecea.

Șase luni — și anume *aprilie, iunie, sextilis* (mai târziu *august), septembrie, noiembrie* și *decembrie* — erau de câte 30 de zile iar celelalte patru — *martie, mai, quintilis* (mai târziu *iulie)* și *octombrie*—aveau 31 de zile. Puteți remarca că două nume nu se potrivesc cu cele actuale, *quintilis* și *sextilis*. Prin începutul lor, denumirile se leagă de *quintus* (al cincilea) și *sextus* (al șaselea), ceea ce se explică prin locul pe care îl ocupau în ordinea lunilor.

Calendele lui martie, adică prima zi a acestei luni, era zi de sărbătoare,[13] cum e și normal pentru un început de an: se aprindea[14] un foc[15] nou pe altarele zeiței Vesta, se aduceau jertfe zeilor, sclavii beneficiau de o masă mai bogată, etc.

Succesorul lui Romulus, regele Numa, reformează calendarul după modelul grecilor, mai instruiți în astronomie, adăugând anului încă 50 de zile și scurtând cu o zi lunile eu 31 de zile. Totalul de 56 de zile dobândit astfel a fost împărțit exact pe din două, și așa s-au adăugat încă două luni, a 28 de zile fiecare, *ianuarie și februarie.* (Restul lunilor aveau acum, toate, câte 50 de zile.)

Luna *ianuarie era* închinată lui *Ianus,* unul dintre cei mai vechi zei ai romanilor. El era zeul porților[16] și era închipuit ca un bărbat în puterea vârstei, cu două fețe: cu una privea înlăuntrul[17] casei, cu cealaltă — afară. Fiind consacrată acestui zeu, Numa a făcut din ea prima lună a anului: ca și Ianus, luna ianuarie privește și înapoi — apusul anului încheiat — și înainte — zorii anului ce abia începe. Prima zi a lui ianuarie devine una din cele mai populare sărbători; după cum ne povestesc scriitorii vremii, romanii își trimiteau felicitări și cadouri[18], întocmai ca în zilele noastre.

A doua lună introdusă prin reforma lui Numa a primit numele de *februarius,* fiind închinată lui *Februus,* zeul purificărilor. Într-adevăr, s-a hotărât ca în această perioadă a anului cetățenii să aducă jertfe de 'purificare'. Numele acestei luni a pătruns în românește pe două căi: a fost împrumutat[19] în forma *februarie,* dar figurează și printre cuvintele moștenite, modificându-și pronunțarea în *făurar.* Acesta e vechiul nume popular al celei de-a doua luni a anului și, întâmplător, seamănă cu alt cuvânt, rostit la fel, dar cu alt înțeles, *făurar* (fierar, făuritor), derivat în românește de la vechiul termen *faur.* (E vorba deci de o pereche de omonime.)

Nici această reformă a calendarului n-a dat rezultate satisfăcătoare, fiind în contradicție cu astronomia, de aceea au urmat[20] fel de fel de încercări de îmbunătățire. La intervenția preoților[21]

---

[12] a împărți *to share, to split*
[13] sărbătoare *holiday, celebration*
[14] a aprinde *to light, to turn on*
[15] foc *fire*
[16] poartă *gate*
[17] înlăuntrul *in, inside*
[18] cadou *gift*
[19] a împrumuta *to borrow, to lend*
[20] a urma *to follow*
[21] preot *priest*

anul era când sporit, când redus cu un număr de zile şi sub pretextul unui calcul exact se iveau mari confuzii. Pentru a pune rânduială[22], C. Iulius Caesar a hotărât să împartă anul după exemplul egiptenilor: aceştia s-au străduit[23] să pună de acord anul cu mişcarea[24] soarelui, care-şi străbate drumul în 365 de zile şi un sfert. Acum anul roman avea 365 de zile şi ca să nu rămână pe dinafară 'sfertul' de zi, se mai adaugă lui februarie o zi din patru în patru ani. Ziua suplimentară a fost introdusă după cea de-a şasea zi dinaintea calendelor lui martie (între 23 şi 24 februarie): ziua a şasea *(sextus),* fiind numărată de două ori *(bis),* s-a *numit bissextus,* şi de aici anul în care februarie avea o zi în plus a căpătat[25] numele de an bisect[26].

Pentru a înţelege numele actuale ale lunilor, mai trebuie explicată înlocuirea lui *quintilis* cu *iulie* şi a lui *sextilis* cu *august.* Lucrurile s-au petrecut în felul următor:

După moartea lui C. Iulius Caesar, consulul Marcus Antonius a propus o lege prin care, spre a se cinsti memoria cunoscutului dictator, una din luni căpătă numele său: *quintilis* se înlocuieşte cu *iulius...* De asemenea, după moartea împăratului August, s-a înlocuit *sextilis* cu august.

Tot în strânsă legătură cu antichitatea romană se limpezeşte şi problema denumirii primelor cinci zile ale săptămânii:

luni = ziua închinată lunii (astrul nopţilor): *lunae dies;*

marţi = ziua consacrată lui *Marte,* zeul războiului: *Martis dies;*

miercuri = ziua iui *Mercurius,* zeul călătorilor, al comerţului şi protectorul... hoţilor: *Miercurii dies;*

joi = ziua lui *Joe (Jupiter),* părintele zeilor: *Iovis dies;*

vineri = ziua *Venerei,* zeiţa frumuseţii, mama lui Cupidon: *Veneris dies.*

Numele calendarului, al lunilor şi al zilelor — toate ne trimit[27] cu gândul la vremuri foarte îndepărtate şi ne amintesc de obiceiuri romane, de regi, de dictatori, de împăraţi ai Romei şi de zei ai mitologiei romane...

(de Sorin Stati, *Cuvinte româneşti,* Bucureşti, 1964, pp. 134-138)

18.3.1. Întrebări

1. Cunoaşteţi care este originea calendarului actual şi de când a început?

2. Puteţi să spuneţi de unde vine cuvântul 'calendar'?

3. V-aţi gândit vreodată să aflaţi ce reprezintă numele fiecărei luni a anului? Bunăoară, de ce numele lunii octombrie, care e luna a zecea, este format de la numeralul opt?

---

[22] rânduială *order*
[23] a se strădui *to strain, to suffer*
[24] mişcare *movement*
[25] a căpăta *to gain, to earn*
[26] an bisect *leap year*
[27] a trimite *to send*

4. Știți că în România ziua de 1 martie se sărbătorește și se dau cadouri 'mărțișoare'? Știți ce este un mărțișor?

5. Cunoașteți popoare care mai folosesc și astăzi calendare diferite de calendarul roman?

6. Știți cum s-a ajuns ca luna ianuarie să fie prima lună a anului și de ce se numește ianuarie?

7. Știți ce înseamnă 'la paștele cailor' și de ce se spune așa? Spre exemplu: 'O să vezi banii[28] la paștele cailor'.

8. V-ați întrebat vreodată de unde vine obiceiul de a sărbători Anul Nou?

9. De ce i se mai spune lunii februarie și 'făurar'? Știți ce este un făurar și ce legătură este între un făurar și februarie?

10. Dacă vă gândiți puțin la lunile anului, puteți să spuneți ce luni poartă nume de zei, ce luni nume de împărați și ce origine au alte nume de luni?

11. Puteți spune ce origine au numele zilelor săptămânii?

12. Dar de ce spunem sâmbătă și duminică, ce origine au aceste nume?

13. Cum sunt formate numele zilelor săptămânii în limba engleză?

14. Care credeți că e cea mai frumoasă lună a anului în România?

15. Câte schimbări a suferit calendarul de la început și până astăzi?

---

[28] banii = datoria *debt*

Lesson 19
Lecţia a nouăsprezecea

19.1. Lectura pregătitoare 1: Simplificarea ortografiei

In România întotdeauna s-a dus o bătălie pentru însuşirea ortografiei de către toată lumea.

Şi aceasta nu se face haotic, ci, anume, printr-o organizare proprie — nu numai în şcoli, ci şi în toate instituţiile. Respectarea normelor ortografice stabilite de Academia Română, Societatea română de lingvistică, etc. este obligatorie. Pentru aceasta există dicţionare şi îndreptare ortografice, revizuite permanent, în raport cu etapa corespunzătoare a evoluţiei limbii române.

Tendinţa naturală de simplificare caracterizează în mod concludent ortografia română. Cratima (-) e unicul semn, fie pentru înlocuirea unei vocale când aceasta cade, fie atunci când rostim două cuvinte deodată. Asemenea simplificări au fost adoptate şi în scrierea vocalelor.

Orice scriitor, dactilografă, corector, dascăl, profesor sau elev sunt obligaţi să respecte ortografia şi regulile ei. Orice greşeală e considerată nu numai ca o batere de la norme, dar şi o dovadă de incultură.

PROVERB: Unde-i lege, nu-i tocmeală.

19.1.1. Vocabular

abatere, -i (f) *deviation*

altfel (adv) *otherwise*

anume (adv) *namely*

a arunca (vt) *to throw (away)*

bătălie, -i (f) *battle*

a cădea, cad (vt) *to fall*

a caracteriza, -ez (vt) *to characterize*

chestiune, -i (f) *problem*

concludent (adj) *conclusive*

deoparte (adv) *aside*

editură, -i (f) *publishing house*

etapă, -e (f) *stage*

for, -uri (n) *forum*

haotic (adj) *chaotic*

hotărâre, -i (f) *decision*

incultură, -i (f) *lack of culture*

îndreptar, -e (n) *guide*

însuşi (pron) *himself*

corespunzător (adj) *appropriate, corresponding*

a cuprinde, cuprind (vt) *to include*

dactilografă, -e (f) *typist*

dascăl, -i (m) *teacher (poetic)*

datorită (prep) *due to (+dative)*

a decurge, decurg (vi) *to unfold, develop*

deodată (adv) *at the same time*

regulă, -i (f) *rule*

a reuşi, -esc (vi) *to succeed*

a revizui, -esc (vt) *to revise, check*

a rosti, -esc (vt) *to articulate, utter*

lege, -i (f) *law*

a obliga, oblig (vt) *to oblige*

a păstra, -ez (vt) *to preserve*

propriu (adj) *own, proper*

raport, rapoarte (n) *report*

în raport cu *according to*

scriitor, -i (m) *writer*

secol, -e (n) *century*

a simplifica, simplific (vt) *to simplify*

tocmeală, -i (f) *bargaining*

19.1.2. Gramatică

Cazul oblic: genitivul-dativul. There is one oblique case in Romanian for substantives, and it is called genitive or dative depending on its use. Actually only the article is declined except for the fact that the feminine substantive always takes the same form as the plural in the oblique case. The oblique case is marked by *-i* in the singular and *-lor* in the plural.

m-n indef.	oblique	sg. def. oblique	pl. def. obl
om	unui om	omului	oamenilor
capăt	unui capăt	capătului	capetelor
lucru	unui lucru	lucrului	lucrurilor

f indef.	oblique	sg. def. oblique	pl. def obl
credinţă	unei credinţe	credinţei	credinţelor
dobândă	unei dobânzi	dobânzii	dobânzilor
zi	unei zile	zilei	zilelor
cafea	unei cafele	cafelei	cafelelor
bătălie	unei bătălii	bătăliei	bătăliilor

Note that feminine nouns in *-ie* seem to simply add the definite marker *-i*; while in the indefinite (unarticulated) oblique form the general agreement with the plural is maintained.

The oblique forms of the adjective follow the same patterns as the noun; that is, the feminine takes the form of the plural and the article is inflected.

indefinite	normal definite	inverted definite
unei fete frumoase	fetei frumoase	frumosei fete
unui băiat frumos	băiatului frumos	frumosului băiat

Accent exceptions. Certain derived verbs shift the accent back an extra syllable in the singular and third plural of the present tense:

infinitive	1st sg.	2nd sg.	3rd sg. and pl
a substitui	substitui	substitui	substituie
a mângâia	mângâi	mângâi	mângâie
a simplifica	simplific	simplifici	simplifică
a merita	merit	meriți	merită

The infinitives of all such verbs are trisyllabic or longer and tend to terminate i *-ui, -ă, -ia, - ica, -ăna, -ăra.* So far we have encountered the following: *a trebui* 'must,' *a restitui* 'to return,' *a zgâria* 'to scratch,' *a sc înfuria* 'to infuriate,' *a întârzia* 'to be late,' *a miorlăi* 'to meow,' *a merita* 'to deserve,' *a simplifica* 'to simplify.' To which we may add such obvious neologisms as: a modifica, a planifica, a participa, a considera, a număra.

Trebuie aruncat. Note that *trebuie aruncat* 'it must be thrown out' may be considered a casual reduction from *trebuie să fie aruncat.*

19.1.3. Exerciții

1. Transformați următoarele propoziții după primele două modele:
Regulile ortografice nu se schimbă arbitrar.
Regulile ortografice nu sunt schimbate arbitrar.
Însușirea ortografiei nu se face haotic.
Însușirea ortografiei nu este făcută haotic.

Aceasta se datorează faptului că suntem oameni.
Dicționarele și îndreptarele se revizuiesc permanent.
Ortografia se simplifică în mod rațional.
Apostroful se folosește extrem de rar în limba română.
Apostroful se socotește ca aparținând secolului trecut.
Orice abatere de la aceste reguli se consideră un semn de incultură.
Profesorul îi obligă pe elevi să respecte normele ortografice.

2. Modificați următoarele propoziții după model:
Trebuie să simplifici aceste reguli. *Aceste reguli trebuie simplificate.*

Trebuie să vă însuşiţi limba română.

Trebuie să păstraţi certificatele de naştere.

Trebuie să scriem rapoartele acum.

Trebuie să lăsăm deoparte regulile acestea.

Trebuie să rosteşti cuvintele potrivite.

Trebuie să schimbi puloverul.

Nu trebuie să socoteşti întâmplător acest fapt.

3. Faceţi propoziţii punând cuvintele următoare într-o relaţie posesivă. De exemplu: *editură — Academie, Editura Academiei este bine cunoscută.*

hotărâre — stat	glas — copil
însuşire — limbă	păstrare — viaţă
simplificare — regulă	revizuire — îndreptar
scriitor — secol	rostire — cuvânt
câmp — bătălie	interes — public

19.2. Lectura pregătitoare 2: Pictorul Ion Andreescu (1850-1882)

Ion Andreescu este unul dintre clasicii picturii româneşti. El a trăit în a doua jumătate a secolului trecut. Centenarul naşterii lui a fost sărbătorit în România în anul 1950. Au trebuit să treacă 100 de ani ca Ion Andreescu să devină cu desăvârşire cunoscut. Aceasta cu toate că operele artistului au atras atenţia încă de la apariţie şi că toţi oamenii de artă şi condei îl prezentau în cronicile lor ca pe un mare talent.

Pictorul cu borul mare la pălărie, aşa cum el însuşi ni se înfăţişează într-un autoportret, a pictat tablouri în care evocă imaginea satului românesc de la sfârşitul secolului trecut (de exemplu *Casă la drum*) şi tablouri evocând farmecul şi prospeţimea naturii (de exemplu *Iarna la Barbizon, Pădurea de fagi* etc.). Ion Andreescu a trăit câţiva ani şi în Franţa, unde este cunoscut ca pictor al peisajului rustic şi al vieţii ţărăneşti

Dintre cei care au scris despre Ion Andreescu amintim pe scriitorul Delavrancea şi pe profesorul G. Oprescu a cărui monografie dedicată pictorului a ajuns la a doua ediţie în 1947.

În anii care au urmat, Uniunea Artiştilor Plastici din România s-a ocupat mai cu folos de Ion Andreescu şi au apărut unele studii şi articole care au reuşit, din fericire, să aducă un omagiu marelui pictor român, rămas viu prin operele sale.

PROVERB: Mai bine mai târziu, decât niciodată.

19.2. Vocabular

a alcătui, -esc (vt) *to make, build*	fugă, -i (f) *flight, run*
ales (adj) *chosen*	pe fugă *in a rush*
a angaja, -ez (vt) *to engage, hire*	a îndreptăţi, -esc (vt) *to entitle, justify*
a arăta, arăt (vt) *to show*	a înfăţişa, -ez (vr) *to appear*
a atrage, atrag (vt) *to rtract*	muncă, -i (f) *work, labor*
bor, -uri (n) *brim*	naştere, -i (f) *birth*
condei, -e (n) *penholder, pencil*	pictură, -i (f) *painting*
om de condei *writer*	a prezenta, prezint (vt) *to present*
consiliu, -i (n) *council*	puternic (adj) *powerful*
cronică, -i (f) *chronicle*	a reuşi, -esc (vi) *to succeed*
deceniu,-i (n) *decade*	sat, -e (n) *village*
a deosebi, -esc (vt) *to differentiate*	a sărbători, -esc (vt) *to celebrate*
a desăvârşi, -esc (vt) *to perfect*	sigur (adj) *sure*
a deveni, devin (vi) *to become*	a strânge, strânge (vt) *to squeeze, gather*
dintre (prep) *from among*	tablou, -uri (n) *picture*
dovadă, dovezi (f) *proof*	tipăritură, -i (f) *printing*
fag, -i (m) *beech*	totuşi (adv) *although*
farmec, -e (n) *charm*	a trăi, -esc (vi) *to live*
fericire, -i (f) *happiness*	vigoare, vigori (f) *vigor*
folos *use*	viu, vie (adj) *alive*

19.2.2. Gramatică

Pronumele demonstrative. The oblique forms for the demonstratives are as follows (note that the demonstrative pronouns and demonstrative adjectives differ only by the addition of a final *-a* to the pronoun; e.g. *acest — acesta, acestui — acestuia*):[1]

nom. sg.	*oblique sg.*	*nom. pl.*	*oblique pl.*
acest	acestui	aceşti	acestor
aceasta	acestei	aceste	acestor
acel	acelui	acei	acelor
acea	acelei	acele	acelor

---

[1] This addition of *a* is also frequently seen with adverbs: *acum — acuma; aici — aicea,* etc.

Alte pronume. Other various non-personal pronouns are as follows:

nom. sg.	oblique sg.	nom. pl.	oblique pl.
unul	unui	unii	unor
una	unei	unele	unor
alt	altui	alţii	altor
altă/alta	altei	altele	altor
care	cărui	care	căror
care	cărei	care	căror
tot	toţi	tuturor	
toată	toate	tuturor	
cât	câţi	câtor	
câtă	câte	câtor	

The nominative of all these also serve as the accusative (direct object) form with *pe*; e.g. *îl vreau pe acela, o vreau pe aceea*, etc.

Construcţii dative. It was noted that *a se opri ani a rămâne* may be used with the dative.

In addition, the verbs *a se conforma* 'to conform,' *a se potrivi* 'to fit,' *a se îndatori* 'to owe,' and the preposition-like forms derived from them *(conform, potrivit, datorită)* also demand the oblique form; e.g.

Verbele se conformează regulilor limbii.	*The verbs conform to the rules of the language.*
Cui i se potrivesc aceşti pantaloni?	*Who (to whom) do these pants fit?*
Datorită unei greşeli am pierdut tot.	*Owing to a single error I lost everything.*

Ca să. Note that while *ca* means 'like' or 'as', *ca să* translates 'in order to:'

Trăiesc ca un câine.	*I live like a dog.*
Lucrez ca să trăiesc.	*I work in order to live.*

19.2.3. Exerciţii

1. Faceţi câte o frază din fiecare pereche de propoziţii:

Model: L-am văzut pe copil. Copilul are borul mare la pălărie. *L-am văzut pe copilul care are borul mare la pălărie.*

Pictorul a trăit în Franţa. Naşterea pictorului a fost aniversată ieri.

Dragoş este întemeietorul Moldovei. Moldova este o provincie istorică românească.

Am văzut o parte din tablouri. În prezent se află în muzeu 200 de tablouri.

Prima carte a fost tipărită in România în 1508. Ziua cărții românești va fi sărbătorită peste două zile.

Îmi place profesorul. I-am dat profesorului cartea.

Vrem să vedem pictura lui Andreescu. Criticii au atras atenția asupra picturii lui Andreescu.

Învăț ceva despre Creangă. Basmele lui Creangă au fost recent republicate.

Pictorul a pictat portretul unei studente. I-a dat tabloul studentei.

Sunt fericit că am fost prezent la nașterea mea. Nu pot vorbi despre nașterea mea.

2. Transformați fiecare pereche de propoziții într-o singură propoziție:

Model: Pictorul trebuia să fie talentat. Pictorul a fost ales în Academie. *Pictorul trebuia să fie talentat ca să fie ales in Academie.*

Eu am lucrat mult. Eu sunt șef.

El își face reclamă.[2] El atrage atenția marelui public.

Ei au fugit repede. Iii au ajuns la tren la timp.

El s-a informat despre pictor. El a scris un articol.

Noi evităm fumatul. Noi rămânem sănătoși.

El mi-a lăsat pălăria. Eu îmi amintesc de el.

19.3. Text: Ortografia!

A scrie corect înseamnă a scrie conform unor reguli bine stabilite. Din fericire, astăzi avem asemenea reguli. E bine să ne amintim că, paralel cu formarea și desăvârșirea limbii noastre literare, marii noștri clasici au acordat un interes foarte viu și problemelor de ortografie. Bătălia împotriva aberațiilor latiniste și etimologiste s-a dus și pe planul scrierii. Dar dacă, în ceea ce privește vocabularul și gramatica propriu-zisă,[3] s-a ajuns de mult la rezultate acceptate de toată lumea, ortografia a rămas în bătaia[4] vânturilor. Decenii de-a rândul, mai fiecare publicație, editură și chiar om de condei aveau o ortografie proprie.

Dar situația aceasta nu mai putea rămâne. Problema a fost luată în studiu de forul suprem de specialitate, Academia Română. S-a angajat o largă discuție publică, la care au participat lingviști, profesori, scriitori, reprezentanți ai unor instituții culturale, cetățeni de diverse profesiuni. În urma acestor discuții, s-au stabilit normele noii ortografii care au devenit lege, formând obiectul unei Hotărâri a Consiliului de Miniștri (nr. 3135 din 16 septembrie 1953). Conform unei planificări riguroase normele ortografice au intrat în vigoare pe etape în așa fel[5] încât din 1955 noua scriere a

---

[2] reclamă *advertisement*
[3] propri-zis *itself*
[4] bătaie *battle*
[5] in asa fel încât *in such a way that*

limbii române s-a generalizat. Nu numai toate tipăriturile importante — ziare, reviste,[6] cărţi — dar şi orice hârtie[7] imprimată[8] — afiş,[9] bilet de tramvai, reclamă — au început să se conformeze noilor reguli de scriere corectă... În 1993 are loc o nouă reformă ortografică — neacceptată unanim — reglementând generalizarea scrierii cu *ă* cu excepţia poziţiei iniţiale şi finale când se scrie cu *î* şi a scrierii formelor verbului *a fi* cu *u* în loc de *î*.

Normele ortografice sunt prezentate, explicate, motivate în diverse lucrări cu caracter normativ, mai ales dicţionare şi îndreptare ortografice. Toată lumea trebuie să respecte ortografia şi orice text redactat trebuie să se conformeze acestor reguli.

Ca şi gramatica, ortografia nu admite indulgenţe! De altfel, între cele două discipline există o strânsă legătură. Fraza: 'Îţi scriu în fugă, iartă-mi eventualele[10] greşeli' îmi aduce aminte de o glumă a fostului meu profesor de limba română. Om de o aleasă cultură, poet distins şi dascăl extrem de exigent, ne nota lucrările scrise după a următorul criteriu — pentru o greşeală de ortografie: 4, pentru două: 3, pentru mai multe: 2 şi 1. Când ne-a înapoiat o dată o lucrare scrisă, un coleg, care a primit o notă relativ bună (4!), a încercat să se justifice: 'Am scris repede. Nu am avut la dispoziţie decât zece minute'. Profesorul a râs, ceea ce i se întâmpla rar, răspunzându-i: 'Acesta nu-i un motiv. Te scuzi întocmai ca acea doamnă care, scriind unei prietene, adăuga în post-scriptum: 'Iartă-mă, draga mea, dacă am făcut vreo greşeală de ortografie. Port o splendidă pălărie cu boruri foarte largi, care-mi aruncă umbră[11] peste hârtie'.

Când nu ştim cum se scrie corect un cuvânt, e bine să deschidem *Îndreptarul ortografic*, publicat de Academia Română. Cu acest îndreptar pe masă, vom evita[12] greşelile şi, după o vreme, ne vom obişnui să scriem corect, chiar fără a-l mai consulta. Întrucât oricine poate avea la dispoziţie îndreptarul, nu are rost[13] să-i transcriem aici conţinutul.[14] Vom reţine[15] câteva reguli a căror cunoaştere ne ajută să evităm greşelile cele mai frecvente.

Mai întâi, trebuie făcută o precizare. Ştiind că, în general, ortografia noastră e fonetică (adică scriem aşa cum pronunţăm), unii scriu aşa cum pronunţă ei. Se înţelege că acest punct de vedere e greşit. Dacă fiecare ar scrie aşa cum pronunţă, scrierea limbii române ar fi haotică. Corect este să se scrie conform pronunţiei din limba literară. Deci *şade, ţine, singur, pe, bine,* nu: *şede, ţâne, sângur, pă, ghine.* Unii rostesc: *fabrici, scăţii, bătem, făcem, dedeam, (mi-ar) place, franceji* etc. A scrie astfel este, de asemenea, greşit, căci[16] formele respective nu aparţin limbii române literare. Formele

---

[6] revistă *magazine, journal*

[7] hârtie *paper*

[8] a imprima *io print*

[9] afiş *sign, poster*

[10] eventual *possible*

[11] umbră *shadow*

[12] a evita *to avoid*

[13] a avea rost *to be recommendable, to be useful*

[14] conţinut *content*

[15] a reţine *to retain*

[16] căci *because*

corecte simt: *fabrici, stații, batem, facem, dădeam, (mi-ar) plăcea, francezi.* Ele trebuie folosite și în vorbire. În mod obișnuit, în loc de: *omul, pomul, leul, cazanul* etc., spunem: *omu, pomu, leu, cazanu,* întrucât în vorbire tendința eliminării articolului *l* este foarte puternică și aproape generală. Dar în scris *l* nu poate fi lăsat deoparte,[17] după cum nu poate fi omis articolul *i,* care nu se pronunță în cuvinte ca: *pomii, codrii, copiii, verii* etc.

Iată acum câteva din regulile ortografiei.

După *ș* și *j* se scrie *a: șa* (nu: *șea*), *șade* (nu: *șeade*), *jale* (nu: *jeale*), *ușa* (nu: *ușea*). Substantivele și adjectivele feminine cu un *ș* sau *j* în terminație se scriu cu *ă,* nu cu *e: grijă, lașă, plajă,* etc. Tot cu *ă* după *ș* și *j* se scriu la plural substantive ca: *încătușări, înfățișări, amenajări, angajări* etc. (nu: *incătușeri, amenajeri* etc.) După *ș* șt *j* scriem însă cu *e,* nu cu *a,* în cuvinte ca: *orășean, clujean, greșeală* etc. De ce? Pentru că în alcătuirea acestor cuvinte intră sufixele *-ean* și *-eală: orăș + ean; Cluj + ean: greși + eală.*

Majoritatea cuvintelor care încep cu diftongul *ie-* sau care au acest diftong în cuprinsul lor după o vocală se scriu cu *ie: iepure, ierarhie, iertare, ieșire, femeie, creier, proiect, trebuie* (nu: *epure, erarhie, ertare, eșire. femee, creer, proect, trebue*). Deși se pronunță tot cu *ie,* formele pronumelui personal și ale verbului *a fi* se scriu cu *e: eu, ei, ea, ele,* respectiv, *ești, este, eram, erai, erați, erau.* La fel, adică tot cu *e,* se scriu acele neologisme care se pronunță fără *i: duel, duet, economie, epocă, examen, creez, poem, poezie, alee, idee, epopee* (nu: *duiel, duiet, ieconomie, iepocă, iexamen, creiez, poiem, poiezie, aleie, ideie, epopeie*).

Deși în pronunție nu se aude un *-i* final, sau aproape nu se aude, acest *i* se scrie la sfârșitul[18] unor pronume sau adverbe: *același, aceeași, însuși, iarăși, totuși.* Rostirea pronumelor și adjectivelor demonstrative *aceeași* și *aceiași* pare identică: *'aceeași femeie', 'aceiași bărbați'.* Scrierea celor două cuvinte e diferită: prima formă indică un feminin singular, a doua, un masculin plural. Unele greșeli de ortografie decurg[19] din confundarea unui *i* accentuat cu *ii* (*i* dublu). Datorită acestei confuzii, unii scriu: *fin ța, findcă, să fi cuminte,* respectiv: *doi tigrii, ai noștrii, mai mulți miniștrii, nu fi rău.* Cuvintele din prima serie se pronunță — deci, se și scriu — cu doi *i: fin ța, findcă, să fii cuminte;* cele din a doua serie se rostesc și se scriu cu un singur *i: doi tigri, ai noștri, mai mulți miniștri, nu fi rău.* Substantive ca: *membru, ministru* au la plural nearticulat forma: *membri, miniștri.* Primind articolul enclitic *-i,* forma lor devine: *membrii* (asociației sportive), *miniștrii* (de resort). Substantive ca: *fiu, copil, vizitiu* etc., adjective ca: *cenușiu, alburiu* etc. fac pluralul în *-i: fii, copii, vizitii, cenușii, alburii.* Acestea sunt formele lor nearticulate de plural. Formele articulate (cu *-i*) se scriu cu trei *i: fiii, copiii, vizitiii, cenușiii, alburiii.* Cu doi *o,* respectiv doi *u,* se scriu cuvintele în care pronunția corectă indică dublarea vocalei: *alcool, coordonare, cooptare* (nu: *alcol, cordonare, coptare*), *continuu, perpetuu* (nu: *conținu, perpetu*).

Pe afișul unor distribuitori de gheață, citești: 'Avem ghiață'. E greșit. După *ch-* și *gh-* se scrie *ea,* nu *ia,* atunci când alte forme ale cuvintelor respective se rostesc cu *e,* de exemplu: *cheag (în-chegat, închegare), cheamă (chem), gheată (ghete), gheață (ingheț).* Când cuvântul nu are și forme cu *e,* după *ch-, gh-* se scrie cu *i: chiar, ghiaur.* Cu *ea* și nu cu *ia* se scriu și formele articulate ale numelor de zile (cu o excepție: *joia*): *lunea, marțea* etc. În încheiere,[20] ca o chestiune de ortografie spe-

---

[17] deoparte *aside*
[18] a stârși *to end*
[19] a decurge *to flow forth*
[20] incheiere *conclusion*

cială, atrag atenţia că numele oamenilor de seamă din istoria culturii noastre se scriu aşa cum le scriau ei, chiar dacă ortografia actuală ar cere altfel: *Vasile Alecsandri* (nu: *Alexandri*), *Alecu Russo, D. Brândza, C. Negruzzi, M. Kogălniceanu, C.A. Rosetri* etc. Numele străine, indiferent de pronunţie, se scriu ca în limba de origine, dacă acea limbă foloseşte alfabetul latin (*Shakespeare, Diderot, Voltaire, Schiller etc.*). Numele proprii care, în limba de origine, sunt scrise cu alt alfabet decât cel latin se transcriu la noi într-o formă cât mai apropiată de pronunţarea lor originală.

(după Ion Roman, *Vorbiţi mai bine, scrieţi mai bine româneşte*, Bucureşti 1966, pp. 120-125)

19.3.1. Întrebări

1. De ce trebuie să acordăm o atenţie deosebită regulilor de ortografie?

2. Care este forul suprem pentru stabilirea regulilor ortografice?

3. De când se aplică noua ortografie în România?

4. Socotiţi că există vreo legătură între gramatică şi ortografie?

5. În ce cărţi găsim normele ortografice ale limbii române?

6. Ce fel de ortografie e ortografia limbii române?

7. Există cuvinte româneşti care se scriu într-un fel şi se pronunţă altfel?

8. Care sunt principalele reguli ale ortografiei române?

9. Cum se scriu în limba română numele proprii?

10. Cum se scriu zilele săptămânii? Dar lunile anului?

11. Ce nume de oraşe româneşti cunoaşteţi?

12. Ce limbi străine care nu au ortografie fonetică cunoaşteţi?

13. Când s-a format limba română?

14. Puteţi face vreo legătură între formarea limbii române şi cea a poporului român?

15. Care sunt principalele modificări introduse în ortografia limbii române de reforma din 1993?

16. Respectă toate cărţile şi publicaţiile româneşti modificările ortografice din 1993?

19.3.2. Teme pentru conversaţie

1. Ca şi în România, în multe ţări există o academie care hotărăşte ce este corect sau necorect privind limba literară. Care este autoritatea în această privinţă în Statele Unite?

2. Ce facem noi când luăm cuvinte din alte limbi? Cum le pronunţăm? Cum le scriem?

Lesson 20
Lecţia a douăzecea

20.1. Lectura pregătitoare 1: Mihai Viteazul

Unul dintre domnitorii cei mai însemnaţi din istoria României a fost Mihai Viteazul. El a domnit între anii 1593 şi 1601. Domnia lui a avut o deosebită semnificaţie politică. Numele lui, vestit din veac în veac, e scris cu litere de aur în istoria poporului român şi e cel mai des întâlnit printre oşteni şi ţărănime, care văd în el eroul care a luptat cu mânie împotriva duşmanilor ţării. El a zdrobit invadatorii ce voiseră în acel timp să aservească cu forţa pământul nevinovat al ţării.

În afară de victoriile obţinute în lupta pentru independenţă împotriva pericolului şi jugului otoman (la Călugăreni, turcii suferiră o înfrângere vestită în întreaga Europă de atunci), Mihai a fost primul voievod care a reuşit să unească cele trei ţări române, Moldova, Transilvania şi Ţara Românească, într-un singur stat centralizat. El a cucerit cu arma în mână Moldova şi Transilvania, având sprijinul poporului din aceste ţinuturi româneşti. Victoriile obţinute de Mihai treziseră şi alte popoare aservite din Peninsula Balcanică care începuseră să se răscoale. Apăruseră răsmeriţe în special în ţinuturile din sudul Dunării şi turcii fură siliţi să se retragă din multe locuri. Cronica română arată vitejia, patriotismul şi forţa militară a lui Mihai. Fraţii Buzeşti, conducători de frunte, alături de domn, l-au ajutat atât la ocuparea tronului, la conducere, cât şi în luptele lui.

Dar fiind înconjurat de duşmani şi de unii boieri trădători, Mihai fu în cele din urmă ucis mişeleşte chiar în cortul său, pe Câmpia Turzii. Capul lui a fost adus la Mănăstirea Dealului, în cetatea Târgoviştc, unde se află şi astăzi.

Mihai a rămas în istorie ca un celebru general şi principe român; pentru poporul român reprezintă simbolul unităţii României.

O frumoasă statuie care înfăţişează pe renumitul domnitor mândru, gata de luptă, e aşezată la loc de cinste în Bucureşti, în Piaţa Universităţii.

PROVERB: Atâta ţine pacea, până vrea vecinul.

20.1.1. Vocabular

alături (adv) *alongside*

armă, -e (f) *weapon*

a aservi, -esc (vt) *to subjugate*

aur (n) *gold*

biruință, -e (f) *victory*

boier, -i (m) *boyard*

celebru (adj) *famous*

cetate, cetăți (f) *fortress*

erou, -i (m) *hero*

forță, -e (f) *force*

frunte, frunți (f) *forehead*

invadator.-i (m) *invader*

a învălui, -esc (vt) *to surround*

mănăstire, -i (f) *monastery*

mișelește (adv) *meanly*

mândru (adj) *proud*

mânie, -i (f) *rage*

nevinovat (adj) *innocent*

oștean, oșteni (m) *soldier*

pagini, -i (f) *page*

pământ, -uri (n) *earth, land*

pericol, -e (n) *danger*

cinste (f) *honor*

câmp, -uri (n) *field*

câmpie, -i (f) *plain*

conducere, -i (f) *leadership*

cronică, -i (f) *chronicle*

des (adj) *frequently, dense*

domnitor, -i (n) *ruler, prince*

dușman, -i (m, adj) *enemy*

principe, -i (m) *prince*

răscoală, -e (f) *revolt*

răsmeriță, -e (f) *uprising*

renumit (adj) *renowned*

a se retrage, -s (refl) *to withdraw*

a sili, -esc (vt) *to force*

sprijin, -e (n) *support*

slid (n) *south*

țărănime, -i (f) *peasantry*

ținut, -uri (n) *territory*

veac, -uri (n) *century*

vestit (adj) *renowned*

voievod, voievozi (m) *prince, rule*

a zdrobi, -esc (vt) *to smash*

20.1.2. Gramatică

Perfectul simplu și mai mult ca perfectul. In addition to the compound past and the imperfect Romanian has a simple perfect (aorist) and a pluperfect. These latter forms are most often met only in formal writing, although they are sometimes heard in normal conversation of intellectuals and the simple perfect is a normal form for some dialect areas, especially in Oltenia.

The simple perfect is formed by adding the following endings to the past participle stem, that is the infinitive in the case of all but verbs in -e where the past participle form differs. In these latter the past participles in -u- serve for those verbs and the past participle plus -e- serve for the rest; i.e., the s-type.

Thus the endings -i, -și, -răm, -răși, -ră[1] are added to:

---

[1] here means no overt ending is added in the third person singular

ales-e-	from:	a alege *to choose*
opus-e-		a opune *to oppose*
bântui-		a bântui *to haunt*
lipsi-		a lipsi *to miss*
ceru-		a cere *to request*
crescu-		a creşte *to grow*
arătă-		a arăta to *show*
căzu-		a cădea *to fall*

yielding for example:

eu alesei	bântuii	crescui	arătai
tu aleseşi	bântuişi	crescuşi	arătaşi
el alese	bântui	crescu	arătă
noi aleserăm	bântuirăm	crescurăm	arătarăm
voi aleserăţi	bântuirăţi	crescurăţi	arătarăţi
ei aleseră	bântuiră	crescură	arătară

Note that the *a*-verbs have *-ă* in the third person singular and all third singular forms except those in *-se* are stressed on the final vowel.

The pluperfect differs only in the endings: *-sem, -seşi, -se, -serăm, -seraţi, -seră.*

Thus the pluperfect for *a face* and *a alege* is:

făcusem	alesesem
făcuseşi	aleseseşi
făcuse	alesese
făcuserăm	aleseserăm
făcuserăţi	aleseserăţi
făcuseră	aleseseră

The verb *a fi* has special perfect stems *fu-* and *fus-;* and *a avea* occurs sometimes with the stem *avus-* rather than the expected *avu-s*tem.

In the literary language the simple perfect is used for a completed action. Thus the compound perfect is equivalent to the simple perfect in meaning:

El a cucerit Moldova.	He conquered Moldova.
El cuceri Moldova.	
Răzmerițe au început să apară.	The uprisings began to appear.
Răzmerițe începură să apară.	

The pluperfect is used in combination with the simple perfect to indicate an action prior to another action in the past:

Răzmerițe apăruseră în sudul	The uprisings had appeared to the South
Dunării și turcii fură (au fost)	of the Danube and the Turks were forced
siliți să se retragă.	to retreat.
Mihai Viteazul unise cele trei țări	Michael the Brave had united the three
române, când fu (a fost) ucis	Romanian lands when he was viciously
mișelește.	murdered.

Adjectiv. Although the normal position for a modifier is after the modified element, the adjective *prim* 'first' always precedes and *întreg* 'whole,' *singur* 'alone, single,' appear most often before the noun.

Prima lecție era cea mai bună.	*The first lesson was the best.*
Ion este singurul meu prieten.	*Ion is my only friend.*
Întreaga lume dorește pacea.	*The whole world wants peace.*

20.1.3 Exerciții

1. Treceți verbele la perfectul simplu:

Dușmanii s-au retras din fața oștenilor lui Mihai.

Orizontul a fost învăluit în ceață.

În fața noastră norii s-au risipit.

Ștefan cel Mare i-a silit pe turci să respecte independența Moldovei.

Toată săptămâna, el a lipsit de la școală.

Avionul a apărut printre nori.

Profesorul ne-a arătat cum trebuie să scriem tema.

Cu puțini soldați, Mircea cel Bătrân i-a zdrobit pe turci la Rovine.

Cum a ajuns acasă, s-a îmbrăcat și a plecat.

2. Schimbați verbele odată la *mai mult ca perfectul și* odată la *perfectul simplu:*

În Anglia regii domnesc, nu guvernează.

Am avut destul timp și am ajuns la gară.

În luptele cu turcii, Mihai Viteazul a zdrobit pe dușman și a apărat patria.

Am văzut cu ochii mei cum a câștigat cursa de automobile.

Școala Ardeleană întărea la românii din Transilvania conștiința națională și ei au început să lupte mai hotărât pentru independență.

Când au sosit Ion și Ioana, am terminat și eu de scris.

20.2. Lectura pregătitoare 2: Istoria

A vorbi despre istoria României înseamnă a alege un domeniu de lupte, în care oșteni viteji, târgoveți cinstiți,[2] o țărănime legată de câmpia patriei fură nevoiți, veac de veac, să se abată de la munca lor și, plini de mânie, mândri și înverșunați, să se opună unor dușmani, unui puhoi de invadatori, care, cu mișeiie, le pustiiră pământul, le înfometară femeile și copiii. De aceea, cunoașterea istoriei, a eroilor ei este o datorie pentru oricine, întrucât istoria oricărei țări cuprinde un imens tezaur de fapte eroice și învățăminte; e ca o fântână, a cărei apă când o bei îți dă forță. A vorbi despre cetăți celebre și despre voievozii vestiți care au condus popoarele în lupta pentru independență este de datoria fiecărui istoric.

A face altfel înseamnă a pune în pericol nu numai adevărul, dar a te învălui pe tine însuți în ceața minciunii.

Să pribegim dar puțin într-o lume în care strămoșii luptară cu îndârjire pentru apărarea independenței patriei noastre.

PROVERB: Nu te da, nu te preda, că asta-i moșia ta!

20.2.1. Vocabular

a abate, abat (vt, vi) *to divert, deviate*	înverșunat (adj) *furious*
adăpost, -uri (n) *shelter*	liniște, -i (f) *quiet*
a alege, aleg (vt) *to chose*	a lipsi, -esc (vi) *to be missing*
a arde, ard (vt, vi) *to burn*	luptă, -e (f) *fight*
armată, -e (f) *army*	minciună, -i (f) *lie*
a bântui, -esc (vi, vt) *to overrun*	moșie, moșii (f) *inheritance, motherland*
ceață, cețuri (f) *fog*	a munci, -esc (vi) *to labor*

---
[2] a cinsti *to honor*

conduce, conduc (vt) *to lead*	pericol, -e (n) *danger*
a cuprinde, cuprind (vt) *to include, cover*	a pribegi, -esc (vi) *to roam (in exile)*
a se cuveni (vr) *to be fitting, proper,*	puhoi, puhoaie (m) *flood*
to have the right to	a pustii, -esc (vt) *to raze, devastate*
datorie, -i (f) *duty*	răzeș, -i (m) *freeholder*
domeniu, -i (n) *domain*	a rupe, rup (vt) *to tear*
a favoriza, -ez (vt) *to favor*	strămoș, -i (m) *ancestor*
fântână, -i (f) *well, fountain*	a supune, supun (vt) *to subdue*
imens (adj) *immense*	surprins (adj) *surprised*
îndârjire, -i (f) *irritation*	temut (adj) *feared*
a înfrânge, înfrâng (vt) *to defeat*	târgoveț, -i (m) *townsman*
a înlocui, -esc (vt) *to replace*	tun, -uri (n) *cannon*
întrucât (conj) *as, because*	a zidi, -esc (vt) *to build*

20.2.2. Gramatică

Infinitiv. Although the infinitive in English is most often translated by means of the *să*-form in Romanian, the infinitive is still very much in evidence in the literary language. It may be used by itself:

> *A vorbi* despre istoria României înseamnă...
>
> Se cuvine *a fi* o cinste pentru oricine.

or in combination with a preposition:

> *Pentru a construi o* casă trebuie să ai mulți bani.
>
> *În loc de a cuceri* cetatea, ei și-au pierdut armata.

and (in older texts) with an adjective or adverb:

> El este dator *a pleca.* He is obligated to leave.
>
> Suntem gata *a lupta.* We are ready to fight.

The infinitive form without the preceding *a* is used after *a putea:*

> Ei ne pot *felicita* mai târziu. They can greet us later.
>
> Eu nu pot *pleca* acum. I can't leave now.

in dialectal speech after *a ști:*

> Tu știi *face,* dar nu-ți place. You can do it, but you don't like it.

in certain negative expressions:

N-ai unde *merge*.	You have nowhere to go.
N-ai când *pleca*.	You have no time to leave.
N-ai cum *plăti*.	You have no way to pay.

and in the negative singular imperative:

Nu *rupe* cărțile!	Don't tear the books!
Nu mă *plictisi!*.	Don't bore me!
Nu te *duce* fără mine!	Don't go without me!

Fel. *Fel* in the sense of 'manner, way' is combined with a form of *acest* to yield *astfel* 'in this manner,' and with *alt* for *altfel* 'otherwise.'

Originea cuvintelor. Although not nearly so numerous as those from Latin sources (perhaps as much as 60 percent) the words from the Slavic languages play a significant part in the Romanian lexicon. Many of these Slavic words are basic to the everyday vocabulary:

a vorbi *to speak*	obicei *custom*
a citi *to read*	prieten *friend*
drag *dear*	treabă *thing, work*
grozav *dreadful, terrible*	vârf *summit, peak*

Interestingly enough, even after several centuries, these Slavic intruders have resisted complete assimilation. For instance only such nouns contain the diphthong *ea* in a final syllable before a consonant: *veac* 'century,' *steag* 'flag,' *deal* 'hill.' Others escape the expected *o* to *oa* alternation before a following *e* or *a* as in *vorbă*.

Still others contain the vowel *ă* where it did not normally develop in words of Latin origin; that is, it comes naturally from *a* before *n* in Latin words like *român, a cânta, când, lâna, rămâne,* and from *e* after a labial consonant (*b, p, f, v, m*) before *n* in *cuvânt, vânt*,[3] but in *târg, vârstă, vârf, a zgâria* the â comes into Romanian with the Slavic word itself.

20.2.3. Exerciții

1. Transformați următoarele perechi de propoziții în fraze cu infinitivul și *trebuie* după model: Vreau să construiesc o casă. N-am bani. *Pentru a construi o casă, trebuie să am bani.*

Vrem să plecăm mâine. Suntem pregătiți.

El scrie o lucrare de istorie. El respectă adevărul.

Voievozi vestiți au construit cetăți celebre. Invadatorii au fost zdrobiți.

---

[3] There are also a few words like *a râde* 'to laugh' with a natural Latin origin of *â* an original double *r*.

2. Transformați următoarele perechi de propoziții în fraze folosind *ca să* ca legătură între ele.

Ea se grăbește. Ajunge la timp la gară.

Vă duceți la prieteni. Vedeți un film.

Se cuvine. Cinstim strămoșii.

Ei înlocuiesc un verb din frază. Obțin o propoziție.

20.3. Text: Ștefan cel Mare

Moldova secolului al XV lea...

După moartea domnitorului Alexandru cel Bun (1400-1432), în timpul căruia în Moldova a fost liniște și relativ progres, urmează un sfert de veac de decădere[4] politică și economică. Domnitorii erau simple marionete în mâinile boierilor și erau schimbați după interesele lor. In 25 de ani, fuseseră schimbați 19 domnitori. Prin fărâmițarea[5] puterii domnești, fiecare boier devenise un suveran pe domeniul său.

În anul 1455, Petru Aron ocupă tronul Moldovei, după ce îl ucisese[6] pe Bogdan al II-lea. Domnia lui Petru Aron a marcat începutul dependenței față de turci. El a acceptat cererea[7] lui Mohamed al II-lea de a plăti tribut Porții Otomane și de a urma politica acesteia. Întreaga țărănime se transformase astfel într-o masă de oameni înfometați[8] care munceau pentru boieri și pentru tributul ce trebuia plătit turcilor. Pretutindeni[9] în Moldova au loc[10] răscoale și răzmerițe. Spre sfârșitul domniei lui Petru Aron se dezlănțui sub conducerea răzeșului[11] Leul o puternică răscoală care cuprinse și sudul Poloniei.

Ștefan alese acest moment pentru cucerirea tronului ce i se cuvenea de drept, ca fiu[12] legitim al lui Bogdan al II-lea. În timpul domniei lui Petru Aron, ucigaș[13] al propriului său frate, Ștefan pribegise în țări străine, în Polonia și Ungaria, și apoi în Transilvania ca oaspete al lui Iancu de Hunedoara. În cele din urmă fusese găzduit de Vlad Țepeș, domnitorul Țării Românești. Atât Iancu de Hunedoara, cât și Vlad Țepeș erau adversari înverșunați ai expansiunii otomane. Cu ajutorul armat al lui Vlad, Ștefan pătrunse în Moldova și, după o luptă scurtă dată la Doljești, înfrânge armata lui Petru Aron, care fuge în Polonia. Apoi se îndreptă spre Suceava, capitala Moldovei. Pe

[4] decădere *decadence*
[5] fărâmițare *crushing*
[6] a ucide *to kill*
[7] cerere *request*
[8] a înfometa *to starve*
[9] pretutindeni *everywhere*
[10] a avea loc *to take place*
[11] răzeș *yeoman;* răzeșie *yeomanry*
[12] fiu *son*
[13] ucigaș *murderer*

câmpia, numită 'Direptate', poporul, în frunte cu mitropolitul[14] Moldovei, îl primi cu mare cinste și îl recunoscu ca domn.

Ștefan își dădea scama de pericolul pe care turcii îl reprezentau pentru Moldova care era, de fapt, alături[15] de Țara Românească și Transilvania, poarta de intrare spre Europa Centrală.

El și-a consolidat poziția internă bazându-se în primul rând pe răzeși, pe târgoveți și pe mica boierime. Astfel a putut lupta împotriva marii boierimi anarhice și aservite turcilor. Pe plan extern, a căutat să întărească[16] alianța cu Transilvania și cu Țara Românească și să se apropie de orice țară a cărei politică era anti-otomană.

Din punct de vedere economic, Moldova a progresat mult în timpul lui Ștefan. În același timp, Ștefan a reorganizat armata bazându-se pe țăranii liberi și pe târgoveți. El a introdus în oștire[17] armele de foc, care începuseră să fie folosite pe la mijlocul secolului ai XV-lea, și a organizat un sistem de cetăți puternic întărite. Drumurile nord-sud din Europa, ca și cele est-vest, treceau prin Moldova, ceea ce dusese la dezvoltarea orașelor și a comerțului.

Măsurile luate de Ștefan, precum și[18] incursiunile făcute în Transilvania și Țara Românească, provocaseră mânia turcilor. Aceștia pregătiră o expediție pentru înlocuirea lui. În timp ce armatele turcești conduse de marele Soliman se îndreptau spre Moldova, Ștefan decise ca partea de sud a țării să fie complet pustiită și fântânile otrăvite,[19] astfel ca dușmanul demoralizat să poată fi atacat mai ușor.

Ținând seama de numărul mic al oștenilor moldoveni, în raport cu puhoiul[20] otoman, el alese un loc de luptă intr-o vale[21] îngustă, foarte favorabilă pentru oștenii săi. Natura însăși îl favoriză pe Ștefan. În zorii zilei de 10 ianuarie 1475 o ceață deasă[22] învălui valea îngustă din sudul Vasluiului unde se dădu lupta. Surprinse de oștenii moldoveni, armatele turcești fură transformate în bande de fugari,[23] care, atacați din toate părțile, muriră[24] fără glorie pe pământul nevinovat al Moldovei.

Prada[25] luată de la turci fu imensă și oștenii se îmbogățiră din aurul, argintul,[26] caii și pietrele scumpe capturate. În cinstea biruinței, Ștefan construi biserica domnească de la Vaslui ale cărei urme se văd și astăzi. Cronicile din întreaga Europă arătară însemnătatea[27] acestei mari victorii.

---

[14] mitropolit *metropolitan*
[15] alături *beside*
[16] a întări *to strenghten*
[17] oștire *army*
[18] precum și *as well as*
[19] a otrăvi *to poison*
[20] puhoi *flood*
[21] vale *valley*
[22] des *thick*
[23] fugar *fugitive*
[24] a muri *to die*
[25] pradă *plunder*
[26] argint *silver*
[27] însemnătate *importance, significance*

Regii statelor apusene şi Papa îl felicitară[28] pe Ştefan şi îi făgăduiră[29] sprijin. Făgăduiala a rămas însă formală.

Dar turcii şi sultanul lor, mândrul Mohamed al II-lea, cuceritorul Constantinopolului, se abătură[30] din nou asupra Moldovei în anul 1476. Ştefan luptă singur cu cea mai mare şi temută putere a acelui timp. Invadatorii pătrunseră[31] adânc în Moldova. Lupta dată la Valea Albă (Războieni) îl sili pe Ştefan să se retragă. Pustiind totul în urma lui, Ştefan se adăposti în munţi unde îşi reorganiză armata. Înfometaţi, obosiţi şi bolnavi de ciumă,[32] cotropitorii[33] cedară. Mohamed ordonă retragerea. Moldovenii cuceriră multe trofee şi tunuri. Transformând înfrângerea într-o adevărată victorie, Ştefan dădu o lovitură zdrobitoare turcilor.

S-ar putea scrie multe despre luptele şi biruinţele lui Ştefan cel Mare. În celebra sa piesă *Apus de soare*, Barbu Ştefănescu-Delavrancea i-a descris ultimii ani de domnie.

Ştefan cel Mare a murit în anul 1504 şi a fost îngropat[34] la mănăstirea Puma zidită de el. El a construit peste 37 de biserici în Moldova.

Personalitate complexă, vizionar politic şi mare comandant militar, Ştefan, pe drept numit 'cel Mare', a fost unul din cei mai renumiţi principi creştini ai Europei feudale din secolul al XV- lea. Nu e de mirare că Ştefan cel Mare a fost sanctificat. Figura lui, devenită legendară, e cinstită în România ca a unuia din marii eroi ai luptei pentru libertatea şi independenţa poporului român.

20.3.1. Întrebări

1. De când şi până când a domnit Ştefan cel Mare?

2. Care era politica socială dusă de Ştefan?

3. Care era cel mai mare pericol pentru Moldova în timpul lui Ştefan cel Mare?

4. Care era tactica folosită de Ştefan în luptele cu turcii?

5. Care e cea mai mare victorie a lui Ştefan împotriva turcilor?

6. Ce politică a dus Ştefan faţă de celalalte ţări române?

7. Care era importanţa strategică a ţărilor române pentru apusul Europei?

8. Unde a fost înmormântat Ştefan cel Mare?

9. Pe cine s-a sprijinit Ştefan în lupta împotriva marii boierimi?

---

[28] a felicita *to congratulate*
[29] a făgădui *to promise*
[30] a se abate *to turn, to recede*
[31] a pătrunde *to penetrate*
[32] ciumă *plague*
[33] cotropitor *attacker*
[34] a îngropa *to bury*

10. Cum se numește piesa de teatru dedicată vieții și domniei lui Ștefan și cine a scris-o?

11. De cine erau conduse celelalte țări române în timpul lui Ștefan cel Mare?

12. Mai cunoașteți vreun domnitor român tot atât de important ca și Ștefan cel Mare?

13. Care era situația economică a Moldovei în timpul domniei lui Ștefan cel Mare?

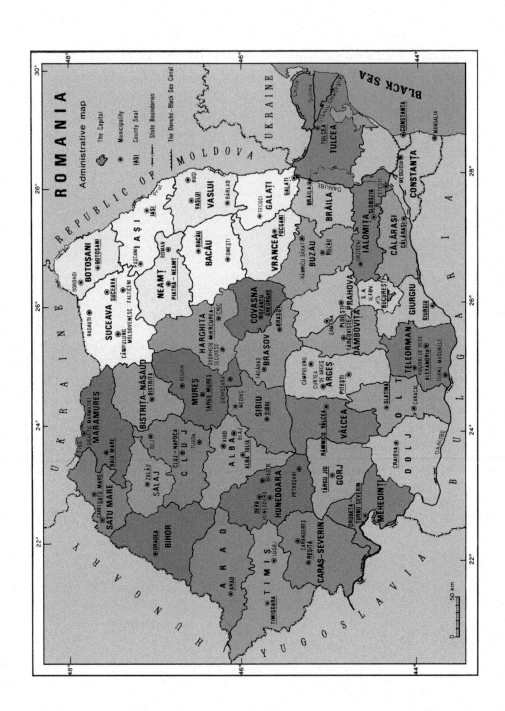

ROMANIA
Administrative map

🖐 The Capital
● Municipality
● IAȘI   County Seat
—·—· State Boundaries
The Danube-Black Sea Canal

REPUBLIC OF MOLDOVA

UKRAINE

HUNGARY

YUGOSLAVIA

BULGARIA

BLACK SEA

0   50 km

Lesson 21
Lecţia a douăzeci şi una

21.1. Lectura pregătitoare 1: Despre România

România, aşezată pe teritoriul fostei Dacii, a devenit patria românilor, după ocuparea ei de către romani, aşa cum vom vedea în alte lecţii. Numele România vine de la romani. Teritoriul ocupat de daci, strămoşii românilor, corespunde — în linii mari — cu teritoriul României de azi. Pe acest teritoriu s-au format ţările române: Moldova, Transilvania şi Ţara Românească.

A descrie tot ce se află şi se dezvoltă pe această suprafaţă, pe pământul românesc, e greu de făcut în câteva rânduri.

România are munţi înalţi cu lacuri alpine, păduri bogate în lemn, mine de aur şi argint, şesuri pline cu grâu, porumb, livezi. Nu mai vorbesc de materiile prime, bogăţii importante la nivel mondial, ca sarea, petrolul, gazele naturale. Dunărea care se varsă în mare pe teren românesc, izvoarele termale variate de care se folosesc mulţi bolnavi, litoralul Mării Negre, precum şi alte multe frumuseţi nebănuite, constituie pentru mulţi străini obiective turistice.

Relieful României, care formează un amfiteatru, este brăzdat de numeroase văi transversale mai ales în Carpaţii Meridionali. Aceasta a dat posibilitate populaţiei din Transilvania să comunice cu Ţara Românească pe valea Prahovei, Oltului, Jiului. De asemenea, Carpaţii Răsăriteni (Orientali) au văi transversale şi au permis populaţiei din Moldova să comunice cu cea din Transilvania.

Lungimea frontierelor, greu de apărat, a făcut ca ţările române să fie deseori atacate. Poporul român a fost unit şi a luptat totdeauna, ca un bloc puternic, împotriva multor cotropitori. De aceea, istoria poporului român, putem spune, este în primul rând istoria luptelor pentru libertate şi apărare a pământului românesc.

PROVERB: Apele mici fac râurile mari.

21.1.1. Vocabular

a acoperi, acopăr (vt) *to cover*

a afla, aflu (vt) *to find out*

alpin (adj) *alpine*

livadă, livezi (f) *orchard*

lungime, -i (f) *length*

marin (adj) *marine*

arie, -i (f) *area*

bloc, -uri (n) *building*

brăzdat *crisscrossed*

bogăţie, -i (f) *wealth*

bolnav (adj) *sick*

a constituí, constítui (vt) *to constitute*

a corespunde, corespund (vi) *to correspond*

de asemenea (adv) *as well, also*

frontieră, -e (f) *frontier*

grâu (m) *wheat*

izvor, izvoare (n) *spring, source*

înalt (adj) *tall*

lemn (n) *wood*

litoral, -uri (n) *sea coast*

materie, -i (f) *material*

mondial (adj) *world*

nebănuit (adj) *unsuspected*

nivel, -uri (n) *level*

a permite, permit (vt) *to permit*

petrol, -uri (n) *oil*

porumb (m) *corn*

relief, -uri (n) *relief, outline*

râu, -uri (n) *river*

şes, -uri (n) *plain*

teren, -uri (n) *terrain, space*

teritoriu, -i (n) *territory*

a vărsa, vărs (vt) *to pour, flow into*

21.1.2. Gramatică

Verbal Noun. Although all verbs theoretically form a verbal noun (called a *long infinitive* by some), some are seldom used due to the existence of one or more other nominal forms with a similar meaning, e.g.

a lega *to tie, connect*	legare *tying*	legătură *connection*
a accepta *to accept*	acceptare *accepting*	accepţie *acceptance*
a amenda *to fine*	amendare *fining*	amendă *fine*
a analiza *to analyze*	analizare *analysing*	analiză *analysis*
a crede *to believe*	încredere *believing*	credinţă *belief*
a exercita *to exercise*	exercitare *exercising*	exerciţiu *exercise*

All of the above -*re* forms are possible, but tend to be used only in the most exacting situation where a special verbal nuance is desired, i.e. *În netul legării...* 'in the act of connecting...'

On the other hand, some verbal nouns have become so thoroughly nominal that they have lost most of their verbal force:

mâncare *food*	conducere *leadership*
întâmplare *incident*	fire *nature, character*
lucrare *work paper, report*	ştire *news*
putere *power*	avere *fortune, property*
stare *condition*	

Other deverbal nouns. Other nouns are regularly formed from verbs in the following ways:

1. By the addition of the suffix *-eală* to verbs in *-i*:

a obosi — oboseală	*tiredness*
a greși — greșeală	*error*
a socoti — socoteală	*calculation*
a îndoi — îndoială	*doubt*
a cheltui — cheltuială	*expenditure*

Note the loss of *-e-* after *-i-* in the last two forms.

2. By the addition of the suffix *-ură* to past participles in *-t*.

băut — băutură	*drinks*
fript — friptură	*roast*
lovit — lovitură	*blow*
prăjit — prăjitură	*cookie*
rupt — ruptură	*fracture*
învățat — învățătură	*learning*
crăpat — crăpătură	*break*
sărat — sărătură	*salted food*
sărit — săritură	*jump*
umflat — umflătură	*swelling*
zgâriat — zgârietura	*scratching*

3. And the suffix *-or (-tor)* is also added to the past participle form (yielding adjectives and nouns):

simțit — simțitor	*feeling*
compătimit — compătimitor	*sympathetic*
îngrijit — îngrijitor	*caring, janitor*
lucrat — lucrător	*worker*
învățat — învățător	*instructor*
muncit — muncitor	*worker*
jucat — jucător	*player*
deșteptat — deșteptător	*alarm clock*
reparat — reparator	*repairer*

21.1.3. Exerciții

1. Faceți câte două propoziții cu următoarele cuvinte după modelele:

Așezarea orașului Cluj este minunată.

Orașul Cluj este așezat în podișul Transilvaniei.

comunicare, asigurare, conducere, construire, schimbare, descoperire, fărâmițare,

mișcare, ocupare, formare, vorbire, supunere, dezvoltare, apărare.

2. Descrieți statul dvs. natal. Când a devenit acesta un stat al Statelor Unite ale Americii? De care state e mărginit? Ce înălțime au munții? Ce lungime are cel mai mare râu?

21.2. Lectura pregătitoare 2: Amintire

Îmi aduc aminte ca azi de toamna anului 1937. Eram pe litoral, la lacul cu nămol de lângă Constanța, la Eforie. Într-o zi, m-am dus într-o comună vecină la via unui prieten; strugurii galbeni și mari cât nuca erau dulci ca mierea și aromați ca trandafirii ce înconjurau grădina casei. Am stat atunci de vorbă cu mulți locuitori, țărani din partea locului. Toamna le adusese pe lângă vin bun, grâu ca aurul și porumb la fel. Dar toamna aceea era cu ploaie puțină, cum e în stepă, cum e in Dobrogea în general.

— Măi* frate, spuse unul dintre ei, trebuie să vedem ce semănăm toamna și ce-am pune* la primăvară, ca să avem și noi ceva pentru traiul copiilor și bătrânilor noștri.

— Să avem grijă să lăsăm pășune pentru oile noastre, că sărăcuțele de ele ne dau și lână, și carne, și lapte și vezi bine că le priește și lor și caprelor clima și lucerna de aci*.

— Cred că trebuie să mărim livezile; piersici aci avem, slavă domnului*, dar trebuie să ne gândim și la altele....

— Fructe avem, spuse un altul, caise și pentru țuică sunt destule, dar vezi că sunt suprafețe de pământ arabil, acolo lângă lacuri, care sunt nefolosite, și țin până departe la Dunăre. Când fluviul se revarsă, inundă ogoarele de pe ambele maluri. Cred că aceste terenuri ar putea fi folosite pentru cultivarea orezului, care, de altfel, este importat în Romania.

Dar în momentul acela intră în curte o fată, care ne spune:

— Oameni buni, vaca lui nea* Mihai a fătat o vițelușă. Uite așa pe neașteptate și fără doftor* veterinar. Că până să vină doftorul...

Deodată toată discuția s-a schimbat, veselia fetei se transmise repede și toți plecarăm dincolo de drum... La casa lui nea Mihai, să vedem vaca și vițelușă... adică să întărim petrecerea ca atare.

Lăutarul cu vioara nu era departe, mai ales când era vorba de țuică și de horă.

Într-un minut, curtea era plină. Nu lipseau nici popa, nici păstorul satului. Se-nserase. În depărtare se zărea golful luminat de ambarcațiunile ancorate acolo... Desigur un poet ar fi utilizat peisajul și petrecerea ca un motiv de inspirație. Dar ce să mai spun, e mult de atunci...

Aș fi curios să văd Romania acum. Oricât de mult s-ar fi schimbat, peisajul cred că a rămas tot atât de atrăgător, în pofida poluării inerente.

21.2.1. Vocabular

The forms marked with an asterisk in the text are colloquial in nature:

* măi = *Hey, Mac!* or *Say, buddy!*

* aci = aici

* nea, nenea = *uncle,* often said to any older person

* am pune = equivalent to am să punem or o să punem

* slavă domnului = *Bless the Lord!* or *Thank God!*

* doftor = doctor (in some dialects)

* am să merg = o să merg, voi merge

ambarcațiune, -i (f) *ship*

arabil (adj) *arable*

asemănare, asemănări (f) *similarity*

a semăna, semăn (vt) *to seed, plant*

a așeza, așez (vt) *to sit, set*

atare (adj) *such*

caisă, -e (f) *apricot*

capră, -e (f) *goat*

căciulă, căciuli (f) *fur cap*

cereale (f) *grain*

clar (adj) *clear*

climă, -e (f) *climate*

a curge, curg (vi) *to flow*

domeniu, -i (n) *domain*

a făta, făt (vt) *to calve*

a fonda, -ez (vt) *to creare, found*

golf, -uri (n) *gulf*

grâu (n) *wheat*

horă, -e (f) *circle dance*

a inunda, inund (vt) *to flood*

lăutar, -i (m) *singer*

legurnă, -e (f) *vegetable*

lână, -uri (f) *wool*

locuitor, -i (m) *inhabitant*

nesecat (adj) *undried, unending*

numeros (adj) *numerous*

oaie, oi (f) *sheep*

odihnă, -e (f) rest

orez (n) *rice*

păstor, -i (m) *shepherd*

pășune, -i (f) *pasture*

piersic, -i (m) *peach tree*

pitoresc (adj) *picturesque*

ploaie, ploi (f) *rain*

popă, -i (m) *priest*

port, -uri (n) *harbor*

a prii, esc (vt) *to suit, be good for*

punct, -e (n) *point*

regiune, -i (f) *region*

a revărsa, revărs (vi) *to flow over*

a revedea, revăd (vt) *to see again*

stepă, -e (f) *stepe*

struguri *grapes*

suprafață, -e (f) *surface, area*

trai, -uri (n) *living, existence*

a utiliza, -ez (vt) *to utilize*

vechime, -i (f) *age*

vecin (adj) *neighboring*

lucernă (f) *alfalfa*   viţel, -i (n) *calf, veal*

nămol, -uri (n) *mud*   a zări, -esc (vi) *to appear on the horizon*

negru (adj) *black*

21.2.2. Gramatică

You have learned sufficient vocabulary to begin to guess the meanings of new words based on how they are formed. Here is a brief description of noun formation in Romanian that should help you to guess at meanings and, perhaps, even to create new words on your own.

Nouns from nouns.

1. To indicate origin:

-ean

sătean *villager*	orăşean *city dweller*
cetăţean *citizen*	oltean *Oltenian*
muntean *mountaineer*	bucureştean *Bucharestian*

2. To indicate a shared property:

-ie

bărbăţie *manhood*	hoţie *thievery*
domnie *kingdom*	drăcie *deviltry*
omenie *mankind*	burghezie *bourgeoisie*
tovărăşie *partnership*	măgărie *swinishness*

3. To derive feminine counterparts for masculines:

-easă

mireasă *bride*	croitoreasă *seamstress*
bucătăreasă *cook*	lăptăreasă *milkmaid*

-că

fiică *daughter*	bucureşteancă *Bucharestian*
săteancă *villager*	munteancă *mountaineer*
puică *chick*	româncă *Romanian*

-oaică

bulgăroaică *Bulgarian*	franţuzoaică *Frenchwoman*
chinezoaică *Chinese*	rusoaică *Russian*
unguroaică *Hungarian*	englezoaică *English*
lupoaică *she-wolf*	ursoaică *she-bear*

Nouns from adjectives:

- ețe

tinerețe *youth*	frumusețe *beauty*
bătrânețe *old age*	blândețe *kindness*

-ie

veselie *gaiety*	bogăție *wealth*
beție *drunkenness*	trăinicie *durability*
sărăcie *poverty*	prostie *stupidity*
vinovăție *guiltiness*	

-ime

mulțime *crowd*	istețime *wit, cunning*
înălțime *height*	ascuțime *sharpness*
lungime *length*	scurtime *shortness*

-are (itate)

dreptate *correctness*	răutate *wickedness*
extremitate *extremity*	greutate *difficulty*
sterilitate *sterility*	vulgaritate *vulgarity*

Some adjectives are simply used as nouns when the definite article is added:.

bunul *good*	verdele *greenery*
frumosul *beauty*	răul *evil*

Diminutives. Romanian has a great variety of diminutive formations:

-el

băiețel *little hoy*	bilețel *little note*
scăunel *little chair, stool*	cuvințel *little word*
cățel *little dog*	

-uș

vițeluș *calf*	cățeluș *doggie*
bebeluș *little baby*	ineluș *little ring*

-(ul)iță

guriță *little mouth*	portiță *little gate*
fetiță *young girl*	codiță *little tail, pigtail*
puiculiță *little chick*	pușculiță *little cannon*
punguliță *little hag*	gropiță *little pit, dimple*

-ișor

bețișor *little stick*	binișor *slightly good*
încetișor *slightly slow*	crăișor *kinglet*

merişor *little apple tree*

-*(ul)eţ*

râuleţ *rivulet*   săculeţ *little sack*

ursuleţ *bear cub*   poduleţ *little bridge*

-*uţ(ă)*

căluţ *little horse*   măsuţă *little table*

căsuţă *little house*   punguţă *little purse*

bisericuţă *little church*   drăguţ *somewhat dear*

călduţ *somewhat warm*

21.2.3. Exerciţii

1. Treceţi următoarele propoziţii la plural:

Pădurea Carpaţilor are lemn de calitate în cantitate mare.

Bogăţia ţării e de nebănuit.

Materia primă care se află în România are căutare pe plan mondial.

Terenul e favorabil agriculturii.

Lacul alpin e foarte limpede.

Fluviul cel mai mare se varsă în ocean.

Lăutarul cu vioara nu era departe.

Eu am fost la via unui prieten.

Pe teritoriul Daciei s-a format Ţara Românească.

Frontiera României are lungime mare.

2. Combinaţi propoziţiile de mai jos după următoarele modele:

Mierea este dulce. Strugurii sunt dulci. *Strugurii sunt dulci ca mierea.*

Vaca este grasă. Ea este grasă. *Ea pare grasă ca o vacă.*

Un viteaz luptă bine. Mihai luptă bine.

Ursul calcă greu. Ion calcă greu.

Un artist se îmbracă excentric. Ion se îmbracă aşa.

Toate popoarele balcanice şi-au apărat libertatea. Poporul român şi-a apărat libertatea.

Primăvara soarele e cald. Astăzi soarele e cald.

21. 3. Text: România

O țară de mărime[1] mijlocie în Europa, România este așezată în sud-estul Europei, la nordul Peninsulei Balcanice. La 30 decembrie 1989 a fost proclamată republică, astăzi România. Frontierele României se află în următoarele limite: Moldova și Ucraina (1,328,8 km), Marea Neagră (245 km), Bulgaria (590,9 km), Serbia (546,2 km), Ungaria (442 km), ajungând la un total frontiere plus litoral de 3.152,9 km.

Pentru a avea o idee comparativă putem arăta că aria României este de 237,500 km[2] (kilometri pătrați), cam la fel cu a statului Ohio din S.U.A. În schimb, cum vom vedea mai jos, numărul locuitorilor statului California e egal cu numărul locuitorilor României.

Clima României e variată.[2] În unele părți ale țării, ca de exemplu în Banat, clima are un caracter temperat mediteranean; în regiunile de stepă, Bărăgan, Moldova, are un caracter continental, cu veri excesiv de calde și ierni geroase.

Relieful României este proporțional împărțit: 1/3 (o treime) sunt câmpii; 1/3 sunt dealuri și podișuri cu înălțimi între 200 și 750 m și 1/3 munți cu înălțimi între 750 și 2.500 m. Aproximativ în centrul țării se găsește un mare podiș,[3] numit Podișul Transilvaniei, înconjurat de Munții Carpați: Carpații Orientali la răsărit, Carpații Meridionali în sud și Munții Apuseni în apus. Desigur că acești munți oferă nu numai frumuseți neasemuite,[4] dar sunt și un izvor nesecat de bogății. Într-adevăr, in Munții Apuseni se găsesc mine de aur, uraniu, în podișul Transilvaniei se află sare și toți munții Carpați sunt acoperiți cu păduri cu lemn de cea mai bună calitate, renumit în toată lumea.

Numeroasele căderi de apă, astăzi utilizate pentru marile hidrocentrale electrice, sunt iarăși un izvor de bogăție.

Dintre munții cei mai înalți, amintim masivul Moldoveanu (Făgăraș) 2.543m, Negoiul (Făgăraș) 2.535m, Omul (Bucegi) 2.507m, care formează prin frumusețea și așezarea lor puncte turistice internaționale.

Întreaga țară e brăzdată de ape mari și mici. Dacă privim cu atenție, vedem o caracteristică interesantă a râurilor din România. Cele mai multe izvorăsc din centrul țării și curg în toate direcțiile formănd un evantai[5] ale cărui raze vii formează văi minunate pe teritoriul țării. Toate sunt culese[6] în bazinul Dunării.

Dunărea curge pe teritoriul țării pe o lungime de 1.075 km din 2.857 km cât are lungimea totală.

Mureșul, Prutul, Oltul sunt râuri cu o lungime între 670 și 716 km. Prin București, capitala țării, curge Dâmbovița (237 km lungime). Lumea spune: 'Dâmbovița, apă dulce, cin-te bea nu se mai duce'. în vechime, de altfel, Bucureștiul se numea Cetatea Dâmboviței, întemeiată după

---

[1] mărime *size*
[2] variat *varied*
[3] podiș *plateau*
[4] neasemuit *without equal*
[5] evantai *fan*
[6] a culege *to collect, harvest*

legendă de păstorul Bucur. Bucureștiul a fost fondat în timpul lui Vlad Țepeș, la anul 1457 a devenit capitala țării.

Un mare număr de lacuri alpine, glaciale și marine se găsesc pe teritoriul României. Deși în general nu sunt mari, sunt frumoase și utile. Dintre ele menționăm Techirghiolul cu o suprafață de 11 km², renumit în toată lumea pentru calitățile sale terapeutice, având nămol[7] radioactiv. Aceasta face ca aici să vină bolnavi de reumatism, unii în stare foarte gravă, din toată Europa. Acest lac care 'face minuni'[8] a fost cunoscut și folosit ca atare, încă din timpul romanilor. Astăzi, instalații ultramoderne, sanatorii elegante stau la dispoziția celor care vin aici în vilegiatură[9] sau pentru tratament.

Și acum să vorbim de Marea Neagră. Pe litoralul românesc sunt golfuri și porturi renumite încă din cele mai vechi timpuri. Astfel, Constanța (numită Tomis în antichitate), Mangalia (fost Callatis) sunt vizitate de ambarcațiuni din toată lumea. Importanța economică a Constanței e foarte mare, deoarece e punctul principal al Europei Centrale în drum spre Bosfor-istanbul-Orientul Mijlociu.[10]

Orașe mari și cu construcții variate ca stil și așezare împodobesc[11] România. Se înțelege că primul oraș e București, cu o populație de circa 2.500.000 de locuitori. Oraș cu cea mai mare universitate din România, cu cele mai multe industrii, teatre, operă etc., Bucureștiul este un oraș modern, cu parcuri minunate, care fac din el un oraș-grădină.

Iași, oraș istoric, una dintre cele mai frumoase localități din România, cunoscut ca fiind capitala culturală a României, este al treilea oraș ca populație cu aproximativ 345.000 de locuitori. Al cincilea oraș ca populație e Cluj-Napoca (aproximativ 330.000 de locuitori), un mare centru industrial, comercial și cultural din Transilvania. Mai amintim Constanța, important port la Marca Neagră și zonă turistică, cu 350.000 de locuitori, Timișoara cu 335.000 de locuitori, și Galați (325.000 de locuitori), cel mai mare port românesc la Dunăre.

Populația României era în iarna anului 1992 de 22.760.449 de locuitori. Cetățenii români, indiferent de naționalitate, rasă sau sex, au asigurate și garantate drepturi egale în toate domeniile vieții economice, politice, sociale și culturale.

În România se cultivă: porumb, grâu, orez, cartofi,[12] zarzavaturi, floarea soarelui, tutun[13] și altele. De asemenea, se găsesc din abundență fructe, mere,[14] pere, prune, struguri, plante medicinale etc.

---

[7] nămol *mud*

[8] minune *miracle*

[9] vilegiatură *excursion in the country*

[10] mijloc *middle*

[11] a împodobi(-ese) *to adorn*

[12] cartof *potato*

[13] tutun *tabacco*

[14] măr *apple*

În România cresc vaci,[15] oi, capre, păsări, peşti, care dau mari cantităţi[16] de carne, grăsimi,[17] piei,[18] blănuri, lână, produse lactate, ouă.

Resursele minerale constituie o mare şi importantă parte a venitului naţional. În cantităţi mari se găsesc: petrol, gaze naturale, cărbuni, sare.

Industria produce oţel,[19] automobile şi tractoare, combine, locomotive, vagoane, instalaţii petroliere şi altele.

Dacă am vrea să comparăm România cu un stat din S.U.A., am găsi multă asemănare cu statul Washington, care se află în nord-vestul Statelor Unite. Deşi România e cu circa 60.000 km^2 mai mare şi cu o populaţie de 9 ori mai mare, geografic se găsesc asemănări. Şi statul Washington este renumit pentr-o abundenţă de lemn, fructe, cereale, vaci, oi[20] etc. Ambele state sunt aşezate pe glob aproximativ în aceleaşi limite. În ambele state se găsesc toate formele de relief, de la munţi înalţi la şesuri. În ambele state munţii traversează întreaga ţară. România, ca şi Washington, e mărginită de un mare fluviu, Dunărea — (Washington — Columbia). Şi amândouă sunt învecinate cu mari ţări, România cu fosta U.R.S.S., Washington cu Canada.

România are legături economice, culturale şi diplomatice cu multe ţări din toate continentele, indiferent de orânduirea lor social-politică, pe baza respectării principiilor suveranităţii şi independenţei naţionale, ale egalităţii în drepturi, neamestecului[21] în treburi interne şi avantajului reciproc. România este membră a Organizaţiei Naţiunilor Unite şi militează pentru prietenie şi colaborare între popoare, pentru menţinerea şi apărarea păcii în lume.

23.3.1. Întrebări

1. În care parte a Europei se află aşezată România?

2. Ce formă de stat are România?

3. Cum e clima României?

4. Ce bogăţii naturale şi materii prime se găsesc în România?

5. Ce înălţime are cel mai înalt munte din România şi cum se numeşte acesta?

6. Ce forme de relief există în România?

7. Ce ape cunoaşteţi în România?

8. Ce lungime are Dunărea pe teritoriul românesc?

9. Ştiţi care e capitala României şi ce vechime are?

---

[15] vacă *cow*
[16] cantitate *quantity*
[17] grăsimi *fat*
[18] piele *hide, skin*
[19] oţel *steel*
[20] oaie *sheep*
[21] neamestec *non-intervention*

10. Prin ce se caracterizează economia României?

11. Ce animale se găsesc în România?

12. Cum se făcea legătura între români în perioada când Ţara Românească, Moldova şi Transilvania erau despărţite?

13. Care sunt asemănările dintre România şi statul Washington?

14. Câţi locuitori are România şi ce suprafaţă?

15. Cercetaţi statistica referitoare la statul dvs. natal, apoi faceţi o comparaţie cu România.

Lesson 22
Lecţia a douăzeci şi doua

22.1. Lectura pregătitoare 1: Sinaia

Sinaia e una din localităţile cele mai frecventate de turiştii amatori de ascensiuni. Se află pe Valea Prahovei, la numai 127 kilometri distanţă de Bucureşti. Pitorescul acestei staţiuni climaterice, aerul binefăcător, peisajul însuşi şi împrejurimile îl încântă pe vizitator. Aici se află renumitul castel Peleş, fostă reşedinţă regală. Peleşul a fost construit de regele Carol I, primul rege al României. Prin frumuseţea şi aşezarea sa, castelul Peleş, astăzi muzeu naţional, oferă turistului o privelişte minunată.

Lumea vine la Sinaia tot timpul anului, atât vara, când temperaturile mari din Bucureşti te pun pe fugă, cât şi iarna, când munţii înalţi acoperiţi de nea te ademenesc să urci către vârfurile lor. Aici sunt cabane confortabile şi căsuţe de munte. Aşa avem la Caraiman, Piatra Craiului, Peştera, Babele etc., la care ajungi fie urcând pe jos, fie cu telefericul care pleacă de la hotelurile moderne aşezate mai jos. Ele îl duc pe vizitator iarna la pârtiile de schi şi vara la traseele pentru alpinism.

Dacă eşti posesorul unei maşini, şoseaua minunată te duce de-a lungul râului Prahova, care cântă tot timpul ca vibraţiile de argint ale unei muzici vechi. Pe drum întâlneşti desigur şi un lăutar cu vioara, care să-ţi cânte la ureche o melodie populară, când te opreşti, şi să te antreneze să bei o ţuică bună de munte sau un pahar de vin vechi. Vorba românului: 'Decât o viaţă amară şi plină de chin, mai bine o gâscă friptă şi un pahar de vin'.

22.1.1. Vocabular

a ademeni, -esc (vt) *to tempt*

amar (adj) *bitter*

a antrena, -ez (vt) *to coach, stimulate*

ascensiune, -i (f) *ascent*

binefăcător, -i (m) *benefactor*

cabană, -e (f) *cabin*

castel, -e (n) *castle*

de-a lungul (prep) *along (w/oblique)*

fript (adj) *fried*

gâscă, gâşte (f) *goose*

împrejurime, -i (f) *surroundings*

a încânta, încânt (vt) *to enchant*

nea = zăpadă (f) *snow*

peisaj, -e (n) *view*

căsuţă, -e (f) *little house*   pârtie, -i (f) *ski-run*

chin, -uri (n) *torture, suffering*   şosea, şosele (f) *highway*

a câştiga, câştig (vt) *to win*

22.1.2. Gramatică

Derivaţia adjectivelor. Romanian has a variety of adjectival suffixes. In addition to -*tor* mentioned in Lesson 21, the following are the most frequent:

From nouns:

-esc (-ăresc)	românesc *Romanian*		copilăresc *infantile*
	studenţesc *student*		grădinăresc *garden*
-os	luminos *light*		sticlos *glassy*
	bucuros *joyful*		nisipos *sandy*
	noroios *muddy*		ceţos *foggy*
-atic	tomnatic *autumnal*		primăvăratic *spring-like*
	lunatic *sleepwalking, looney*		
-iu (-uriu)	argintiu *silvery*		auriu *gilt*
	cenuşiu *ashen, gray*		timpuriu *early*

From adjectives usually with affective or diminutive senses:

-ui	gălbui *yellowish*		albăstrui *bluish*
	verzui *greenish*		
-el	mititel *somewhat small*		frumuşel *prettyish*
	uşurel *somewhat easy*		urâţel *somewhat ugly*
-oi	greoi *heavyish*		vioi *lively*

Note that past participles, as well as being a source for adjectives in -*tor,* can be used adjectivally themselves:

limbă vorbită *spoken language*   om obosit *tired person*

Adverbe. Generally, any adjective may also serve as an adverb. Only adjectives in -*esc* have a special ending *-eşte,* which can be seen as the simple addition of *-e* to the masculine form, and which provides the alternation *(sc -şt).*

copilăresc — copilăreşte, *childish*	rusesc — ruseşte, *Russian*
românesc — româneşte, *Romanian*	

Adverbs may also be formed from certain nouns of time by addition of the definite article:

noapte — noaptea	*at night*
luni — lunea	*on Monday(s)*

22.1.3. Exerciţii

1. Treceţi verbele la trecut:

De la castel mă duc la cabană în fiecare zi.

Împrejurimile sunt încântătoare.

Priveliştea te ademeneşte la ascensiune.

Ne antrenăm să urcăm din ce în ce mai sus.

Când urc pe munte, am plăcerea de a respira aer proaspăt.

La Sinaia se află fostele reşedinţe de vară ale regilor României.

Când ne întâlnim, totdeauna mă necăjeşte.

Când ne ducem la schi ne place să urcăm cu telefericul.

Atât iarna cât şi vara munţii te atrag să ajungi la vârfurile lor.

2. Combinaţi următoarele propoziţii cu: *Vrea să... Ar prefera să...*

Ea călătoreşte vara pe litoral.

El îmi cântă o melodie populară.

Ei se întâlnesc la pârtia de schi.

Ele pleacă mâine dimineaţă.

El pune gâscă la fript.

Ea urcă spre vârful muntelui.

El are noroc.

Ea este alpinistă.

22.2. Lectura pregătitoare 2: Litoral

Nu numai amatorul de plajă vine la Marea Neagră în România. Delta Dunării cu fauna ei unică, de parcă s-ar fi adunat aici viețuitoarele de care se vorbește în biblie, atrage vizitatorul dornic de un peisaj marin original și o mâncare pescărească bună, udată cu o veritabilă votcă, care te pune jos dacă bei ceva mai mult.

Vestigiile trecutului le găsești prin toate așezările vecine cu Dunărea și marea. Poetul latin Ovidiu când a fost exilat la Tomis, de către Augustus, împăratul Romei, a scris aici celebrele sale *Trisria* și *Pontica,* în care vorbește de locuitorii de atunci ai Dobrogei, de sarmați și odrizi. Constanța adăpostește statuia acestui mare poet latin. Amprenta romană și greacă se păstrează peste tot aici. Îți poți face ușor o imagine despre trecutul daco-roman și despre popoarele care au trecut pe aici. Satele tătărești și cele turcești din împrejurimile Mangaliei și satele de lipoveni din Delta Dunării contribuie la pitorescul acestei frumoase regiuni românești.

Biserici creștine de diverse stiluri, geamii turcești care creează o atmosferă orientală și clădirile moderne de pe litoral alcătuiesc un tablou unic și specific. Localitățile balneare de aici atrag nu numai oameni la tratament, dar și sportivi care, pe lacurile marine din jur, pot practica multiple sporturi nautice, așa cum e baza sportivă de pe lacul Mamaia. Pe plaja încinsă de soare e plăcut să încingi și o horă dobrogeană, care mărturisesc că place tuturor și te face să te simți bine, mai ales când lumea e simpatică. Dacă mai faci și o plimbare într-un car tras de doi boi zdraveni și iei o cină la care bei vin de Murfatlar, e sigur că te vei distra foarte bine.

PROVERB: De vorba bună nu te doare gura.

22.2.1. Vocabular

amprentă, -e (f) *imprint, trace*	a încinge, încing (vt) *to warm, bind*
balnear (adi) *resort pertaining to spa,*	lipovean, lipoveni (m) *Russian tribe*
biblic (adj) *biblical*	pescăresc (adj) *fishermen*
biserică, -i (f) *church*	a mărturisi, -esc (vt) *to confess*
bou, -i (m) *ox*	a păstra, -ez (vt) *to preserve*
car, care (n) *carriage*	pitoresc (adj) *picturesque*
cină, -e (f) *supper*	simpatic (adj) *nice*
creștin (adj) *Christian*	a (se) simți (vi) *to feel*
geamie, -i (f) *mosque*	tătăresc (adj) *Tatar*
horă, -e (f) *circle dance*	vestigiu, -i (n) *vestige*
imagine, -i (f) *image*	zdravăn (adj) *sturdy, vigorous*

22.2.2. Gramatică

Adverbe speciale. The adverbial intensifiers *cam, mai, prea* normally occur before adjectives or adverbs:

cam departe	*rather* far
prea frumos	*very* pretty
mai interesant	*more* interesting

These same forms, however, may occur without adjectives or adverbs immediately before the verb. For example:

Mă cam doare capul.	My head hurts quite a bit (rather much).
Acum el nu prea lucrează.	Hardly does he work now.
Vreau să te mai văd.	I want to see more of you.

What is rather special about these forms is that they are placed between the object pronouns or the negative particle and the verb; no other adverb may occur in this position. When there are auxiliary forms of the verb they are placed before the main verb, not the auxiliary.

Nu l-am mai văzut.	I saw him no more.
A cam slăbit.	He became rather slim.

Most often there are nearly equivalent sentences with *mult* or some other word indicating quantity or quality:

El prea vorbește despre ea.	El vorbește prea mult despre ea.
El cam zâmbește.	El zâmbește cam mult.
El nu mai învață.	El nu învață mai mult.

Although intensifiers before the verb are generally derivable from the fuller version of the sentence in each case, it should be noted that the last example, although possible, is awkward in Romanian unless followed by *decât.*, i.e., *El nu învață mai mult decât tine.*

Conjuncții adversative. The conjunctions *ci, dimpotrivă, din contră* are used to introduce a contrary or additional fact to a negative proposition.

Nu din gură, ci din carte.	It is not rumor, but from the book.
Nu numai că e deștept, ci e și cult.	Not only is he clever, but he is also cultivated.

Nu fuge, din contra, stă pe loc.	He isn't running, on the contrary, he is standing still.
Nu vrem să mai stăm, dimpotrivă, vrem să plecăm.	We don't want to stay any more, on the contrary, we want to leave.

Ba is used in a similar sense, but only in response to a question: e.g *Nu vrei să vii la mine? Ba da, vreau.*

2.3. Text: Turismul în România

'Călătorului îi şade bine cu drumul' e o veche zicală românească. Mulţi călători străini, în special francezi, italieni, germani, cu care ţările române aveau legături culturale şi comerciale mai dezvoltate, au descris frumuseţile României. Mai târziu, când legăturile comerciale s-au amplificat, România a devenit din ce în ce mai cunoscută în occident, nu numai pentru frumuseţile şi punctele ei turistice.

În rândurile de faţă, vom încerca să prezentăm pe scurt câteva puncte turistice din România.

Să începem deci cu marea. Principalele puncte turistice pe litoral sunt: Constanţa — unde se află un muzeu arheologic de importanţă internaţională; Mamaia, Eforie, Mangalia. Pe litoral vin vizitatori din toată Europa, în special din ţările nordice.

De-a lungul litoralului se află lacuri marine. Ele conţin iod[1] în stare liberă, sare şi nămol radio-activ, ceea ce explică faima[2] de care s-au bucurat încă din cele mai vechi timpuri. Ar fi păcat ca un străin să părăsească[3] România fără să viziteze litoralul.

Şi acum să vorbim despre munţi. Atât vara cât şi iarna, Carpaţii oferă turistului admirabile privelişti. Munţii cei mai vizitaţi sunt Făgăraşii, Bucegii şi Munţii Apuseni.

Cu frumoasele lor stalactite şi stalagmite, peştera[4] Ialomicioarei şi a Dâmbovicioarei alcătuiesc adevărate castele sculptate în masivul calcaros[5] al Bucegilor. Peisajul minunat al Văii Prahovei a făcut să se întemeieze[6]o seric de localităţi climaterice şi puncte sportive de interes internaţional. Astfel sunt: Sinaia, cu baza sportivă cota 1.400, Predeal, Buşteni, şi pitorescul oraş Braşov a cărui arhitectură păstrează amprente medievale, îmbinate original cu stilul modern. La Braşov se află, astfel, nu numai celebra Biserică Neagră, construită în secolul al XIV-lea, dar şi cea mai mare uzină de tractoare din România.

Am stat de vorbă odată cu un turist american care a vizitat România.

— Ce v-a plăcut mai mult? Unde v-aţi simţit mai bine în România? l-am întrebat eu.

---

[1] iod *iodine*
[2] faimă *fame*
[3] a peşteră *la abandon*
[4] peştcră *cave*
[5] calcaros *calcium*
[6] a întemeia *to found*

— Mi-e foarte greu să răspund. Am fost pe litoral, am stat două săptămâni la Mamaia și am vizitat timp de 10 zile localitățile de pe țărmul[7] Mării Negre. Trebuie să mărturisesc că am plecat încântat. Plaja minunat orientată, restaurantele și hotelurile elegante, totul te face să te simți bine.

— Văd că v-a plăcut mult litoralul. Dar prin munți ați fost?

— Desigur. Îmi plac mult ascensiunile. Am fost pe Valea Prahovei, la Predeal; am stat câteva zile la Timiș și apoi am urcat pe Piatra Craiului până la vârful Omul. De aceea, e greu să spun ce mi-a plăcut mai mult. A, stai puțin! Am uitat că am fost și pe Valea Oltului. Am mers de la Sibiu până la Pitești cu mașina. Am vizitat Călimăneștii și celebra mănăstire Cozia, datând din timpul domnitorului Mircea cel Bătrân. Am văzut icoane vechi, biblii rare, izvoare istorice originale.

Nu l-am mai întâlnit pe american. Dar am stat de vorbă la București cu mulți alți turiști, și deși fiecare și-a manifestat altă preferință, toți au găsit cuvinte de laudă la adresa României.

Un german mi-a vorbit despre excursia făcută la Biserica Domnească și Mănăstirea Curtea de Argeș. Acolo a văzut și mormintele[8] primilor regi ai României, Carol I și Ferdinand I. Apoi, el mi-a vorbit despre drumul făcut la Câmpulung-Muscel:

— Dar să-ți povestesc o întâmplare nostimă. Tocmai treceam cu mașina în timp ce coboram de la cabana Voila spre Câmpulung, când s-a blocat motorul. Am fost nevoiți să coborâm până la șoseaua principală, să aducem pe cineva să ne remorcheze[9] și să repare mașina. Dar telefon în apropiere nu era și... așteptam. Una din fetele noastre a scos spirtiera[10] și a făcut cafele, iar eu făceam semne mașinilor care treceau destul de rar pe acolo.

— N-am găsit pe nimeni pe șosea să ne remorcheze. Asta se întâmpla pe la orele 5 după masă; s-a lăsat seara și noi tot acolo eram... Ce să facem? Unul a rămas în mașină și ceilalți am căutat un adăpost, mai ales că era și frig, ca la munte în octombrie. În sfârșit am găsit o căsuță; oamenii ne-au primit, ne-au dat o cameră curată[11] și ne-au pregătit de mâncare: pui[12] fripți cu mujdei de usturoi, mămăliguță și, bineînțeles, țuică bătrână de Pitești și vin negru vechi de țară. Seara după cină, au mai venit câțiva vecini să vadă 'nemții'[13] lui Nea Grigore. Erau oameni simpatici, de la munte. Au adus niște caș, care ne-a ademenit la vin, după care un lăutar a început să cânte din vioară și s-a încins o horă musceleană. A fost o seară minunată. Poate cea mai veselă din excursie. Nea Grigore ne-a asigurat că dimineața vom pleca cu mașina remorcată. Și așa a fost. Când ne-am sculat am găsit înjugați[14] la mașină doi boi zdraveni. Mi-a venit în minte celebrul *Car cu boi* al lui Grigorescu pe care l-am văzut la Palatul Culturii din Iași. Și așa am ajuns la Câmpulung, conduși de Nea Grigore, cu mașina noastră acum de 'doi boi putere'. Această întâmplare va rămâne în mintea mea toată viața.

---

[7] țărm *shore, bank*

[8] mormânt *grave*

[9] a remorca *to tow*

[10] spiritieră *camp stove*

[11] cameră curată *clean room*

[12] pui *chiken*

[13] neamț *German* (here *foreigner*)

[14] a înjuga *to yoke*

Ar trebui să scriu pagini despre turismul din România, întâmplări și povești cu frumuseți neîntâlnite și păduri neumblate

Dar mă opresc aici. Dacă vreți să știți mai multe, duceți-vă în România!

22.3.1 Întrebări

1. De ce este România un punct de atracție turistică?

2. Ce localități balneare cunoașteți în România?

3. Care sunt munții cei mai vizitați de turiști în România?

4. Ce localități cunoașteți pe litoralul Mării Negre?

5. Care este importanța turistică a orașului Constanța?

6. De ce sunt vizitate de mulți bolnavi localitățile balneare de pe litoral?

7. Care sunt principalele localități turistice de pe Valea Prahovei?

8. Ce particularități prezintă Brașovul?

9. Știți ceva despre Delta Dunării?

10. Prin ce se caracterizează ținutul Dobrogei?

11. Ce puteți spune despre Curtea de Argeș?

12. Cunoașteți vreo întâmplare a unui turist, eventual în România?

13. Puteți vorbi despre Valea Oltului? Știți în ce parte a României se află? Ce stațiuni se află pe Valea Oltului?

14. Ce a văzut turistul american în excursia pe Valea Oltului?

15. Ce a mâncat străinul la țăranul la care a dormit?

Lesson 23
Lecţia a douăzeci şi treia

23.1. Lectura pregătitoare 1: Prietenul meu

Fără îndoială, prietenul meu mai vârstnic, istoricul de artă, e un om ciudat. Să vă povestesc ce mi s-a întâmplat.

Ajunsesem, toamna trecută, la Voroneţ. Făcusem adesea împreună drumul acesta. Îmi plăcea să-l ascult explicându-mi arta frescelor de acum cinci secole, de pe vremea lui Ştefan cel Mare şi a urmaşilor săi. Era un vorbitor talentat şi, pe deasupra, ştia multe lucruri despre felul în care a luat naştere arta românească, adaptând influenţele bizantine şi ale Renaşterii apusene la un substrat artistic specific, cum s-a răspândit ulterior în întreaga ţară, statornicind o tradiţie.

Eram după masă; afară era o lumină blândă, aurie. Hrana fusese îmbelşugată: pilaf de pasăre, iahnie de cartofi şi, apoi, cataifuri, sarailii, baclavale... O adevărată masă turcească.

Prietenul meu tocmai îmi vorbea despre şcolile artei medievale, despre temele antichităţii pe care le-au preluat, despre influenţele bisericeşti şi laice, despre caracterul ei internaţional şi despre particularităţile autohtone care le diferenţiau între ele şi care hotărau apartenenţa la o tradiţie sau la alta. Atunci au intrat în cameră doi tineri, îmbrăcaţi cam fistichiu; îi văzusem când sosiseră, cu motocicleta, cu o oră mai devreme. Cei doi s-au dus direct la fereastră şi, fără să ne întrebe, au închis-o.

L-am văzut pe prietenul meu încruntându-se şi m-am speriat. Ştiam că acest om paşnic se supără uşor, nu îi place să-l contrazică cineva. L-am auzit spunând:

— Vă e frig?

— Da, aici la munte...

— Dar pe motocicletă nu v-a fost frig? Cu ce drept ne siliţi pe noi să stăm în aerul ăsta? Vă e frică să nu intre lupii din pădure? Veniţi ca nişte năvălitori, veniţi să ne nimiciţi clipa asta de linişte... Cu ce drept? Aşa ni se şubrezeşte sănătatea. Fiindcă ne e frică de aer...

Speriaţi, cei doi se uitau când la el, când la mine şi tăceau... Eu nu ştiam ce să spun şi tăceam, încurcat. Tinerii şi-au luat bagajele şi ne-au părăsit.

— Aşa, continuă prietenul meu, ca şi cum nu s-ar fi întâmplat nimic. În perioada dezmembrării Imperiului Roman, când vechile provincii s-au scindat, s-a înregistrat o nouă direcţie care a acţionat...

Eu simţeam că mor de ruşine.

23.1.1. Vocabular

a adapta, -ez (vt) *to fit, adapt*

adesea (adv) *often*

antichitate, antichități (f) *antiquity*

apartenență, -e (f) *belonging*

aurie (adj) *golden*

autohton, -i (m) *native, local, resident*

bisericesc (adj) *church, ecclesiastical environment*

cataif, -uri (n) *kind of Turkish cake with cream*

a contrazice, contrazic (vt) *to contradict*

dezmembrare, dezmembrări (f) *dismembering*

a diferenția, -ez (vt) *to differentiate*

etnic (adj) *ethnic, ethnological*

a evolua, -ez (vi) *to evolve, develop*

fistichiu (adj) *queer, strange*

hrană (f) *food, nourishment*

iahnie, -i (f) *kind of ragout, stew*

îndoială, îndoieli (f) *doubt*

împrejurare, împrejurări (f) *circumstance*

a înregistra, -ez (vt) *to register, record*

laic (adj) *lay*

lup, -i (m) *wolf*

naștere, -i (f) *birth, delivery*

năvălitor, -i (m) *invader*

a nimici, -esc (vt) *to destroy, annihilate*

pașnic (adj) *peaceful, peaceable*

a părăsi, -esc (vt) *to leave, abandon*

pilaf, -uri (n) *pilaf*

a prelua, preiau (vt) *to take over*

răspândit (adj) *widespread*

sarailie, -i (f) *Turkish cake with honey*

a scinda, -ez (vt) *to divide*

siguranță, -e (f) *safety, security certitude*

a sosi -esc (vi) *to arrive*

a statornici, -esc (vt) *to establish*

substrat, -uri (n) *substratum*

susținător, -i (m) *upholder, supporter*

a șubrezi, -esc (vi) *to become weak*

ulterior (adj) *later, subsequent*

urmaș, -i (m) *successor, inheritor*

vârstnic (adj) *aged*

vorbitor (adj) *speaking, talking*

23.1.2. Gramatică

Cel. The form *cel (cea, cei, cele)* serves as an adjectival article which prononiinalizes virtually any substantive plus modifier. For example:

Văd doi oameni, unul mare și unul mic.

Acolo sunt numai fete.

Aici sunt multe fete.

Am prieteni și la Cluj și la București.

Cel mare vine încoace, dar cel mic se duce încolo.

Cele de lângă ușă pleacă în excursie.

Cele harnice rămân să lucreze la fabrică.

Cei de la Cluj sunt în anul doi la universitate, iar cei de la București au terminat-o.

Cel also functions as an emphatic and hence in epithets:

Cartea cea mare a fost pierdută.	The *big* book was lost.
Cartea mare a fost pierdută.	The big book was lost.
Ștefan cel Mare	Stephen the Great
Ștefan cel Sfânt	Stephen the Saint
Ivan cel Groaznic	Ivan the Terrible

Din... în... The preposition complex *din...în...* figures in certain adverbial expressions:

din ce în ce mai des	more and more often
din când în când	from time to time
din loc în loc	from place to place
dintr-o parte într-alta	from side to side

23.1.3. Exerciții

1. Transformați prima parte a fiecărei fraze într-o construcție cu gerunziul:
Dacă acționezi repede, câștigi. *Acționând repede, câștigi.*

Dacă te antrenezi zilnic la sport, obții rezultate bune.

Când te ferești de aerul curat, îți șubrezești sănătatea.

Dacă te scoli de dimineață, ajungi departe.

Când văd o pictură frumoasă, mă simt bine.

Dacă nimicești microbii, combați bolile.

Când îi contrazici, îi superi.

Dacă se înscriu la facultate din timp, studenții sunt siguri de locuri.

Când îi judeci bine, vezi că n-au nici o valoare.

Dacă le preiei fără permisiune, poți să fii pedepsit.

23.2. Lectura pregătitoare 2: Substratul dac

Natura romanică a limbii române e un fapt categoric ce nu poate fi contestat. Deși a împrumutat numeroase cuvinte slave, româna păstrează un fond principal lexical latin. În legătură cu româna se vorbește deseori despre substratul dac. Pe durata stăpânirii romane în Dacia, latina a devenit treptat nu numai limba oficială, dar în timp de 165 de ani a ajuns să fie vorbită de toată populația. Aceasta mai ales, fiindcă prin intermediul ei locuitorii de pe toată întinderea imperiului roman se puteau înțelege între ei. Așadar, limba dacă s-a pierdut în negura vremurilor și până astăzi n-a intervenit nimic care să producă o întorsătură în această privință. Desigur, n-au dispărut toate cuvintele dace; s-au menținut în limba română puține, cu toate că urme lăsate de daci sunt destule în România.

Cu toate acestea, românii se mândresc cu originea lor dacă, deși nu o au în întregime. Mulți când vorbesc de *malul* mării, de un *mânz* frumos sau de *barză* știu că pronunță cuvinte dace. Unele cuvinte nelatine din limba română se aseamănă cu cuvinte din limba albaneză. Acestea sunt cele mai sigure cuvinte dace în limba română, limba albaneză fiind o urmașă a limbii ilirice care era înrudită cu limba dacă.

PROVERB: Urma alege începutul.

23.2.1 Vocabular

a asemăna, aseamăn (vt) *to be similar*

barză, berze (f) *heron*

categoric (adj) *categorical*

cu toate că (conj) *even though*

deși (conj) *although*

a dispărea, dispar (vi) *to disappear*

deseori (adv) *often*

durată, -e (f) *duration*

a face parte *to play a role*

intermediu, -i (n) *means*

a interveni, intervin (vi) *to intervene*

a împrumuta, împrumut (vt) *to borrow, lend*

întindere, -i (f) *area, spread*

întorsătură, -i (f) *turn, curve*

întregime, -i (f) *whole*

mal, -uri (n) *bank, shore*

a menține, mențin (vt) *to maintain, preserve*

a se mândri cu, -esc (vt) *to be proud of*

mânz, -i (m) *colt*

negură, -i (f) *fog*

a păstra, -ez (vt) *to preserve*

a pierde, pierd (vt) *to lose*

treptat (adv) *gradually*

urmașă, -e (f) *descendant*

urmă, -e (f) *trace*

23.2.2 Exerciții

1. Alegeți forma potrivită a lui *care*:

Am văzut omul _____ a fost la ședință cu mine.

A fost acolo fata _____ îi datorez banii.

A dispărut un articol _____ l-au scris ei.

Am pierdut drumul _____ am mers.

A menținut legătura cu prietenul său prin intermediul _____ am obținut biletele de teatru.

Fasciștii au fost aceia împotriva _____ am luptat.

Substratul limbilor balcanice este factorul principal _____ datoresc asemănările dintre acestea.

Nu avem nici o îndoială că persoana _____ am văzut-o ieri era profesorul de română.

2. Formaţi cuvinte de la denumirile geografice enumerate mai jos:

China	chinez	chinezoaică	chinezesc
Bulgaria	bulgar	bulgăroaică	bulgăresc
România	_____	_____	_____
Turcia	_____	_____	_____
Anglia	_____	_____	_____
Rusia	_____	_____	_____
Franţa	_____	_____	_____
Grecia	_____	_____	_____
Italia	_____	_____	_____
America	_____	_____	_____
Cluj	_____	_____	_____
Iaşi	_____	_____	_____
Braşov	_____	_____	_____
Bucureşti	_____	_____	_____

23.3. Text: Formarea limbii române (I)

Limba română are, de când s-a desprins[1] ca limbă independentă din latina populară, o existenţă de aproape 1.500 de ani, fiind la fel de veche ca franceza, italiana, spaniola şi portugheza. Ea este astăzi singura descendentă a latinei în sud-estul Europei.

Deşi izolat de romanitatea occidentală, timp de peste[2] 15 secole, poporul român a reuşit să-şi păstreze limba esenţial latină. Această existenţă îndelungată[3] ca popor şi ca limbă latină, în mijlocul unor popoare şi limbi de alte origini, a fost caracterizată de istoricul medievalist francez Ferdinand Lot ca 'o enigmă şi un miracol istoric'. Două au fost problemele cele mai pasionante şi mai îndelung discutate de către lingvişti şi istorici, în legătură cu începuturile istoriei poporului român şi ale limbii române: 1) procesul lor de formare şi 2) teritoriul pe care s-a format.

---

1 a desprinde (here) *to branch off*
2 peste (here) *more than*
3 îndelungat *very long*

Vom prezenta, în mod sumar,[4] stadiul[5] actual al cercetărilor în aceste probleme şi rezultatele obţinute.

Limba şi poporul român s-au format pe un teritoriu întins, [6]cuprinzând România de astăzi, ca teritoriu de bază, şi partea dintre Dunăre şi Balcani, pe malul drept al Dunării, care a avut întotdeauna strânse[7] legături comerciale şi administrative cu Dacia.

Cei mai vechi locuitori ai acestor locuri istoriceşte cunoscuţi ca având o civilizaţie proprie au fost daco-geţii, în nordul Dunării, ramură[8] a tracilor, popor de limbă indo-europeană, ca latina şi greaca, care ocupau jumătatea de nord-est a Peninsulei Balcanice, între zona grecească la sud şi Dunăre la nord.

Din necesităţi de expansiune strategică şi economică, Imperiul Roman a ajuns, in secolul I î.C.,[9] până la gurile Dunării, transformând teritoriile din sudul fluviului, adică întreaga Peninsulă Balcanică, în provincii romane.

Dar din momentul în care romanii au ajuns la Dunăre, ei au început să-şi exercite influenţa şi asupra[10] teritoriilor de la nordul fluviului, prin puterea lor politică, economică, culturală şi militară. Când împăratul Traian a construit, la începutul secolului al II-lca al d.C., măreţul[11] pod de la Turnu-Severin, ale cărui urme rezistă[12] timpului până astăzi, el a procedat ca in propria lui ţară, ceea ce înseamnă că romanii aveau de multă vreme interese pe ambele maluri ale Dunării.

Independenţa Daciei, ţară bogată în produse agricole şi în metale, cu o poziţie strategică favorabilă în nordul Dunării, devenise o piedică[13] în calea dominaţiei romane în sud-cstul Europei. De aceea, împăratul Domiţian întreprinde,[14] în anul al 86 d.C., o campanie împotriva daco-geţilor, fără a-i putea supune. După aproape douăzeci de ani, sub împăratul Traian, romanii atacă din nou Dacia, în două campanii, întreprinse în anii 101-102 şi 105-106. După lupte violente, romanii reuşesc să o supună, transformând-o, în 108, în provincie romană

Victoria asupra daco-geţilor a fost considerată atât de importantă pentru romani, încât, în cinstea ei s-a ridicat atunci la Roma celebra Columnă a lui Traian, care a rămas ca un monument impunător[15] al oraşului până astăzi. Pe ea sunt gravate[16] imaginile evenimentelor militare legate de

---

[4] in mod sumar *briefly*

[5] stadiu *stage*

[6] intins *broad*

[7] strâns *close*

[8] ramură *branch*

[9] i.C. înainte de Cristos *B.C.*

[10] asupra *on, over*

[11] măreţ *great, grand*

[12] a rezista *to resist, last*

[13] piedică *obstacle, hindrance*

[14] a întreprinde *to undertake*

[15] impunător *impressive*

[16] gravat *engraved, carved*

cucerirea Daciei, precum şi scene privind viaţa, ocupaţiile şi portul[17] dacilor. Dacia a rămas provincie a imperiului roman din 106 până în 271, deci timp de 165 de ani. În această perioadă a avut loc, în esenţa lui, procesul de romanizare a Daciei.

Elementele de romanizare au fost, ca şi în celelalte provincii romanizate ale imperiului, numeroase. Romanii au adus în Dacia armată, administraţie, comercianţi,[18] meseriaşi[19] şi numeroşi coloni[20] din Italia şi din celelalte provincii ale imperiului. Limba oficială a provinciei a devenit cea latină, de care, practic, a trebuit să se folosească şi populaţia băştinaşă,[21] atât în raporturile cu administraţia romană, cât şi cu numeroşii coloni romani, aşezaţi în Dacia. Economia Daciei a ajuns repede înfloritoare.[22] Provincia a fost, un timp, denumită 'Dacia felix'.

Rolul cel mai activ în procesul de romanizare l-au avut oraşele. În cei 165 de ani de stăpânire[23] romană oficială a Daciei s-au format îndeosebi în Transilvania, în Banat şi în Oltenia, puternice centre orăşeneşti de viaţă economică şi culturală romană: Ulpia Traiana (fostă Sarmisegetuza, capitala Daciei, în apropiere de Haţeg), Napoca (Cluj-Napoca), Apttlum (Alba Iulia), etc. În zonele muntoase, în care predomina viaţa sătească,[24] romanizarea s-a făcut mai lent,[25] dar ea a cuprins cu timpul şi aceste zone.

Alt element de romanizare l-a constituit armata, mai exact, serviciul militar. Tinerii daco-geţi se înrolau în armată datorită avantajelor de care se bucurau ca soldaţi, în primul rând,[26] acela de a nu mai fi sclav.[27] După serviciul militar, care dura 20-25 de ani, ei deveneau cetăţeni[28] romani şi obţineau pământ în calitate de veterani.

Importante in procesul de romanizare au fost şi căsătoriile[29] soldaţilor şi veteranilor romani cu femei dace. Copiii rezultaţi din aceste căsătorii se bucurau de avantajele cetăţenilor romani.

În anul 212, sub împăratul Caracalla, locuitorii Daciei devin în totalitatea lor cetăţeni romani, ceea ce dovedeşte[30] procesul avansat, la acea dată, de romanizare a provinciei.

---

[17] port *clothing, costume*
[18] comerciant *tradesman, merchant*
[19] meseriaş *craftsman*
[20] colon *agricultural worker*
[21] băştinaş *native*
[22] înfloritor *prosperous*
[23] stăpânire *domination*
[24] sătesc *village, rural*
[25] lent *slow*
[26] rând *row, line*
[27] sclav *slave*
[28] cetăţean *citizen*
[29] căsătorie *marriage*
[30] a dovedi *to prove*

Procesul de romanizare a Daciei a fost deci același cu cel petrecut,[31] de exemplu, in Galia sau în Peninsula Iberică, după cucerirea acestora de către romani. Acest proces a continuat în Dacia până în secolul al VI-lea, dar după 271 el s-a petrecut aici în împrejurări[32] dramatice.

Se știe că, începând de la sfârșitul secolului al III-lea, imperiul roman a fost zguduit[33] atât de frământări[34] interne, cât mai ales de atacurile repetate ale popoarelor în migrațiune.

Nemaiputând[35] rezista acestor atacuri, armata și administrația romană s-au retras[36] din unele provincii periferice, printre care și din Dacia. De aici, armata și administrația romană s-au retras la sud de Dunăre, în anul 271, din cauza invaziei goților,[37] care până atunci și, temporar, și după aceea, au fost federați ai imperiului. După goți au invadat Dacia gepizii, hunii, apoi avarii și slavii. Influența romană a continuat însă să se exercite în Dacia tot timpul cât puterea romană s-a putut menține de-a lungul malului drept al Dunării de jos, și anume, până în secolul al VI-lea. Până spre sfârșitul secolului al VI-lea toate orașele cu garnizoane[38] romane de pe malul drept al Dunării au avut capete de pod,[39] cu castre[40] romane, pe malul de nord al fluviului.

Acest sistem de fortificații se continua pe Dunăre în sus până spre izvoarele fluviului. Fortificarea ambelor maluri ale Dunării a avut atât o rațiune strategică, cât și aceea de apărare[41] a căii de comunicație în sine, care este Dunărea, și care a fost artera principală de romanizare în sud-estul Europei.

Un factor important în continuarea procesului de romanizare a Daciei, după părăsirea[42] ei oficială, a fost creștinismul, care s-a răspândit, în Dacia, începând cu secolul al treilea, în limba latină. De aceea, noțiunile de bază ale credinței creștine sunt exprimate în limba română prin termeni latini: dumnezeu, biserică, cruce, rugăciune,[43] botez,[44] înger[45] ș.a. Termenii de alte origini, care sunt intrați mai târziu în română, privesc numai administrația bisericească.

---

[31] a petrece *to spend, to happen*
[32] împrejurare *circumstance*
[33] a zgudui *to shake*
[34] frământare *trouble, unrest*
[35] nemaiputând *no longer able*
[36] a se retrage *to withdraw*
[37] got *Goth*
[38] garnizoană *garrison*
[39] cap de pod *bridge head*
[40] castru *camp*
[41] a apăra, apăr *to defend*
[42] a părăsi *to abandon*
[43] rugăciune *prayer*
[44] botez *baptism*
[45] înger *angel*

23.3.1. Întrebări

1. Cărei familii de limbi aparţineau idiomurile ce se vorbeau în antichitate pe teritoriul României de azi?

2. Ce alte limbi indo-europene cunoaşteţi?

3. Ce origine are limba română?

4. Care sunt limbile cunoscute de dvs. având aceeaşi origine latină ca şi româna?

5. Cunoaşteţi vreun cuvânt dac în limba română şi cum vă explicaţi faptul că au rămas foarte puţine cuvinte dace în româna?

6. Ce ştiţi despre procesul de romanizare a dacilor?

7. Ce fel de ţară era Dacia?

Lesson 24
Lecţia a douăzeci şi patra

24.1. Lectura pregătitoare: Vocativul

Nu vreau să accentuez caracterul romanic al limbii române. Nu e nevoie. E bine să cunoaştem, însă, unele amănunte care impun aceasta, chiar unui cititor sau ascultător ce stă în cumpănă. Unul din fenomenele în care o privire pe scară largă ne dă comparaţia care apropie şi mai mult româna de limbile romanice, este pierderea unor forme de flexiune nominală şi câteodată dispariţia desinenţelor nominale. Un exemplu care se bucură de o vădită răspândire în această privinţă, atât prin grai cât şi în scris, fie în beletristică, fie în gazete, este ieşirea treptată din uz a vocativului. Din ce în ce mai mult, vocativul încetează a fi folosit, fiind în general înlocuit cu nominativul. Astfel alături de *iscusite*[1] *vânătoruie, domnule căpitane* se zicea în mod cuviincios şi *iscusite vânător! domnule căpitan! etc.* Astăzi nu mai e posibilă decât cea dc-a doua formulă, care este, aş zice, mai şlefuită. Nu se spune *ospăţarule! şoferule!* ci: *ospătar! şofer!* etc. Şi numele de persoane se supun aceloraşi norme. Din ce în ce mai des se zice *Victor!,* nu *Victore! Radu!* nu *Radule!* Această înlocuire a vocativului cu nominativul o găsim şi la cuvinte ca *doamnă, domnişoară,* dar nu în cazul cuvântului *domn (domnule!).* Dar nu numai prin slăbirea vocativului se manifestă tendinţa de a se despărţi de ceea ce a mai rămas din flexiunea nominală. Acuzativul este în principiu la fel cu nominativul şi desigur că urmărind acest fenomen îl vom găsi şi la genitiv-dativ unde, de fapt, articolul poartă diferenţele de forme, cu excepţia femininului, unde mai avem: *a frumoasei case, a unei fete,* etc.

Dezvoltarea actuală a românei merge pe linia modernă a limbilor romanice apusene.

PROVERB: Mult e dulce şi frumoasă limba ce-o vorbim.

24.1.1. Vocabular

a accentua, -ez (vt) *to stress, emphasize*

amănunt, -e (n) *detail, particular*

flexiune, -i (f) *inflection*

gazetă, -e (f) *journal*

---

[1] iscusit *skilled, clever*

ascultător, -i (m) *listener* (adj) *obedient*

beletristică, -i (f) *belles-lettres, fiction*

a bucura, bucur (vt) *to gladden, please*

cititor, -i (m) *reader*

câteodată (adv) *occasionally*

comparație, -i (f) *comparison*

cumpănă, -e (f) *balance*

cuviincios (adj) *seemly, decorous*

a despărți, despart (vt) *to separate*

explicabil (adj) *explainable*

grai, -uri (n) *dialect*

a impune, impun (vt) *to impose*

a înceta, -ez (vt) *to cease, stop*

privire, -i (f) *look, glance*

a sta în cumpănă *to hesitate*

slăbire, -i (f) *weakening*

a șlefui, -esc (vt) *to file, polish*

a urmări, -esc (vt) *to follow, pursue*

vădit (adj) *obvious, dear*

vânător, -i (m) *hunter*

24.1.2. Exerciții

1. Treceți cuvântul la forma cerută de context.

a) (Comparație) este potrivită.

Ai făcut (o comparație) bună.

Nu poți să-ți faci o părere în urma (o comparație).

b) (Amănunt) era foarte important.

În istorie (amănunt) au o deosebită însemnătate.

Nu găsește multe (amănunt).

c) (Cititor) este de multe ori superficial.

Gustul (cititor) este foarte variat.

(Cititori) trebuie să le oferi cărțile cerute.

Servieta găsită la bibliotecă era a (cititor).

d) (Privire) omului spune multe.

Hipnoza poate fi o calitate a (privire).

Ochelarii îți schimbă (privire).

(Privire) copiilor sunt frumoase.

e) (Limbă) română e dulce.

Dialectele (limbă) române nu se deosebesc prea mult între ele.

Limba română este o variantă a (limbă) latine.

2. Explicați cuvintele de mai jos după model:

> vânător   *Cel care vânează este un vânător.*
>
> ascultător   *Cel care ascultă este ascultător (este un ascultător).*

cititor, șlefuitor, cumpărător, despărțitor, vânzător, vorbitor, răbdător, trecător, alergător, urmăritor.

24.2. Lectura pregătitoare 2: Trăsături comune

Se vorbește uneori de 'caracterul balcanic' al limbii române. Din punct de vedere geografic, România nu se află în Balcani. Dacă te uiți pe o hartă cât de rudimentară, îți dai seama de aceasta. Dar evenimentele economice, politice și culturale au hotărât adesea ca la nord și la sud de Dunăre să fie situații asemănătoare. Totuși, originea etnică diferită a împiedicat unificarea, chiar lingvistică, a popoarelor balcanice. Dar, așa cum am spus în rândurile precedente, asemănări avem.

Pentru o parte din țările balcanice, măcar pentru Bulgaria, substratul autohton a fost asemănător cu cel din România.

Influența greacă de-a lungul secolelor și pribegia popoarelor din nordul și sudul Dunării au fost cam la fel, fără însă a pretinde o identificare completă.

Urmările însă au fost aceleași. Romanii s-au așezat pe ambele maluri ale fluviului, astfel că, pentru România, ei au lăsat limba care dăinuiește astăzi. Și asupra limbilor bulgare și albaneze, limba romanilor a avut o oarecare influență. Nici Grecia nu a fost ferită cu totul de asemenea influență. Slava a adus la rândul ei numeroase elemente comune tuturor limbilor din Balcani. În sfârșit, influența turcă s-a exercitat la fel peste tot, dar trebuie să precizăm, numai laic.

Toate acestea au făcut ca româna, bulgara, albaneza, greaca, în parte și sârba, să aibă un aer de familie: traducerea dintr-o limbă într-alta se face de obicei, fără mare greutate, Iată un exemplu gramatical care învinge orice contrazicere. Greaca, albaneza, bulgara și româna prezintă, deși în grade diferite, pierderea infinitivului.

Alt exemplu îl dă articolul post-pus, care a rămas o caracteristică permanentă a trei din aceste limbi (română, bulgară, albaneză). Dar nu trebuie să uităm că esențialul în materie de înrudire între limbi este caracterul genealogic, căci influența unei limbi de altă origine poate modifica unele amănunte, dar nu poate să refacă limba într-o astfel de măsură, încât să se piardă structura moștenită sau să împiedice dezvoltarea acesteia. Interesant este și faptul că în aceste limbi se află unele structuri importante comune și ale căror origini încă nu sunt cu totul explicate. Astfel, deși în Țările Române până la anul 1500 scrierile erau redactate în slavonă și limba română era păstrată oral, de îndată ce diaconul Coresi a început să tipărească în românește în proporții mai mari (prima tipăritură a lui datează de la 1559), limba română a devenit și limba scrisă a românilor. Elementele ei esențiale sunt cele moștenite din latinește, iar modificările care au încolțit ulterior rezultă din influențele reciproce ale limbilor balcanice.

PROVERB: Vorba e de argint, tăcerea e de aur.

24.2.1. Vocabular

diacon, -i (m) *deacon*

greutate, greutăți (f) *weight*

a hotărî, -ăsc (vt) *to decide*

a împiedica, împiedic (vt) *to hamper, hinder*

a încolți, -esc (vi) *to germinare*

înfloritor (adj) *flourishing, prosperous*

a învinge, înving (vt) *to defeat, vanquish*

laic (adj) *lay, secular*

măcar (adv) *at least, even though*

a păși, -esc (vi) *to step*

piedică (f) *obstacle*

precedent, -e (n) *precedent* (adj) *previous*

predare, predări (f) *delivery, reaching*

a pretinde, pretind (vt) *to claim, demand*

pribegie (f) *wandering, exile*

a redacta, -ez (vt) *to write out, edit*

a reface, refac (vt) *to remake, restore*

rudimentar (adj) *rudimentary*

sămânță, semințe (f) *seed*

străin, -i (m) *foreign(er)*

a tipări, -esc (vt) *to print*

traducere, -i (f) *translation*

trăsătură, -i (f) *feature*

unificare, unificări (f) *unification*

urmare, urmări (f) *following, effect*

24.2.2. Exerciții

Completați următoarele propoziții:

1. Limba română nu este o limbă slavă ci...

2. Popoarele clin Peninsula Balcanică au trăsături comune pentru că...

3. Orice sămânță încolțește atunci când...

4. Pribegia se deosebește de călătorie sau de excursie pentru că...

5. Când iei o hotărâre trebuie să te gândești bine ca să...

6. Câteodată e mai bine să stai in cumpănă decât să....

7. Un ziar se impune să fie...

24.3. Text: Formarea limbii române și latinitatea ei (II)

După ce am înfățișat[2] cadrul geografic și condițiile istorice ale formării poporului și limbii române, vom analiza acum procesul prin care limba română a devenit o limbă distinctă de latină și de celelalte limbi romanice și care sunt elementele ei structurale cele mai caracteristice.

---

[2] a înfățișa *to show*

Limba română continuă limba latină vorbită de colonii romani şi de populaţia romanizată din Dacia şi de pe malul drept al Dunării în primele secole ale erei noastre. Această limbă latină era cea a păturilor[3] mijlocii şi sărace,[4] a soldaţilor şi colonilor romani, aşa-numita 'latină populară', denumire pe care o considerăm mai proprie decât cea de 'latină vulgară' folosită înainte. Ea avea în acea epocă un caracter unitar, fiind, de fapt, limba de comunicare a imperiului, cu bogăţia, dar şi cu simplitatea limbii vorbite, fără şlefuirea limbii cultivate prin şcoală şi literatură a aşa-numitei latine clasice.

Caracterul unitar al latinei populare din perioada premergătoare transformării ei în actualele limbi romanice se relevă nu numai prin numeroasele inscripţii descoperite pe tot întinsul marelui imperiu, ci mai ales prin structura actualelor limbi romanice, în esenţa ei aceeaşi pentru toate.

Unitatea latinei populare s-a menţinut atâta timp cât puterea centrală a putut impune o limbă comună întregului imperiu, adică[5] până în secolul al V-lea, în imperiul roman de răsărit, unde începe atunci să prevaleze[6] limba greacă, ca limbă oficială a imperiului, iar în occident până în secolul al VII-lea.

Prin ruperea[7] contactului cu latina imperiului de apus şi prin scăderea[8] nivelului cultural în urma neîncetatelor[9] invazii ale popoarelor în migraţiune: goţi, gepizi, huni, avari, slavi, latina populară vorbită de romanitatea carpato-dunăreană a suferit un proces firesc de sărăcire,[10] ajungând să aibă un caracter predominant rustic. Cele mai numeroase cuvinte păstrate în română, din latină, se referă la viaţa şi ocupaţiile de la ţară. Tot ce denotă[11] o organizare socială mai complicată şi o cultură mai avansată nu a lăsat decât foarte slabe urme în vocabularul latin al limbii române.

Spre deosebire de limbile romanice occidentale, vocabularul românesc n-are termeni urbani moşteniţi din latină, ca *villa*, în franceză *ville*, dar a păstrat termeni rurali ca *sat* (fossatum), *sapă*[12] (sapa), *grâu* (geranum) etc., termeni de apărare şi de luptă: *armă* (arma), *arc* (arcus), *săgeată* (sagita), *scut* (scutum), *luptă* (lucta) ş.a.

Explicaţia acestei situaţii constă în decadenţa vieţii urbane, în părăsirea oraşelor ca urmare a invaziei popoarelor în migraţiune şi în retragerea populaţiei romanizate autohtone la ţară şi la munte, unde se găsea mai la adăpost de invadatori.

---

[3] pătură *social category, layer*
[4] sărac *poor*
[5] adică *that is to say*
[6] a prevala *to prevail over*
[7] a rupe *to break*
[8] a scădea *to lower, to reduce*
[9] neîncetat *ceaseless*
[10] a sărăci *to impoverish*
[11] a denota *to denote, to show*
[12] sapă *hoe*

O întrebare firească[13] se impune: care a fost soarta[14] limbii daco-geto-tracice? Care a fost aportul[15] ei la formarea limbii române?

Limba daco-geto-tracă a dispărut aşa cum a dispărut, spre exemplu, limba galilor în Franţa şi limbile iberilor în Spania. Dispariţia acestor limbi sub presiunea celei latine este foarte explicabilă. Pretutindeni[16] unde limba latină s-a încrucişat[17] cu limbile unor populaţii aflate pe o treaptă[18] de dezvoltare culturală şi economică mai înapoiată, ea a înlocuit limbile locale. Latina s-a impus ca limbă de comunicare între toţi locuitorii provinciilor imperiului roman deoarece, fiind limba uzuală a armatei, a colonilor, a administraţiei, a justiţiei şi a comerţului, ea a devenit o necesitate a vieţii sociale şi economice în relaţiile de fiecare zi.

Limba română a ajuns să aibă o individualitate proprie prin secolul al VII-lea.

Ea a păstrat ca bază a structurii ei latina populară mai fidel decât celelalte limbi romanice datorită faptului că, în urma împărţirii în două a imperiului roman, în imperiul de răsărit greaca a ajuns de timpuriu[19] limba oficială, latina clasică nemaiputând astfel influenţa vorbirea latină populară carpato-dunăreană. În imperiul de apus, latina clasică a continuat să influenţeze, în permanenţă, limba vorbită, prin administraţie, şcoală şi biserică. De aceea, limba română prezintă, pentru romanist, un interes deosebit, ea ajutându-l în numeroase cazuri să distingă ceea ce limbile romanice occidentale au moştenit[20] din latina populară de ceea ce au împrumutat mai târziu din latina clasică.

Dovada că limba română era formată în trăsăturile ei esenţiale în secolul al VII-lea, când contactul nostru cu slavii a devenit mai activ, o constituie faptul că structura ei gramaticală nu conţine decât neînsemnate elemente slave, iar cuvintele de origine slavă nu participă la legile ei fonetice cele mai caracteristice.

Astfel, transformarea lui *l* intervocalic în *r* era încheiată în momentul când au început să pătrundă în limba română cuvinte de origine slavă, deoarece această transformare cuprinde numai elementele latine: *gură* (lat. *guta*), *sare* (lat. pop. *sale*), *soare* (lat. pop. *sole*), dar *mila* (sl. *milo*), *boală, fală, poală* etc.

Dentalele *t, d, s* din elementele latine urmate de un *-i* se transformaseră în *ţ, z (dz), ş*: *ţinea* (din *tenere*), *zice* (din *dicere*), *şedea* (din *sedere*). Toate cuvintele de origine slavă păstrează deniable intacte: *răspântie, grădină*, ş.a.

Înaintea contactului cu slavii s-a produs şi închiderea spre *î* a lui *a* accentuat în poziţie nazală: *pâine* (din *panis*), *mâine* (din *mane*), *român* (din *romanus*). În cuvintele de origine slavă, *a* accentuat în poziţie nazală a rămas intact: *hrană, blană, grădiniţă* etc.

---

[13] firese *natural, certain*
[14] soartă *fate*
[15] aport *contribution*
[16] pretutindeni *everywhere*
[17] a se încrucişa *to intersect*
[18] treaptă *stage, step*
[19] timpuriu *early*
[20] a moşteni *to inherit*

Sistemul fonetic al limbii române, latin în esența lui, are unele trăsături specifice datorate evoluției ei istorice. Limba română și-a îmbogățit vocalismul cu vocalele mediale *ă* și *â* și cu un mare număr de diftongi și triftongi, iar consonantismul cu scmioclusivele *c, g, ț* și constrictivele palatale *ș* și *j* care există și în celelalte limbi romanice. O caracteristică a limbii române față de celelalte limbi romanice este dezvoltarea sistemului de alternanțe fonetice (vocalice, semi-vocalice și consonantice), larg folosite în flexiune și în formarea cuvintelor: *port-porți-poartă-purtăm; poartă-portiță; casă-căsuță; drag-dragi).*

Din limbile slave a intrat în limba română consoana laringală *h.*

Structura gramaticală a limbii române este esențial și definitoriu latină. Categoriile ei morfologice sunt cele ale latinei populare.

Limba română păstrează cele trei declinări din latina populară (I: lat. *casa* > rom. *casă;* II: lat. *lupus* > rom. *lup;* III: lat. *caniș* >rom. *câine).* Spre deosebire de toate celelalte limbi romanice, limba română este singura care a păstrat în flexiune formele latine de genitiv-dativ ale femininelor de declinarea I și a III-a (I: lat. *casae* > rom. *(unei) case;* IV: lat. *vulpis-vulpi* > rom. *(unei) vulpi.* Vocativul *mamă, vecine, doamne* se păstrează ca în latină, dar în limba română există, pentru vocativul feminin, și terminația slavă de vocativ în *-o: bunico.*

Cele trei genuri gramaticale — masculin, feminin și neutru — s-au păstrat, de asemenea, din latină. Desinențele fiecărui gen sunt cele latine. Limba română este singura dintre limbile romanice care a păstrat genul neutru.

S-au păstrat din latina populară adjectivul și comparația lui, articolul și declinarea lui, pronumele de toate categoriile cu întreaga lor flexiune.

Cele patru conjugări ale limbii române sunt cele patru conjugări ale latinei (I: lat. *laudare* > rom. *a lăuda,* II: lat. *videre* > rom. *a vedea;* III: lat. *facere* > rom. *a face,* IV: lat. *venire* > rom. *a veni).* Verbele auxiliare[21] sunt cele latine. A luat însă o mare dezvoltare diateza[22] reflexivă. În nici una din limbile romanice diateza reflexivă nu este așa de vie ca în limba română, Este probabil că dezvoltarea deosebită a acesteia în limba română se datorește influenței limbilor slave vecine unde ea este foarte frecventă.

Numeralul românesc de la unu la zece este cel latin, de la unsprezece la o sută se formează cu elemente latine, dar după modelul de numărătoare slav: *sută* e slav, *mie* e latin.

Adverbele, prepozițiile și conjuncțiile, cu mici excepții, sunt, de asemenea, latine.

Sistemul de derivație al limbii române este, în esența lui, cel latin, completat cu sufixe și prefixe slave, unele dintre acestea foarte productive, cum sunt: *-ean (bucureștean, sătean),* *-iș (frunziș, pietriș),* *-iță (cheiță, fetiță),* *râs- (răscruce, răstimp) ș.a.*

Ordinea obișnuită[23] a cuvintelor în frază este, în limba română, cea din latina populară și din celelalte limbi romanice: subiect, predicat, complement.

Proporția redusă a elementelor nelatine în structura gramaticală a limbii române, cu toate legăturile noastre îndelungate cu alte popoare, îndeosebi cu slavii, este deplin explicabilă, structura

---

[21] ajutător *auxiliary, helping*

[22] diatezâ *mood*

[23] obișnuit *normal, habitual*

gramaticală fiind partea cea mai stabilă a limbii și cea mai rezistentă ia pătrunderea elementelor noi.

Influențele exercitate asupra unei limbi, oricât de durabile ar fi, nu se reflectă în mod egal în toate compartimentele limbii. Dacă în structura gramaticală a limbii române au pătruns puține elemente nelatine, în vocabular ele sunt numeroase. Dar și vocabularul are o parte rezistentă la pătrunderea elementelor noi: fondul principal de cuvinte, care este al doilea element specific al individualității unei limbi.

Analizând fondul principal de cuvinte al limbii române, constatăm, ca și în cazul structurii gramaticale, caracterul lui predominant latin.

Cuvintele moștenite din latină denumesc aproape în exclusivitate acțiunile omenești cele mai importante: *a se naște* (lat. *nascere*), *a mânca* (lat. *mangere*), *a bea* (lat. *bibere*), *a vedea* (lat. *videre*), *a auzi* (lat. *audire*), *a întreba* (lat. *interogare*), *a răspunde* (lat. *respondere*), *a plânge* (lat. *plangere*), ș.a.; părțile corpului: *cap* (lat. *caput*), *păr* (lat. *pilum*), *ochi* (lat. *oculum*), *ureche* (lat. *auricula*), *gură* (lat. *gula*) etc.; cele mai apropiate relații de familie: *mamă* (lat. *mater*), *tată* (lat. *pater*), *fiu* (lat. *filius*), *fiică* (lat. *filia*), *frate* (lat. *frater*), ș.a.: ființele[24] cele mai cunoscute: *om* (lat. *homo*), *bărbat* (lat. *barbatus*), *femeie* (lat. *femina*), ș.a.; animalele cele mai cunoscute: *cal* (lat. *caballus*), *bou* (lat. pop. *bovus* pentru *bos, -vis*), *lup* (lat. *lupus*), *urs* (lat. *ursus*), *câine (lat. canis)*; plantele cele mai cunoscute: *grâu* (lat. *granum*), *secară* (lat. *sicale*), *orz* (lat. *hordeum*), *măr* (lat. pop. *melum*), *prun* (lat. *primus*), *fag* (lat. *fagus*), *lemn* (lat. *lignum*) etc.; alimentele de bază: *pâine* (lat. *panis*), *lapte* (lat. pop. *lacte*), *caș* (lat. *caseum*), *carne* (lat. *carnem*), *friptură* (lat. *fricture*), *sare* (lat. pop. *sale*), *apă* (lat. *aqua*), *legumă* (lat. *legumen*), *miere* (lat. pop. *mele*), ș.a.; noțiunile privind locuința și obiectele casnice[25] cele mai obișnuite: *casă* (lat. *casa*), *ușă* (lat. pop. *ostia*), *masă* (lat. *mensa*), *scaun* (lat. *scaunum*); noțiunile abstracte cele mai uzuale: *viață* (lat. pop. *vivitis*, pentru *vita*), *moarte* (lat. *mortem*), *dreptate* (lat. pop. *directatem*), *minte* (lat. *mentem*), *credință* (lat. pop. *credenta*), *dumnezeu* (lat. *domine dens*), *bun* (lat. *bonus*), *rău* (lat. *reus*), ș.a.

La capătul[26] expunerii noastre în care am înfățișat atât originea cât și structura incontestabil latină a limbii române, vom răspunde unei ultime întrebări firești: fondul latin al limbii române este el încă activ și predominant in fața prefacerilor[27] pe care toate limbile le suferă în procesul atât de dinamic al civilizației moderne?

Răspunsul la această întrebare este aproape paradoxal. Limba română nu numai că păstrează fondul ei structural latin, dar îl îmbogățește mereu.

Am arătat mai înainte că structura gramaticală și fondul principal de cuvinte al unei limbi au o stabilitate care înfruntă veacurile. Restul vocabularului care cantitativ este o parte mare a lui se reînnoiește[28] mereu, dar în cazul limbii române el se îmbogățește tot cu elemente latine dar nu cla-

---

[24] ființă *being*

[25] casnic *domestic*

[26] capăt *end*

[27] prefacere *change*

[28] a reînnoi *to renew, to revive*

sice, ci din limbile romanice, datorită afinității[29] de structură dintre limba română și limbile romanice.

După o statistică, care a avut un larg ecou și pe care am întocmit-o după *Dicționarul limbii române moderne*, apărut în 1958, compoziția vocabularului românesc, după originea lui este următoarea: cele 49.649 de cuvinte ale dicționarului se repartizează după origine astfel: moștenite din latină 20%, din slava veche și modernă 14%, din franceză 38,42%, din italiană 1,72%; împrumuturi moderne din latină 2,39%.

Dacă totalizăm cuvintele moștenite din latină, cele adoptate din limbile romanice și din latină în epoca modernă obținem un total de 62,85%, iar de alte origini neromanice un total de 26%, restul de circa 11% fiind de origine onomatopeică sau de origine necunoscută.

Dar în procesul circulației cuvintelor, adică al frecvenței lor în vorbire și în scris, cuvintele latine și romanice au o pondere[30] și mai covârșitoare.[31]

Analizând, spre exemplu, fenomenul circulației cuvintelor moștenite din latină și a celor de origine romanică în poezia lui Eminescu, am obținut procentul impresionant de 86%.

Concluzia elocventă a celor expuse este că limba română, deși s-a dezvoltat în condiții istorice vitrege,[32] nu este cu nimic mai puțin latină decât oricare din celelalte limbi romanice, ea dovedind o impunătoare vitalitate și o mare putere productivă în conservarea latinității ei.

(de Dimitrie Macrea, membru corespondent al Academiei)

24.3.1. Întrebări

1. Cum s-a format limba română și ce reprezintă ea astăzi din punct de vedere lingvistic?

2. În general se recunoaște o unitate remarcabilă a limbii române, locuitorii din orice punct al țării se înțeleg între ei. Cum se explică aceasta?

3. Care sunt factorii principali care contribuie la unificarea unei limbi?

4. Cum vă explicați diferențele dintre engleza britanică și cea americană?

5. Ce proporție din vocabularul limbii române actuale este reprezentată de cuvinte internaționale?

6. Care este raportul între cuvintele de origine romanică și cele de origine slavă în lexicul limbii române?

7. Ce influențe externe a suferit româna în evoluția ei?

8. Ce structură fundamentală, din punct de vedere istoric, are limba română?

9. Care sunt trăsăturile specifice ale sistemului fonetic al limbii române?

10. Când a început limba română să aibă o individualitate proprie?

---

[29] afinitate *affinity, bond*
[30] pondere *weight, significance*
[31] covârșitor *overwhelming*
[32] vitreg *hostile, hard*

Lesson 25
Lecţia a douăzeci şi cincea

25.1. Lectura pregătitoare 1: Examenul de bacalaureat

În România, bacalaureatul este un examen care se dă după absolvirea a doisprezece ani de şcoală: 8 clase elementare şi 4 ani de liceu. Examenul de bacalaureat este un important mijloc de verificare a nivelului de pregătire a absolvenţilor, a culturii lor generale şi de specialitate, a capacităţii lor de a sintetiza cunoştinţele dobândite în liceu.

Obiectele de studiu la care se dă bacalaureatul sunt următoarele: limba şi literatura română (scris şi oral), limba şi literatura maternă pentru elevii care au urmat studiile liceale într-o limbă a minorităţilor naţionale, matematica (scris) sau o disciplină socio-umană pentru liceele teoretic-umaniste, teologice, de artă şi sportive, istoria românilor (oral), o limbă de circulaţie internaţională studiată în licee, o disciplină la alegere (dintre fizică, chimie, biologie, geografia României); o disciplină de profil (scris), alta decât cea din probele susţinute anterior.

Examenul este foarte serios; preşedintele comisiei este un cadru didactic universitar de predare, având titlul ştiinţific de doctor.

Cei care reuşesc la examen primesc diploma de bacalaureat şi, după caz, atestat profesional, care permite accesul către învăţământul superior. Eliberarea atestatului profesional nu este condiţionată de promovarea examenului de bacalaureat.

În fine, bacalaureatul nu se poate da decât de trei ori în trei sesiuni diferite. Absolvenţilor de liceu fără bacalaureat li se eliberează, la cerere, certificat de absolvire. Facultăţile şi universităţile au latitudinea să stabilească, în temeiul autonomiei universitare, criteriile de admitere la cursurile de zi şi fără frecvenţă, să considere diferenţiat profilul liceal, nivelele de bacalaureat şi să admită fără concurs de admitere, în mod direct, posesori de diplomă de bacalaureat

PROVERB: Învaţă la tinereţe ca să ştii la bătrâneţe.

25.1.1. Vocabular

concurs, -uri (n) *competition*

a dobândi, -esc (vt) *to obtain*

pregătire, -i (f) *preparation*

a reuşi, -esc (vt) *to succeed*

in fine (adv) *finally*

fără frecvenţă *correspondence school*

mijloc, -oace (n) *means*

nivel, -uri (n) *level*

sesiune, -i (f) *(exam) session*

stare, -i (f) *state, situation*

a verifica, verific (vt) *to verify*

25.1.1. Gramatică

Alternanţe vocalice. The various vocalic alternations in Romanian may be systematized as follows:

1. Unaccented non-initial *a* becomes *ă*:

face *does*	făcea *he was doing*
înalt *high*	înălţime *height*
scade *subtracts*	a scădea *to subtract*
tare *strong*	a întări *to strengthen*

2. Accented *o* becomes *oa* when followed in the next syllable by *e* or *ă*:

om *man*	oameni *people*
nostru *our* (masc)	noastră *our* (fem)
pot *I can*	poate *he can*
valori *values*	valoare *value*

3. Accented *e* becomes *ea* when followed in the next syllable by *ă*:

citesc *I read*	să citească *that he read*
acest *this* (masc)	această *this* (fem)
sufletesc *spiritual* (masc)	sufletească *spiritual* (fem)

4. The vowel *e* becomes *ă* after a labial consonant *(p, b, m, v, f)* and when not followed by a front vowel *(i, e)* in the next syllable:

mere *apples*	măr *apple*
vede *he sees*	văd *I see*
speli *you wash*	spăl *I wash*
beţe *sticks*	băţ *stick*

5. The *e-ea* and the *e-ă* alternations are combined to explain the so-called *e-a* alternation:

fete *girls*	fată *girl*
să spele *that he wash*	spală *he washes*
mese *tables*	masă *table*
veri *summers*	vară *summer*

What happens here is that the underlying form *fet+ă* first becomes *feată (e —> ea)*, then *fată (e —> ă)*, and with the coalescence of the vowels: *fată.*

The following alternations are rarer and no longer productive in Romanian:

1. Accented *e* becomes *i* before *n:*

a prezenta *to present*	prezintă *he presents*
a veni *to come*	vin *I come*

2. Unaccented *o* becomes *u:*

rog *I pray*	a ruga *to pray*
port *I carry*	a purta *to carry*
frumos *beautiful*	frumusețe *beauty*

Note that in order to state all of the above alternations in the most general way, a basic form must be assumed for the stem of each word. These basic forms are chosen not on a grammatical basis (i.e., the infinitive for verbs, the masculine singular for adjectives, etc.) but solely on a phonological basis; that is, we can predict the resultant forms best in only one direction. It would seem superfluous to say that on the one hand *o* becomes *oa* in the feminine adjective *(frumos — frumoasă)* or the third singular present of verbs *(port — poartă)*, but that on the other hand *oa* becomes *o* in the plural of feminine nouns *(valoare — valori)*. We prefer to say that *valor+e* yields *valoare* and *port + ă* yields *poartă* and not refer at all to the grammatical category to which these forms belong.

Pronume de întărire. The emphatic pronoun has the following forms:

masc/fem (sing)	*masc/fem (pl)*
(eu) însumi/ însămi	(noi) înșine/însene
(tu) însuți/însăți	(voi) înșivă/însevă
(el/ea) însuși/însăși	(ei/ele) înșiși/însele

These correspond to the so-called reflexive pronouns used emphatically in English:

Eu însumi sunt de vină.	I, myself, am to blame.
Femeia însăşi vrea egalitatea completă cu bărbatul.	Woman, herself, wants complete equality with man.

In modern colloquial speech there is a tendency to avoid this rather complicated pronoun. The adjective *singur* 'alone' is often used as an.approximation, making the two sentences below almost synonymous:

Eu singură am câştigat-o.	I, alone, won it.
Eu însămi am câştigat-o.	I, myself, won it.

Cât mai. *Cât mai* as in *o viaţă cât mai bună* 'a life as good as possible' or *un om cât mai înalt* 'a man as tall as possible' is an adverbial expression, thus here cât does not evidence gender agreement. *Atât... cât* also is adverbial:

Am mâncat atât cartofi cât şi carne.	I ate potatoes as well as meat.

25.1.3. Exerciţii

1. Puneţi în locul linioarei forma corectă a verbului 'a da':

Băiatul lor _____ examenul ieri la Bucureşti.

De ce nu vrei să-mi _____ ceva de mâncare?

În timp ce ne _____ ţuica, au intrat copiii înăuntru.

Te-am rugat să-mi _____ stiloul.

I-a promis că-i _____ dicţionarul.

Vă rog să-mi _____ ceva de citit.

Te rog _____ haina.

Au venit în oraş pentru _____ examenul.

2. Răspundeţi la întrebări:

Câte clase are şcoala elementară în Statele Unite?

Ce condiţii se cer pentru a urma o şcoală tehnică de specialitate?

Câte secţii are şcoala medie (liceul) în S.U.A.?

Câţi ani durează universitatea?

Câte diplome poate conferi universitatea?

25.2. Lectura pregătitoare 2: Amintiri

Pentru mine, bacalaureatul a fost un examen amical. Nu pentru că ar fi fost vreo amiciţie între familia mea şi profesorii din comisie, sau a fost vreo cucoană graţioasă care să alerge pentru mine. De copil am fost educat să birui singur toate greutăţile, ştiind că nici cerul nu te ajută dacă nu înveţi. De când eram în şcoală, m-am gândit să îmbrăţişez cariera de profesor, deşi tatăl meu era avocat şi nu era prea nerăbdător să mă vadă la catedră.

Îmi aduc aminte şi acum. Am luat o trăsură (birjă), fiindcă liceul la care dădeam examenul era departe. Birjarul mâna repede, fiind dispus la culme, întrucât băuse ceva ţuică.

— Să treci examenul strălucit, tinere! Îmi ură el la coborâre. Te văd cam emoţionat.

În fine, am apucat să intru printre primii. M-am aşezat pe locul rezervat numelui meu; era în fund. Cu un aer de bravură am tras biletul de examen; am văzut că aveam întrebări grele. Dar nu m-am prăpădit de necaz. Stăteam înţepenit pe scaun, când preşedintele mă strigă să trec în faţa comisiei. Eram puţin aiurit. Vroiam să obţin numai note de 10, ca să nu mai dau examen de admitere la facultate şi aveam întrebări atât de grele... Dar, deşi sumar, am fost în stare să răspund foarte bine.

Când am ajuns acasă, era masa de seară. Eu eram prâslea. Ca acum îmi aduc aminte că tata şi mama m-au sărutat şi mi-au urat noroc. Ceea ce învăţasem în cursul liceal a fost util.

Dar vai! E atât de mult de atunci...

PROVERB: Lucrul bine început e pe jumătate făcut.

25.2.1. Vocabular

amical (adj) *friendly*

amiciţie, -i (f) *friendship*

a apuca (vt) *to grasp*

avocat, -i (m) *lawyer*

aiurit (adj) *muddle-headed*

birjar, -i (m) *cab driver*

birjă, -e (f) *carriage*

a birui, birui (vt) *to vanquish, conquer*

bravură (f) *bravery*

a îmbrăţişa, -ez (vt) *to embrace*

a înţepeni (vi) *to stiffen*

a mâna (vt) *to drive, egg on*

nerăbdător (adj) *impatient*

a obţine, -ut (vt) *to obtain*

a prăpădi, -esc (vt) *to destroy, kill*

prâslea (m) *youngest child*

prânz, -uri (n) *dinner*

a săruta (vt) *to kiss*

cer, -uri (n) *heaven, sky*

cucoană, -e (f) *lady*

culme, -i (f) *top ridge;* (adj) *extreme*

dispus (adj) *ready (to), inclined*

fund, -uri (n) *bottom, back*

grațios (adj) *graceful, gracious*

strălucit (adj) *shining*

sumar (adj) *summary*

trăsură, -i (f) *carriage, coach*

a ura, -ez (vt) *to wish*

util (adj) *useful*

vai! (interj) *Woe! Alas!*

25.2.2. Gramatică

Neologismele. As you are, no doubt, already aware, there is a huge fund of words common to English and Romanian. Aside from the fact that both are Indo-European, they also share a more modern source of words, the Latin language. Virtually all of modern technological vocabulary in English comes ultimately from Greek and Latin, with Latin perhaps predominating. Because of this common source we find it unnecessary to translate such Romanian words as: *autentic, a duce, orizont, armonios, limite, prompt, specific.* These and most other neologisms that do not differ greatly in their basic meaning between languages, are not included in the vocabularies. Only those that either differ in meaning (e.g. *eventual* 'possible, eventual') or reflect special grammatical problems (e.g. *radio*— pl. *radiouri)* are noted.

Part of the significance in recognizing neologisms has to do with the discussion of alternations. Generally it is among neologisms and borrowings that exceptions to these alternations are found. Thus one will note the following contrasts to the preceding alternation rules:

evocă *he evokes*   sectă *sect*

modă *fashion*   perlă *pearl*

operă *opera*   pastoral *pastoral*

vermut *vermouth*   partid *party*

One might expect* *evoacă, moadă, opară, seactă, partid*[1], etc. The fact that a word is neologistic does not necessarily mean it will be an exception, however, some have been fully assimilated to Romanian. Note the following:

coloană *column*   provoacă *he provokes*

In each case we know these words to be neologistic since neither participates in the alternation of unaccented *o* with *u*, yet the process of assimilation has begun.

Articolul posesiv. The possessive (genitive) article *(al, a, ai, ale)* reflects the number and gender of the noun that is possessed; the possessor is, of course, in the oblique case. For example:

---

[1] *wrong forms

un prieten al studentului	a friend of the student
o carte a prietenului	a friend's book
prieteni ai studentului	(some) friends of the student
cărți ale prietenului	(some) friend's books

The possessive article is suppressed (except in ordinal numerals, e.g. *anul al doilea*) whenever it would immediately follow the definite article on the item possessed, e.g.

prietenul studentului	the friend of the student
cărțile prietenului	the friend's books

Note, however, that it is only the proximity of the two articles that causes the loss of the possessive; when there is any intervening word, the possessive article remains:

prietenul bun al studentului	the good friend of the student
cărțile interesante ale prietenului	the friend's interesting books

The possessives follow exactly the same pattern as above, except that the placement of adjectives may differ:

un prieten al meu	prietenul meu	prietenul meu bun
o carte a mea	cartea mea	cartea mea frumoasă

25.2.3. Exerciții

1. Scrieți din nou textul, trecând verbele, unde este posibil, la timpul prezent.

2. Scrieți o compunere despre un examen pe care l-ați dat în trecut. (Ce fel de examen? Cum v-ați pregătit? Dacă ați fost emoționați? Ce notă ați luat? etc.)

3. Indicați neologismele care corespund în limba română cuvintelor englezești enumerate mai jos. Căutați-le în dicționar numai după ce ghiciți forma românească:

> action, reputation, variation, revolution, injection
>
> placidity, variability, ability, necessity
>
> to indicate, to irradiate, to induce, to reduce, to produce, to reserve
>
> to confirm, to refuse, to conform, to negate, to industrialize
>
> melodic, ecstatic, erratic, gracious, vigorous, virtuous.

25.3. Text: Bacalaureat

Când ies de dimineaţă din casă, o trăsură din mare trap[2] intră pe strada mea; în trăsură, madam Calio-pi Georgescu, o bună prietenă. O salut respectuos. Cum mă vede, opreşte trăsura, înfigând[3] cu putere vârful umbreluţei[4] în spinarea birjarului.

— Sărut mâna, madam Georgescu, zic eu, apropiindu-mă.

— La dumneta[5] veneam! răspunde cucoana emoţionată.

— La mine?

— Da... Te rog să nu mă laşi!

— ?!

— Să nu mă laşi! Trebuie să-mi faci un mare serviciu amical... La nevoie se arată amiciţia: să vedem cât ne eşti de prietin![6]

— Cu cea mai mare plăcere, madam Georgescu, dacă pot...

— Poţi!... să nu zici că nu poţi!... ştiu că poţi!... Trebuie să poţi!

— În sfârşit, ce e? de ce e vorba?

— Dumneta cunoşti pe... Ştiu că-l cunoşti!

— Pe cine?

— Ţi-este prietin... Ştiu că ţi-e prietin! să nu zici că nu ţi-e prietin!...

— Cine?

— Popescu, profesorul de filosofie.

— Suntem cunoscuţi, ce e drept; dar chiar aşa buni prietini, nu pot să zic.

— Las' că ştiu eu...

— Ei?

— Ei! Trebuie numaidecât să te sui în birje[7] cu mine, să mergem la el, să-i vorbeşti pentru Ovidiu.

Cititorul trebuie să ştie că madam Caliopi Georgescu are trei copii — Virgiliu, Horaţiu şi Ovidiu Georgescu. Virgiliu este în anul al treilea la Facultatea de Drept; Horaţiu în al doilea, şi Ovidiu vrea să intre în anul întâi, la aceeaşi facultate. Ovidiu trece acuma examenul sumar de şapte clase liceale, şi, cu toată bravura lui, pe cât spune cucoana Caliopi, după ce a biruit toate obiectele, s-a-nţepenit la morală.

—Închipuieşte-ţi, zice mama emoţionată. Să-l persecute pe băiat! Să-i zdrobească băiatu-lui cariera!... Cum este el simţitor, e în stare să se prăpădească... Ştii ce mi-a zis? „Mămiţo,[8] dacă

---

[2] trap *trot*
[3] a înfige *to thrust, poke*
[4] umbreluţă = umbrelă mică
[5] dumneta = dumneata
[6] prietin = prieten
[7] birje = birjă
[8] mămiţă = mămiţică = mamă

pierz[9] un an, mă omor!"[10] ...E în stare, cum e el ambițios... Închipuiește-ți, să-i dea nota 3, și lui îi trebuie 6... Și la ce? tocmai la morală... Acu, dumneata îl cunoști pe Ovidiu de când era mic... Știi ce creștere i-am dat!

— Ei! bravo!

— Auzi, tocmai la morală... Suie-te, (te) rog.

Și zicând acestea, cucoana îmi face loc lângă dumneaei în trăsură.

— N-ar fi fost mai bine, madam Georgescu — zic eu — să fi mers d-1 Georgescu în persoană la profesor?... Știți... d-1 Georgescu, om cu greutate... ca tată, altfel... Eu... deh,... străin...

— Aș! ți-ai găsit! Georgescu! nu-1 știi pe Georgescu ce indiferent e cu copiii? Dacă ar fi fost după Georgescu. nici Virgiliu, nici Horațiu n-ar fi fost în facultate... Despre partea lui Georgescu, rămâneau băieții fără hacaloriat[11] ...Suie-te, te rog!

— Dar nu e nevoie de trăsură, madam Georgescu; mă duc pe jos.

— Vai de mine! Dacă avem trăsură... Suie-te, te rog...

A trebuit să mă sui, și am plecat.

— Unde mergem? — întreb eu pe cucoana Caliopi.

— La profesorul...

— Nu știu unde șade...

— Știu eu... ce-ți pasă! La dreapta, birjar.

Și cucoana lovește tare cu umbreluța peste brațul[12] drept al birjarului.

— Mână mai iute![13]

Lovește la stânga, lovește la dreapta, apoi iar la dreapta, apoi la stânga; în fine, înfige iar vârful în spinarea[14] birjarului, care oprește.

— Uite — zice madam Georgescu — căsuțele ale galbene de lângă băcănie;[15] intri în curte, casele din fund, la dreapta... Acolo șade... Eu te aștept aici.

Mă dau jos din birjă și pornesc, ridicând rugi[16] călduroase la cer, să dea Dumnezeu să nu fie acasă d-1 profesor de filosofie. Intru, ajung la locuința lui, bat. Cerul n-a voit s-asculte rugile mele; d-1 profesor este acasă... Cum să încep? Să-l iau pe departe... zic:

---

[9] pierz = pierd
[10] a omori *to kill*
[11] bacaloriat = bacalaureat
[12] braț *arm*
[13] iute *quickly, wildly*
[14] spinare *back*
[15] băcănie *grocery store*
[16] rugă *prayer*

— Frate Popescule, ciudate sunt[17] și programele și regulamentele școalelor noastre: prea se dă o egală importanță tuturor obiectelor de studiu, și asta este dăunător[18] mersului, adică, vreu să zic, progresului; căci, în difinitiv, ce vreu[19] să facă școala din tinerile generațiuni,[20] cari vin și caută, mă-nțelegi, o cultură sistematică, pentru a deveni cetățeni utili, fiecare în ramura[21] sa de activitate socială?

Profesorul se uită la mine aiurit, fără să înțeleagă. Eu urmez...

— Bunioară[22], am văzut absurdități în școalele noastre; am văzut copii cu excelente aptitudini la studii, condamnați a sta un an repetenți, fiindcă n-au avut notă suficientă la muzică sau la gimnastică!... Înțelegi bine că un an de întârziere, pentru inaptitudine la muzică sau la gimnastică!... Dar asta, trebuie să convii și dumneata, e tot așa de absurd ca și când ai împiedica pe un tânăr dispus să învețe Dreptul, să piarză[23] un an, fiindcă nu e tare la morală... Ce are a face morala cu cariera de avocat, pe care vrea tânărul să o îmbrățișeze?... Ba nu, spune d-ta!

Profesorul holbează[24] ochii la mine și mai aiurit... Văzându-l așa, îmi zic: "nu merge! nu merge cu sistema mea pe departe! Trebuie apucat boul de coarne!"[25]

— Uite, frate Popescule, să lăsăm chestiile[26] de principiu. Știi de ce am venit la d-ta?

— Ba!

— Am venit să te rog să dai lui Ovidiu Georgescu — pe care l-ai examinat ieri la morală și i-ai dat nota 3 — să-i dai nota 6...

— !

— Să nu zici că nu poți!... știu că poți! trebuie să poți!

— Atunci trebuie să le dau la toți!...

— Să le dai la toți!

— Bine, dar...

— Să nu zici că nu poți!... știu că poți! trebuie să poți!... Să le dai la toți! Sunt toți copii de familie bună!

Profesorul — e și el om de familie bună — zice:

— Bine! dacă sunt de familie bună, vom căuta să le dăm la toți nota 6.

— Îmi promiți?

---

[17] ciudat *wondrous, strange*
[18] dăunător *noxious*
[19] vreu = *vreau*
[20] generațiuni = generații
[21] ramură *branch*
[22] bunioară = bunăoară *for instance*
[23] piarză = piardă
[24] a holba *to stare at*
[25] 'You have to take the bull by the horns'
[26] chestie = chestiune

— Pe onoarea mea de profesor!

Am plecat încântat. Madam' Georgescu mă aștepta foarte nerăbdătoare:

— Ei?

— Ei, le dă la toți.

— Cum, la toți?

— Firește... fiindcă toți sunt de familie bună.

— Cum, de familie bună?

— Ca Ovidiu.

— Nu-nțeleg.

— Le dă — zic eu — notă bună la toți băieții.

— Și lui Ovidiu?

— Mai ales... Le dă nota 6 la morală, pentru că toți sunt de familie bună.

După-amiazi, primesc de la madam Georgescu o scrisorică[27] prin care mă anunță că Ovidiu a obținut nota dorită și mă roagă să iau prânzul deseară la dumnealor. Se-nțelege că n-am lipsit a profita de grațioasa invitațiune.[28]

A fost o masă splendidă. S-a băut șampanie în sănătatea lui Ovidiu Georgescu, urându-i-se o strălucită carieră. Cucoana Caliopi, în culmea fericirii, a sărutat cu toată căldura pe iubitul ei prâslea, cu examenul căruia s-au încheiat deocamdată[29] palpitațiile ei de mamă.

Uf! mi-a zis norocita[30] matroană română, oferindu-mi un pahar de șampanie; am scăpat! Am dat și bacaloriatul ăsta.

(de I.L. Caragiale)

25.3.1. Întrebări

1. Cum se obține diploma de absolvire a liceului în Statele Unite?
2. Este obligatoriu examenul de absolvire a 12 ani de școală?
3. Care sunt condițiile în care sunt admiși studenții în universitățile americane?
4. Credeți că familia poate influența nota profesorului?
5. În schița *Bacalaureat* se spune că profesorul de atunci a acceptat să le dea nota 6 la elevi, fiindcă toți erau de 'familie bună'. Credeți că e posibil ca unui profesor să i se impună asemenea procedee?

---

[27] scrisorică = scrisoare mică
[28] invitațiune = invitație
[29] deocamdată *meanwhile*
[30] a noroci *to wake happy*

6. Pe vremea când I.L. Caragiale a scris *Bacalaureat* (sfârşitul secolului al XlX-lea) în România trăsura era unul din principalele mijloace de transport. În S.U.A., astăzi, se mai întrebuinţează trăsuri?

7. Credeţi că e bine ca un elev să nu poată absolvi liceul din cauza unei materii 'secundare': muzică, educaţie fizică, desen?

8. Care e părerea dvs.? La intrarea în Universitate e bine să se dea un examen de admitere sau nu?

9. Ce părere aveţi, în şcoală şi în universitate e bine să se facă politică?

10. Care este forul cel mai potrivit pentru discutarea ideilor politice?

11. Socotiţi că e bine pentru educaţia unui copil ca părinţii să intervină pentru el la şcoală?

12. Morala poate fi ceva dogmatic de învăţat, sau ea diferă de la societate la societate şi chiar în cadrul aceleiaşi societăţi?

13. La ce obiecte se dă examen de absolvire a liceului în S.U.A.?

14. Ce credeţi despre părerea că examenele trebuie desfiinţate?

Lesson 26
Lecţia a douăzeci şi şasea

26.1. Lectura pregătitoare: Ion Creangă (1837-1889)

S-a spus despre Ion Creangă, marele scriitor moldovean, că este un dramaturg deghizat în prozator. Ceea ce e adevărat, opera lui fiind un monolog plin de culoare, iar limba lui e aceea a eroilor săi. Creangă e unul dintre acei mari scriitori europeni care au ştiut să descopere înţelepciunea străveche a poporului şi să-i dea înţelesuri noi.

Iată o pagină a biografiei sale, povestită de el însuşi: „Sunt născut la 1 martie 1837 în satul Humuleşti, judeţul Neamţului... din părinţi români... Întâi şi întâi am început a învăţa după moda veche, la şcoala din Humuleşti, o chilie făcută cu cheltuiala sătenilor prin îndemnul părintelui Ion Humulescu, care avea o mână de învăţătură, un car de minte şi multă, multă bunătate de inimă, Dumnezeu să-l ierte !"

Mai târziu, Creangă a părăsit satul natal, cu belşugul lui de fructe, cu dealurile înalte şi, studiind teologia, a ajuns diacon la Mănăstirea Golia din Iaşi. Dar mai-marii lui au hotărât să-l răspopească, pentru că aflaseră cu mirare şi cu mânie că tânărul diacon... mergea la teatru! Creangă a devenit învăţător; amintirile celor care l-au cunoscut povestesc despre dragostea cu care îl înconjurau elevii lui în ultimii ani ai vieţii sale când, sărman şi bolnav, trăia singuratic într-o căsuţă din cartierul Ţicău. Talentul său de scriitor a fost încurajat de marele său prieten, Eminescu, şi de criticul Titu Maiorescu. A murit la 31 decembrie 1889, la câteva luni după Eminescu.

Opera lui Creangă nu este, aşa cum pe nedrept s-a socotit adesea, o simplă prelucrare a folclorului. „Plăcerea stârnită de audiţia scrierilor lui Creangă — afirma George Călinescu e de rafinament erudit şi nicidecum de ordin folcloristic, şi comparaţia cu Rabelais, Sterne şi Anatole France, oricât ar părea de paradoxală, apare legitimă". Călinescu lumina, astfel, un aspect fundamental al operei povestitorului.

Poveştile sale înfăţişează o lume fantastică, înţeleasă din unghiul realităţii. Împăraţii şi împărătesele, pădurile fermecate (de pildă, un cuc cu aripi de aur) vorbesc şi se poartă asemenea celor mai săraci săteni, în haine zdrenţuite, încinşi cu funie în locul curelei.

Opera lui e aceea a unui om înzestrat cu simţul umorului, care priveşte cu bunăvoinţă şi cu milă purtarea semenilor săi. Chiar şi diavolii veniţi din întunericul iadului nu înfioară pe nimeni, pentru că ei se transformă, ca prin minune, în fiinţe foarte de treabă şi cam naive. Un singur păcat nu poate ierta Creangă: lenevia. Trântorii sunt priviţi cu un ochi nemilostiv şi scriitorul îi osândeşte în numele unei morale a omului activ, creator. Din acest punct de vedere, Creangă a rămas un sătean care crede că norocul e de partea celui harnic, iar trândavul nu scapă de pedeapsă.

Aşa cum ar fi spus el în poveştile care ne luminau copilăria, „Şi-am încălecat pe-o şa şi v-am spus povestea mea."

26.1.1. Vocabular

belşug (n) *abundance*

binefacere, -i (f) *good deed*

bunătate, -i (f) *goodness*

bunăvoinţă, -e (f) *goodwill*

chilie, -i (f) *(monk's) cell*

câine, -i (m) *dog*

cuc, -i (m) *cuckoo*

curea, -le (f) *strap, belt*

a (se) deghiza, -ez (vt) *to disguise*

fiinţă, -e (f) *being*

frânghie, -e (f) *rope*

funie, -i (f) *rope*

iad, -uri (n) *hell*

împărat, -i (m) *emperor*

a încăleca (vt) *to moun, subdue*

a încinge, -s (vt) *to grid*

îndemn (n) *advice, encouragement*

a înfiora (vt) *to thrill*

întuneric (adj) *dark*

a înzestra, -ez (vt) *to inspire*

leneş, -i (m) *lazy one*

a lumina, luminez (vt) *to light*

milă, -e (f) *mercy, pity*

milostiv (adj) *merciful*

minune, -i (f) *miracle*

mirare, -i (f) *wonder*

mânie, -i (f) *anger*

noroc, -e (n) *good luck*

a osândi, -esc (vt) *to condemn*

pildă, -e (f) *example*

sat, -e (n) *village*

sărman, -i (m) *poor man*

sătean, -i (m) *villager*

a scăpa (vt) *to escape*

singuratic (adj) *alone, lonely*

a stârni, -esc (vt) *to stir up, disturb*

străveche (adj) *ancient*

şa, şei (f) *saddle*

trândav (adj) *slothful*

trântor, -i (m) *drone, sluggard*

unghi, -uri (n) *angle*

a zdrenţui, -esc (vr) *to wear out, tear*

26.1.2. Exerciţii

1. Treceţi următoarele propoziţii la forma activă:

Şcoala din Humuleşti a fost construită de săteni.

Creangă a fost scos din preoţie pentru ideile lui liberale.

În basmele lui, trândavii şi trântorii erau totdeauna condamnaţi.

Poveştile lui Creangă erau scrise în limba poporului.

Imaginaţia noastră de copii era luminată de povestirile lui Creangă.

În poveştile lui Creangă se dezvoltă sentimentele de milă pentru cei sărmani.

Cel bun e ajutat de noroc.

2. Treceţi substantivele de genul masculin la genul feminin:

Muncitorii au terminat lucrul.

Elevii au luat vacanţă.

Românul e răbdător din fire.

Băieţilor de şcoală le place să se joace.

Munteanul urcă muntele repede.

Am văzut un grup de americani veseli.

Orice artist trebuie să fie talentat.

Pictorii căutaţi sunt cei cu imaginaţie bogată.

Profesorii au o cultură bogată.

Ţăranul i-a dat englezului să mănânce mămăliguţă cu brânză.

26.2. Text: Povestea unui om leneş

Cică[1] era odată într-un sat un om grozav[2] de leneş; de leneş ce era, nici îmbucătura[3] din gură nu şi-o mesteca.[4] Şi satul, văzând că acest om nu se dă la muncă nici în ruptul capului, hotărî să-l spânzure[5] pentru a nu mai da pildă de lenevire (= lenevie) şi altora. Şi aşa se aleg vreo doi oameni

---

[1] cică *it is said that*

[2] grozav *frightful; extremely*

[3] îmbucătură *bite*

[4] a mesteca *to chew*

[5] a spânzura *to hang*

din sat și se duc la casa leneșului, îl umflă[6] pe sus, îl pun într-un car cu boi, ca pe un butuc[7] nesimțitor,[8] și hai cu dânsul la locul de spânzurătoare.[9] Așa era pe vremea aceea. Pe drum se întâlnesc ei cu o trăsură, în care era o cucoană. Cucoana, văzând în carul cel cu boi un om, care sămăna (= semăna) a fi bolnav, întreabă cu milă pe cei doi țărani, zicând:

— Oameni buni! se vede că omul cel din car e bolnav, sărmanul, și-l duceți la vro doftoroaie (= doctoriță) undeva, să se caute.[10]

— Ba nu, cucoană, răspunse unul dintre țărani; să ierte cinstita dumnevoastră față, dar aista (= acesta) e un leneș care nu credem, să fi mai având păreche (= pereche) în lume; și-l ducem la spânzurătoare, ca să curățim satul de-un trândav.

— Alei![11] oameni buni, zise cucoana, înfiorându-se; păcat, sărmanul, să moară ca un câne (= câine) fără de lege! Mai bine, duceți-1 la moșie[12] la mine; iacără (= iată) curtea, pe costișa[13] ceea. Eu am acolo un hambar plin cu posmagi;[14] ia așa pentru împrejurări grele, Doamne ferește! A mânca la posmagi, și a trăi și el pe lângă casa mea; că doar știu că nu m-a mai pierde Dumnezeu pentr-o bucățică (= bucată mică) de pâne. Dă, suntem datori[15] a ne ajuta unii pe alții.

— I-auzi, măi leneșule, ce spune cucoana: că te-a pune la coteț,[16] într-un hambar cu posmagi, zise unul dintre săteni. Iacă (= iată) peste ce noroc ai dat, bată-te întunerecul să te bată, uriciunca[17] oamenilor! Sai[18] degrabă[19] din car și mulțămește (= mulțumește) cucoanei că te-a scăpat de la moarte, și-ai dat peste belșug, luându-te sub aripa dumisale. Noi gândeam să-ți dăm sopon[20] și frânghie. Iar cucoana, cu bunătatea dumisale, îți dă adăpost și posmagi; să tot trăiești, să nu mai mori! Să-și puie (= pună) cineva obrazul pentru unul ca tine și să te hrănească[21] ca pe un trântor, mare minune-i și asta! Dar tot de noroc să se plângă cineva. Bine-a mai zis, cine-a zis că boii ară[22] și caii mănâncă. Hai, dă răspuns cucoanei, ori așa, ori așa, că n-are vreme de stat la vorbă cu noi.

---

[6] a umfla *to take*

[7] butuc *log*

[8] nesimțitor *insensitive, insensible*

[9] spânzurătoare *gallows*

[10] a se căuta = a se îngriji *to get care*

[11] alei! = alele *oh!*

[12] moșie *estate, large farm*

[13] costișă *slope*

[14] posmag *stale bread, dry bread*

[15] dator *owing, in debt*

[16] coteț *hen house*

[17] uriciune = urâciune *hatred*

[18] sai = sări *jump* (imperative)

[19] degrabă *quikly*

[20] sopon = săpun *soap*

[21] a hrăni *to nourish, feed*

[22] a ara *to plow, to till*

— Dar muieţi-s[23] posmagii, zise atunci leneşul cu jumătate de gură,[24] fără să se cârnească[25] din loc.

— Ce-a zis? întrebă cucoana pe săteni.

— Ce să zică, milostivă cucoană, răspunde unul. Ia, întreabă că muieţi-s posmagii?

— Vai de mine şi de mine, zise cucoana cu mirare; încă asta n-am auzit! Da el nu poate să şi-i moaie?

— Auzi, măi leneşule: te prinzi[26] să moi[27] posinagii singur, ori ba?

— Ba, răspunse leneşul. Trageţi mai bine tot înainte! ce mai atâta grijă, pentru astă pustie[28] de gură!

Atunci unul dintre săteni zise cucoanei:

— Bunătatea dumnevoastră, milostivă cucoană, dar degeaba[29] mai voiţi a strica[30] orzul pe gâşte. Vedeţi bine că nu-i ducem noi la spânzurătoare numai aşa de flori de cuc,[31] să-i luăm năravul.[32] Cum chitiţi?[33] Un sat întreg n-ar fi pus oare mână de la mână, ca să poată face dintr-însul ceva? Dar ai pe cine ajuta? Doar lenea-i împărăteasă mare, ce-ţi baţi capul![34]

Cucoana atunci, cu toată bunăvoinţa ce ave (= avea), se lehămeţeşte[35] şi de binefacere şi de tot, zicând:

— Oameni buni, faceţi dar cum v-a lumina Dumnezeu!

Iar sătenii duc pe leneş la locul cuvenit, şi-i fac felul.[36] Şi iaca aşa au scăpat şi leneşul acela de săteni şi sătenii aceia de dânsul.

Mai poftească de-acum şi alţi leneşi în satul acela, dacă le dă mâna şi-i ţine cureaua.[37]

Ş-am încălecat pe-o şa, şi v-am spus povestea aşa.

(de Ion Creangă, 1837-1889)

---

[23] muieţi-s = muieţi sunt *are soft*

[24] gură *mouth*

[25] a se cărni *to move*

[26] a se prinde *to take on oneself*

[27] moi = a muia *to soften*

[28] pustiu *desert, wilds*

[29] degeaba *vainly, uselessly*

[30] a strica *to damage, to hurt*

[31] aşa de flori de cue = a duce numai aşa fără *rost to carry on like that without a goal*

[32] nărav *bad habit*

[33] a se chiti *to judge*

[34] a-şi bate capul *to worry*

[35] a se lehămeţi *to be sick of something, to disgust*

[36] a-i face felul *to do him in (kill him)*

[37] şi-i ţine cureaua *to keep a stiff upper lip*

PROVERB: Lenea e la om ca și rugina[38] la fier.[39]

26.2.1. Întrebări

1. Care este învățătura ce se desprinde din *Povestea unui om leneș*?

2. Ați întâlnit vreodată un om cu adevărat leneș? Puteți spune ceva despre el?

3. Credeți că lenevia e un obicei care poate fi înlăturat?

4. Care sunt condițiile care favorizează lenevia?

5. Puteți da vreun exemplu de animal leneș, în afara omului și a trântorului albinelor?

6. Credeți că lenevia e o chestiune personală a omului respectiv sau interesează și societatea în mijlocul căreia acesta trăiește?

7. Ați întâlnit vreodată un om leneș? De ce l-ați considerat leneș?

8. Credeți că 'invitația' făcută leneșului de a sta în hambar și a mânca posmagi e un lucru bun?

9. Are colectivitatea dreptul să suprime un 'leneș incurabil'?

10. Cum credeți că trebuie dezobișnuiți de lenevie copiii de școală?

11. Ce părere aveți despre stilul literar al lui Creangă și cum vă plac expresiile lui moldovenești?

12. Cu ce scriitor american l-ați putea compara pe Ion Creangă? De ce?

13. Credeți că există un element comun tuturor celor ce scriu povești pentru copii? Care este acest element?

---

[38] rugină *rust*
[39] fier *iron*

Lesson 27
Lecţia a douăzeci şi şaptea

27.1. Lectura pregătitoare 1: Vreţi un sfat?

Nu vreau să vă sfătuiesc să renunţaţi la bărbier. Eu însă întotdeauna m-am cam ferit de el. Vă rog să-mi daţi voie să vă spun de ce. Nu că mi-ar place să merg cu părul mare, dar parcă ceva nevăzut îmi vine în minte.

Meseria de bărbier e bună şi necesară. Dar când începe să-ţi vâre degetele în păr sau îţi pune palma pe cap, nu e deloc plăcut. Sunt unii care fac şi masaj electric. Se joacă pe falca ta uneori cu o lampă, alteori cu ceva ca o maşină de călcat. Dar mai sunt o grămadă de lucruri din recuzita bărbierului care nu-mi plac. Unii îţi dau pe păr cu un fel de untură şi asta fără să te întrebe nimic. Aceasta nu numai că se şterge greu, dar mai şi murdăreşte, că îţi vine de multe ori să-i dai un pumn ca să te răzbuni. Nu mai stărui în demonstraţia mea. Am vrut doar să vă dau de ştire unele lucruri neplăcute la bărbier. E lesne să vedeţi că sunt adevărate.

Dar faptul că unii tineri şi-au lăsat mustăţi, barbă şi plete, nu înseamnă că nu le place bărbieritul? Dacă sunt alte cauze mai interesante vă rog să le scrieţi şi dv. Dar până atunci cred că o să-mi crească şi mie o barbă de mitropolit.

PROVERB: Să nti-ţi bagi nasul unde nu-ţi fierbe oala.

27.2.1. Vocabular

a băga (vt) *to insert, place*	a murdări, -esc (vt) *to dirty, soil*
bărbier, -i (f) *barber*	nevăzut (adj) *unseen*
deget, -e (n) *finger*	oală, -e (f) *pot*
deloc (adv) *ar all*	palmă, -e (f) *palm*
falcă, fălci (f) *jaw*	păr, -i (m) *hair*
a feri, -esc (vt) *to protect*	pumn, -i (m) *fist*
a fierbe, fierb (vt) *to boil*	a răzbuna, răzbun (vt) *to revenge, take revenge*
grămadă, grămezi (f) *mass, heap, crowd*	recuzită, -e (f) *stage property*

joacă, -uri (f) *child's play, fun*	a sfătui, -esc (vt) *to advise, counsel*
jucărie, -i (f) *toy*	a stărui, stărui (vi) *to insist, persist*
lampă, -i (f) *lamp*	a șterge, șterg (vt) *to wipe, crase*
lesne (adv) *easily*	știre, -i (f) *piece of news, knowledge*
mașină de calcat *iron*	untură (f) *fat, grease*
meserie, -i (f) *trade, occupation*	a vârî, vâr (vt) *to put in, insert*
minte, minți (f) *mind, brain*	voie, voi (f) *permission, wish*

27.1.2. Exerciții

1. Completați spațiile goale cu una dintre expresiile negative: *nimic, nimeni, nicăieri, niciodată, nici-cum, nici o, nici un:*

N-am văzut așa ceva _____ în viața mea.

Nu vă duceți _____ fără mine.

_____ n-a fost acasă când am trecut pe acolo.

Bărbierul nu mi-a tăiat _____ din păr, m-a spălat pe cap numai.

_____ nu se pierde, _____ nu se câștigă, totul se transformă.

La drum să nu pornești _____ cu un prost.

Dacă stărui după noroc nu-1 găsești _____ .

_____ meserie nu e bună atunci când n-o cunoști.

Nu da _____ o palmă ca să nu primești un pumn.

N-am văzut _____ orășean la țară.

2. Formați propozițiile sinonime cu cele de mai jos utilizând ca model:
Bărbierul este un lucrător atent. *Bărbierul lucrează (in mod) atent.*

Românul este un muncitor stăruitor.

Mulți români sunt minunați jucători de fotbal.

I.L. Caragiale era un scriitor atent.

Boxerii noștri sunt luptători buni.

Înțelepții sunt buni sfătuitori.

Un scriitor poate fi și un traducător bun.

27.2. Lectura pregătitoare 2: Lumea copiilor

Copiii astăzi posedă o deosebită precocitate. Dă-i unuia un bloc de desen şi vei vedea. Dă-i nişte cartoane să se joace şi vei vedea ce este în stare să creeze. Cu mare uşurinţă desenează un măgar, un iepuraş sau o raţă cu ciocul deschis, sau din cartoane creează personaje şi obiecte diferite. O face pe măicuţa lui din profil, sau face o trompetă, o rachetă, o tobă, o minge sau orice jucărie pe care a văzut-o sau care îi trece prin minte. Aceasta îi dă nu numai voie bună, dar îi dezvoltă şi imaginaţia. Jocurile cu cuburile nu mai sunt o atracţie pentru copii. Teatrul de păpuşi nu mai e o noutate. Copilul ştie că, dincolo de cortină, e unul care trage sforile. A văzut asta şi la cinematograf. Mulţi au dorinţa de a deveni actori de film. Exerciţiile lor naive şi zgomotoase le fac acasă: ecranul e peretele şi scena e masa. Şi totuşi actori mari au început de aici, de la jocuri de copii.

PROVERB: Nimeni nu se naşte învăţat.

27.2.1. Vocabular

bloc, -uri (n) *block*

carton, cartoane (n) *cardboard*

cinematograf (n) *cinema, movies*

cioc, -uri (n) *beak, bill*

cortină, -e (f) *curtain*

cub, -uri (n) *cube*

dorinţă, -e (f) *wish, desire*

iepure, -i (in) *rabbit*

a împlini, -esc (vt) *to complete, fill in*

măgar, -i (in) *ass, donkey*

măicuţa, -e - maică = mamă *mama, mother*

minge, -i (f) *ball*

păpuşă, -i (f) *doll*

părete = perete, -i (m) *wall*

precocitate, -ăţi (f) *precociousness*

profil, -uri (n) *profile, contour*

rachetă, -e (f) *racket, rocket*

raţă, -e (f) *duck*

tobă, -e (f) *drum*

trompetă, -e (f) *trumpet*

zgomotos (adj) *noisy*

27.2.2. Exerciţii

1. Treceţi cuvântul din paranteză la cazul cerut de context:

Copertele *(blocul de desen)* sunt de carton.

(Copiii) le place să se joace cu cuburi.

Culorile *(cuburile)* trebuie să fie diferite.

Pe feţele *(un cub)* sunt desenate raţe, păpuşi, etc.

Toba şi trompeta sunt zgomotoase, dar aparţin *(copilărie)*.

Zgomotul *(unele jucării)* îi supără pe părinţi şi vecini.

La cinematograf, culoarea *(pereţi)* e urâtă.

2. Formulați cât mai multe întrebări posibile în legătură cu textul de mai sus.

27.3. Text: Spectacole

Din pricina unei precocități intelectuale perverse, Baruțu confundă literatura cu untura...

— Ai să iei întotdeauna numai trei la limba română! a strigat la el tătuțu,[1] jignit în pedagogie.

Baruțu nu încearcă nici o emoție. Îi lipsește, prin aberație bunul simt, al meritului, patriotismul catalogului și civilizația matricolei[2] generale. Ba, cu gândul la prăjituri, el s-ar mulțumi cu trei, și nici nu se gândește la zece, pentru că i-a explicat de mai multe ori măicuța la ce se poate aștepta după atâtea bucăți.

De altfel, aritmetica lui se prezintă anarhic. Numărând prunele, el zice: una, două, șapte, unsprezece, cinci — și mănâncă, e adevărat, câte douăzeci și două la o singură masă, pretinzând[3] că a mâncat patru. Numărăm prunele care au rămas, numărăm sâmburii[4] și tot atâtea ies, patru.

Și nici nu se poate altfel, de vreme ce copiilor lui tătuțu li s-a făgăduit[5] că nu vor fi dați niciodată la școală și că, toată viața, ei se vor scula la prânz. Și, școala, cum o vrea tătuțu, e fără domnișoară bătrână cu ochelari,[6] fără examen și fără certificate. Tătuțu scrie pe blocul dc desen rațe, Mițu face rațe, și Baruțu face rațe, după el. Dacă rața trebuie să facă 'mac! mac!' tătuțu face ca rața; și toată școala din jurul mesei, după cină, face în cor, ca rața și ca tătuțu; 'mac! mac!' Și fiindcă tătuțu scrie toate rațele din profil, ca să semene mai bine, și totdeauna cu ciocul la stânga, fiindcă e mai lesne, dacă Mițu nu e mulțumită că rața are numai un ochi, tătuțu scrie doi ochi de-o singură parte a capului, și rața iese întreagă. Și, la urma urmei, după dorința lui Baruțu, tătuțu poate să-i puie[7] unei singure rațe ochii de la opt rățoi,[8] fiindcă tot doi ochi ies la socoteală.

Dar și tătuțu e cât se poate de împăciuitor[9] și se ferește de dificultățile didactice. La o numărătoare controlată, oricum ar fi luat-o, lui Baruțu i-au ieșit câte nouă degete la o mână. Dacă vrei tu, Baruțule, bine, și să știi că la urma urmei, îl lămurește tătuțu, opt cu cinci, douăzeci și doi cu trei, e la fel... Ce folos să știi să numeri, când o să te faci mare, o mie de prune. Tu n-ai să poți mânca mai mult de nouă. Restul ce te privește?[10] Crezi că tătuțu te face precupeț?[11] Tătuțu vrea să

---

[1] tătuțu = tată
[2] matricolă *roll, register*
[3] a pretinde *to pretend*
[4] sâmbure *pit*
[5] a făgădui *to promise*
[6] ochelari *eye glasses*
[7] puie = pună
[8] rățoi *big duck*
[9] împăciuitor *conciliatory*
[10] te privește = te interesează
[11] precupeț *street vendor*

se răzbune pe Societate, pe Stat şi pe Liberul Arbitru,[12] şi o să te facă, Baruţule, leneş: asta e meseria ta. Ţi-am ales-o de pe acum şi ai să vezi ce bine ajungi.

Viaţa e o jucărie şi toate sunt făcute numai pentru joacă. Miţu şi Baruţu ştiu asta bine, de la cătuşu, care se joacă toată noaptea cu un condei şi o bucată de hârtie, şi toată ziua se joacă de-a fuga, umblând după cai verzi. A! o să le arate el odată un cal verde şi lor. Numai să nu-l cereşi pentru voi de tot, că tătuţu nu dă. Atâta şi-a păstrat şi pentru el.

Miţu se gândeşte la altceva: ce face bărbierul din Sevilla? A fost odată la Operă şi l-a văzut. De atunci, bărbierul din Sevilla i se pare că toată ziua cântă la radio şi gramofon. Este şi drept, bărbierul din Sevilla are o grămadă de fraşi, care toţi cântă, fiindcă tătuţul lor, bărbierul din Sevilla cel bătrân, i-a învăţat să cânte, aşa cum tătuţu Miţului şi al Baruţului îi învaţă pe ei să doarmă; să scrie pe hârtie raţe, şi pe părete, la lumina lămpii, să facă, seara, iepuri de umbră, cu degetele încârligate.[13]

Şi se mai gândeşte Miţu la ceva. Ea nu înţelege deosebirea dintre operă şi cinematograf. Cântă amândouă şi joacă amândouă. Dar parcă e altceva.

— Bărbierul din Sevilla e om adevărat? întreabă Miţu.

— Desigur, om adevărat, răspunde tătuţu.

— Şi Rio Rita e fată adevărată? întreabă Miţu.

— Tu ce crezi? întreabă tătuţu.

— Nu ştiu, răspunde Miţu, voind să fie adevărată şi presupunând totuşi că poate să nu fie adevărată de tot. Dar dacă nu-i adevărată, cum ar putea să nu fie adevărată?

La operă s-a lăsat cortina şi a pierit tot bărbierul din Sevilla. La cinematograf s-a făcut lumină şi s-a şters toată Rio Rita din pânză. Ce e asta?

— Ce să fie. Mitule!... Lasă, că o-ţi spui[14] eu altă dată, zice tătuţu fugind de întrebare.

— Vreau acum! cere Miţu.

— Acum nu se poate.

Miţu e convinsă că tătuţu e mai prost decât este. Dacă nu-i poate lămuri nimic, e clar: e prost. Miţu stăruie, şi tătuţu, provocat şi orgolios[15] că ştie, intră în nişte detalii ridicule, care au convins-o definitiv, pe Miţu, că tătuţu are minte mai puţină decât măgarul ei de carton, care dă din cap, aprobă totul şi nu-i in stare să spuie nimic.

În sfârşit, Miţu are o idee: să joace în cinematograf, cu Baruţu intrând amândoi în pânză şi făcând o boroboaţă[16] cu Rio Rita. La această veselă ştire, Baruţu bate din palme şi râde zgomotos, cu toată gura, cum ştie să râdă el.

— Iau şi toba! zice Baruţu.

— Nu e voie! afirmă măicuţa. Cum să jucaţi voi în film, fără să fiţi poftiţi?

---

[12] Liberul Arbitru *Free Will* (*newspaper*)
[13] incârligat *bent, hooked*
[14] spui = spun
[15] orgolios *proud*
[16] boroboaţă *prank, trick*

Dar Mițu are o idee pentru toate complicațiile. Ea propune să invite la ea acasă pe domnul Burgheni, directorul de la cinematograf, să-l puie la masa ei cu scaune mici, să-l servească ea cu farfuriile[17] de la păpuși, să-i arate jucăriile și mașina ei de călcat, să-l pupe[18] mereu și să-l corupă,[19] ca să o puie în film cu Baruțu.

— Bine! primește tătuțu.

Discuția rămâne la recuzită. Baruțu voia să intre în film cu toba, Mițului i se pare că toba s-a murdărit și-l sfătuiește să lase toba acasă și să ia mai bine racheta. Lui nu-i place racheta. Lui nu-i place racheta. Atunci ia racheta ea, și el mingile. Lui nu-i plac mingile. Ia tot ea mingile; el o să ia cuburile. Nici cuburile nu-i plac, el vrea numai toba. Ba da, o să ia și trompeta! Nu se poate! Trompeta face scandal.

Tătuțu și măicuța, care au trecut în odaia de alături, sosesc la timp. Mițu și-a vârât mâna la Baruțu-n păr, iar Baruțu a prins pe Mițu de falcă. Trag amândoi și, cu mâna liberă, pumni pe nevăzute. Argumentează și plâng.

Procesul a ținut cinci minute și părțile, obligate să se sărute — ceea ce s-a făcut numaidecât — au fost duse la culcare.

(de Tudor Arghezi, 1880-1967)

27.3.1. Întrebări

1. Ce părere aveți despre copii? Vă plac sau nu?

2. Când erați copii vă jucați cu cartonașe și blocuri de desen? Cu ce alte jucării vă mai jucați?

3. Vă amintiți ce vă plăcea mai mult să desenați?

4. Considerați că un copil poate avea liber arbitru?

5. Care este explicația că unor tineri de astăzi le place să poarte mustăți, barbă și părul lung?

6. Cum vă explicați precocitatea copiilor de astăzi?

7. Cum apreciați valoarea educativă a jocurilor pentru copii?

8. Ce părere aveți despre cinematograful de astăzi?

9. Socotiți important rolul educativ al cinematografului? Sau singurul obiectiv trebuie să fie distracția?

10. Credeți că actorii de film trebuie să fie și oameni culți sau numai să aibă talent și să fie prezentabili?

11. Vă place opera mai mult decât teatrul dramatic? Și dacă da, de ce?

12. Cum apreciați schița *Spectacole*?

13. Cunoașteți în literatura anglo-americană vreo schiță asemănătoare?

14. Credeți că teatrul de păpuși poate pentru copii înlocui teatrul obișnuit?

---

[17] farfurie *dish*

[18] a pupa *to kiss*

[19] a corupe *to corrupt*

Lesson 28
Lecţia a douăzeci şi opta

28.1. Lectura pregătitoare: Nu vreau să jignesc pe nimeni

Nu vreau să jignesc pe nimeni în amorul lui propriu. Dar întotdeauna am fost recunoscător cerului că a ţinut seama de profunda mea dorinţă: să nu fiu implicat în probleme judecătoreşti.

Într-adevăr, m-am considerat o făptură fericită că n-am avut niciodată de-a face cu corpul portăreilor, că prin comportarea mea n-am adus prejudicii vreunei persoane.

Şi, drept să vă spun, eram amărât când vedeam un soţ şi o soţie, care cu inima feroce îşi trimeteau notificări timbrate, vizate, ştampilate etc., atunci când se isca un divorţ.

Mă gândeam cu tristeţe că, ajungând într-o asemenea situaţie, procedarea mea ar fi cu totul alta.

Aievea am considerat ca aiuriţi oamenii căsătoriţi cărora le place să se aventureze în procese.

Această apreciere nu-mi aparţine numai mie şi cred că am şi consimţământul altora când consider ca un om demn de stimat şi onorat pe acela care fuge de asemenea situaţii şi de vrajbă.

Sper că e de datoria mea să nutresc desconsiderare pentru martorii mincinoşi, care, umiliţi, se găsesc de multe ori în această poziţie, pentru gustul unui prieten devotat sau drăgălăşenia unei doamne drăguţe, care din gelozie e gata să arunce în soţul sau prietenul ei cu un flacon de vitriol.

Sunt alte persoane care, crezându-se ofensate, plătesc aceasta cu două perechi de palme şi pe urmă ajung la proces.

Nu vreau să mai prelungesc discuţia pe această temă şi nu mă îndoiesc că aceste lămuriri vor fi interpretate ca fiind bazate pe întâmplări adevărate.

PROVERB: În anumite cazuri, mai bine o împăcare strâmbă decât o judecată nedreaptă.

28.1.1. Vocabular

aievea (adj) *real*

aiurit (adj) *dizzy silly, absent-minded*

amărât (adj) *embittered*

într-adevăr (adv) *surely, really*

judecătoresc *(adj) judicial*

mincinos, -i (m) *liar*

amor propriu *pride, dignity*

apreciere, -i (f) *appreciation, evaluation*

căsătorit (adj) *married*

cerință, -e (f) *requirement*

comportare, -i (f) *behavior*

consimțământ, -e (n) *assent*

corp, -uri (n) *body*

curent, -e (n) *current, draft*

datorie, -i (f) *duty, debt*

drăgălășenie, -i (f) *charm*

drăguț (adj) *pretty, charming*

făptură, -i (f) *being*

fericit (adj) *happy*

feroce (adj) *ferocious*

flacon, -e (n) *small bottle*

gelozie, -i (f) *jealousy*

gust, -uri (n) *taste*

inimă, -i (f) *heart*

a se isca, isc (vt) *to appear, start*

a însura, însor (vt) *to marry*

a nutri, -esc (vt) *tu nurture, feed* (fig) *to harbor*

a onora, -ez (vt) *to honor*

pereche, -i (f) *pair, couple*

plată, plăți (f) *payment*

portărel, -rei (m) *bailiff*

a prelungi, -esc (vt) *to prolong*

procedare = procedură *procedure*

recunoscător (adj) *grateful*

soț, -i (m) *husband*

a spera (vt) *to hope*

a stima, -ez (vt) *to honor, to respect*

a ștampila, -ez (vt) *to stamp*

a timbra, -ez (vt) *to put a stamp*

tristețe, -i (f) *sadness, sorrow*

a ține seama *to take into account*

umil (adj) *humble*

a umili, -esc (vt) *to make humble, humiliate*

a viza, -ez (vt) *to endorse*/(fig) *to hint at*

vrajbă, -i (f) *enmity, feud*

28.1.2. Exerciții

1. Formați propoziții cu următoarele expresii:

> profundă dorință, oameni însurați, să spun drept, într-o asemenea situație, e gata să, nu ne îndoim că.

2. Schimbați următoarele propoziții la plural:

Sunt amărât și ofensat că o făptură atât de drăgălașă nu și-a dat consimțământul pentru căsătorie.

După o procedură prelungită, stimatul portărel a ștampilat și a timbrat forma de plată.

Datoria judecătorului este de-a stabili de partea cui este adevărul.

Romanul descrie aievea vrajba care s-a iscat între soț și soție din cauza geloziei.

Sunt recunoscător și onorat că nu m-ai uitat.

28.2. Text: Conflictul meu cu doamna care merită toată considerația

Prea stimată doamnă,

Prin prezenta îmi permit respectuos a confirma primirea prea stimatei dvs. Notificări, nr. 11.411 din 22 februarie 1932, vizată și ștampilată de onoratul corp al portăreilor Ilfov, legal timbrată cu cele fiscale și aviatice[1] și având următorul conținut:[2]

„Stimate domn,

Citind romanul dvs., *Omul de după ușă*, am constatat că ați întrebuințat[3] numele meu, dându-l unuia din personajele feminine.

Dat fiind caracterul autobiografic al lucrării, numele nefrecvent în forma aceasta asociată, Marie-Ang le, cum și legăturile de prietenie dintre dvs. și soțul meu, cunoscuții mei au crezut că eroina Marie-Ang le, acea „cucerire de viteză"[4] a dvs., sunt eu.

Aceasta putând să-mi cauzeze mari prejudicii (gelozia feroce a soțului meu, compromiterea iremediabilă față de prieteni și față de clientela mea), vă rog să retrageți de urgență din comerț toate volumele încă nevândute, iar la viitoarea ediție, care se anunță pe curând, să schimbați numele personajului cu pricina.

În caz contrar, mă văd silită să cer aceasta pe cale judecătorească, ținându-vă responsabil și de prejudiciile cauzate.

Cu deosebită considerație."

Mulțumesc mult, doamnă, în primul rând pentru deosebita considerație ce mi-o purtați. În al doilea rând, vă atrag, respectuos, atențiunea că nu eu, ci editorul[5] poate retrage volumele care mai sunt în comerț. Deci, greșit ați adresat notificarea. Țin să afirm că nu mai am nici un drept asupra mărfii[6] care circulă sub eticheta[7] numelui meu (ca avocată, trebuia s-o știți și dvs.). Totuși, ca să vă dovedesc că nu nutresc intenții dușmănoase împotriva nimănui, și deci greșit ați adresat notificarea (precum vedeți nu v-am dat numele publicității și aceasta, vă asigur, fără intervenția administrației, care avea dreptul să ceară plată pentru reclama unei avocate) mă simt dator a vă da unele binevoitoare[8] lămuriri:

1) Am fost umilit primind protestul dvs. legal. De la 1 septembrie 1931 — probabil că dvs. nu cunoașteți aceasta, doamnă — sunt un fel de stat și un fel de națiune. Grație concursului[9] oferit de excelența-sa ministrul Portugaliei la București și excelența-sa ministrul nostru de externe, am avut

---

[1] timbrată cu cele aviatice *air mailed*
[2] conținut *content*
[3] a întrebuința *to use*
[4] cucerire de viteza *speedy conquest*
[5] editor *publisher*
[6] marfă *merchandise*
[7] eticheta *label, etiquette*
[8] a binevoi *to be willing*
[9] concurs *contest*

un fel de conflict cu Portugalia[10] urmat de oarecare note scrise între mine şi, dacă pot spune aşa, întreaga planetă. Brusc, dvs. m-aţi redus la proporţiile unui simplu autor de cărţi care iscă vrajbă într-un tânăr şi, nu mă îndoiesc, ideal menaj.[11]

Vă asigur, prea stimată doamnă, că este nu numai neplăcut, ci şi extrem de trist. Aveam o existenţă intercontinentală, aveam sau puteam avea ministerul meu, miniştrii mei, armata mea, lupta mea de clase, curente ideologice care să mă străbată. M-aţi redus la proporţiile unui băiat lunatec,[12] care flirtează cu fete drăguţe şi delicate. Prin urmare, dacă v-aţi simţit măcar o singură dată ofensată în amorul dvs. propriu, de aprecierile prietenilor, trebuie să vă simţiţi răzbunată.

2) Aş vrea să-l pot convinge pe soţul dvs. că nu vă cunosc, că nu v-am cunoscut măcar înainte de a fi avut domnia-sa fericirea de a contracta mariajul cu dvs. Dacă fetiţa[13] din romanul *Omul de după uşa* se numeşte Marie-Ang le este fiindcă aşa o chema pe ea. Or, aia[14] nu sunteţi dvs. — nu puteţi fi. Aia n-a fost avocată, n-a fost măcar studentă între anii 1923-1927, când s-a scris lucrarea care v-a alarmat pe dvs. A existat, recunosc, în realitate, există şi astăzi sub formă de fată bătrână şi foarte amărâtă de tristeţea prelungitei ei feciorii.[15] Aia putea fi eroină. Fiindcă, era puţin aiurită. Prea stimată doamnă, presupun însă că dvs. nu aveţi înclinaţii de eroină. Sunteţi o femeie onestă, o soţie ideală şi o făptură care satisface toate cerinţele. O deduc din procedarea dvs. Alta ar fi (lichidat) acest regretabil incident cu o promptă pereche de palme, de n-ar fi avut la îndemână[16] flaconul de vitriol sau browningul — dvs. aţi preferat o civilizată şi legală notificare. Pentre care notificare, vă sunt profund recunoscător. Mi-aţi salvat[17] umila mea viaţă şi m-aţi pus în gardă împotriva ferocităţii soţului dvs. care desigur că m-ar fi suprimat.[18] Drept schimb de serviciu, doamnă, declar pe conştiinţă că: n-am înclinaţii spre aventură (nici măcar sentimentală); nu v-am cunoscut, nu vă cunosc şi nu am făcut nici o aluzie la personalitatea dvs. fizică sau morală; am o deosebită consideraţiune pentru inteligenţa dvs., pentru bunul dvs. gust, pentru drăgălăşenia dvs., dar cât mai de departe şi fără a vă cunoaşte pe dvs., sau pc soţul dvs., personal. Aş fi — dacă pot spune aşa — fericit dacă soţul dvs. ar binevoi a ţine seama de aceste cuvinte şi din toată inima făcute, declaraţii.

3) Cred totuşi de datoria mea ca să vă atrag iarăşi respectuos atenţiunea că greşiţi când vă aventuraţi — de astă dată din propria dvs. iniţiativă — în critica literară. Afirmaţi că *Omul de după uşă* este un roman autobiografic. Fals. Primo: fiindcă nu există cărţi autobiografice, deoarece autorii ăştia sunt nişte animale mai mincinoase decât pisicile şi îşi falsifică până şi viaţa cea de toate zilele, nu numai întâmplările aievea scrise. Secundo: fiindcă *Omul de după uşă* nu este auto-

---

[10] Un articol ironic al lui Ion Călugăru, care zeflemisea stările din Portugalia sălazaristă provocase reacţia diplomatică la care se referă scriitorul.

[11] menaj *household*

[12] lunatec *sleepwalker, loony*

[13] fetiţă = *fată mică*

[14] aia = *aceea*

[15] feciorie *virginity*

[16] la îndemână *handy*

[17] a salva *to save*

[18] a suprima *to suppress*

biografic, ci o succesiune de momente din viața unui băiat bun, care s-a însurat în anul 1926, care se numește într-adevăr Charlie Blum, și care n-are nici un fel de legătură de rudenie[19] cu mine. Cât privește confuzii și greșeli, dvs. ați remarcat numai una pe care ați luat-o asupra dvs. — vă asigur însă că sunt mult mai multe.

Sper că pot încheia. Devotatul dvs., cu consimțământul soțului.

(de Ion Călugăru, 1902-1956)

28.2.1. Întrebări

1. Știți ce este un portărel?

2. În ce împrejurări se întrebuințează notificările în S.U.A.?

3. Cunoașteți vreo întâmplare similară cu cea povestită de Ion Călugăru în schița citită de dvs.?

4. Ce părere aveți despre oamenii care provoacă procese?

5. Ce părere aveți despre stilul scrisorii doamnei Marie-Ang le?

6. În schița lui Călugăru se afirmă că „autorii sunt niște animale mai mincinoase decât pisicile și își fal-sifică până și viața cea de toate zilele...” Credeți că această afirmație poate fi generalizată? Cunoașteți o carte, un roman, care poate dovedi contrariul?

7. Ce părere aveți despre opera umoristică a lui Mark Twain?

8. Ați avut vreodată vreun conflict care să dea naștere unui proces?

9. Ce părere aveți despre divorț?

10. Considerați că la baza divorțurilor sunt cauzele materiale?

11. Credeți că sentințele judecătorești reflectă întotdeauna soluția justă a conflictului judecat? Este chemarea în judecată cea mai bună cale de rezolvare a conflictului?

12. Ce poate determina o soluționare nedreaptă a conflictului?

13. Cum vi se pare stilul scrisorii?

14. Ce fel de oameni confundă realitatea cu ficțiunea?

15. Ce trădează autoarea epistolei de mai sus?

16. Ce se propune autorului?

---

[19] rudenic *relationship*

Lesson 29
Lecţia a douăzeci şi noua

29.1. Lectura pregătitoare: O asociaţie ciudată

Amicul meu stătea la masă, în faţa unei halbe cu bere, şi îmi spunea:

— Când eram june, mă cuprinsese şi pe mine avântul înfiinţării diverselor comitete şi comiţii. Era o adevărată modă. Era destul să-i treacă prin cap cuiva ideea, că imediat lua naştere o nouă asociaţie. Care de care mai năstruşnică.

Acum îmi dau seama că, în genere, ţelul acestor societăţi era strângerea de fonduri pentru membrii comitetului. Dar atunci respingeam cu înfocare asemenea idei şi mi se părea că sunt invenţii ale vrăjmaşilor, gata numai să-i ponegrească şi să-i compromită pe cei iubitori de neam. Ce vrei? Eram tânăr şi credeam în principiile veşnice.

Iată însă ce mi s-a întâmplat odată.

Primesc o invitaţie la o şedinţă plenară a unui asemenea comitet. Parcă era o asociaţie pentru ocrotirea doicilor sărace sau cam aşa ceva. Şedinţa a început la ora anunţată. O doamnă tânără s-a ridicat în picioare şi a început să vorbească. În fond, n-am prea înţeles ce vroia.

Vorbea, însă, cu o asemenea înverşunare, încât simţeam că mă cuprinde groaza. Cum de putea să încapă într-o fiinţă atâta venin? Cum putea o femeie să urască atât de pătimaş? Ştii ce spunea? Că mamele trebuie să se deştepte şi, îndată ce-şi botează copiii, să nu le mai dea să sugă, ci să-i lase pe seama unor doici care să-i crească, expunându-i la diverse încercări fizice.

„Avem nevoie de oameni puternici, aşa cum erau străbunii noştri de la care purcedem. Suntem prea sentimentali. Doica reprezintă o *instituţie* binevenită. Ea ne fereşte de sentimentalism, exclude orice înţeles strâmt al legăturilor cu copiii noştri."

Simţeam că mă cuprinde nebunia. Eram la şedinţa unei societăţi de binefacere... Doamna aceasta era printre promotorii ei. Mă uitam la ea cum ţinea în braţe un căţel şi cum tăgăduia dreptul la dragoste maternă a propriilor copii. M-am ridicat, mi-am luat pălăria şi am ieşit. De atunci m-am vindecat de pasiunea societăţilor. Dar chiar şi acum, că sunt în etate, nu uit cât de vinovat m-am simţit în seara aceea, la şedinţa „Societăţii pentru ocrotirea doicilor sărace", la care vorbea o doamnă cu un căţel în braţe.

PROVERB: Spune-mi cu cine te însoţeşti ca să-ţi spun cine eşti.

29.1.1. Vocabular

amic, -i (m) *friend*	în genere *generally*
ardoare, -i (f) *ardor*	înverşunare, -i (f) *vindictive rage*
avânt, -uri (n) *elan, impetus*	june, -i (m) *youngster*
binefacere, -i (f) *beneficence, charity*	năstruşnic (adj) *unimaginable*
binevenit (adj) *welcome*	neam, -uri (n) *relative, nation*
a boteza, botez (vt) *to baptize*	nebunie, -i (f) *foolishness*
comitet, -e (n) *committee*	ocrotire, -i (f) *protection*
comiţie = comisie, -i (f) *commision* (iron.)	pătimaş (adv) *passionately*
a compromite, compromit (vt) *to compromise*	plenar (adj) *plenary*
a cuprinde, cuprind (vt) *to grasp, include*	a ponegri, -esc (vt) *to blacken*
a deştepta, deştept (vt) *to awake*	principiu, -i (n) *principle*
doică, -i (f) *wet nurse*	a respinge, resping (vt) *to repel, refuse*
etate (f) *age*	strâmt (adj) *narrow*
a exclude, exclud (vt) *to exclude*	a suge, sug (vt) *to suck*
a expune, ezpun (vt) *to expose, exhibit*	şedinţă, -e (m) *meeting*
falnic (adj) *excellent, proud*	a tăgădui, -esc (vt) *to deny*
fond, -uri (n) *fund*	a-i trece cuiva prin cap o idee *to get an idea, to occur to somebody*
în fond *basically*	ţel, -uri (n) *aim*
groază, -e (f) *dread*	a urî, -ăsc (vt) *to hate*
a iubi, -esc (vt) *to love*	veşnic (adj) *eternal*
îndată ce (conj) *as soon as*	vinovat (adj) *guilty*
a înfiinţa, -cz (vt) *to establish*	vrăjmaş, -i (m) *enemy*

29.1.2. Exerciţii

1. Descrieţi o asociaţie căreia îi aparţineţi. Care sunt scopurile principale ale asociaţiei? În ce măsură îndeplineşte asociaţia aceste ţeluri?

2. Puneţi propoziţiile de mai jos la următoarele moduri şi timpuri: *condiţional prezent, imperfect, perfectul simplu şi viitorul cu* 'o să':

   Ion strânge bani.

   Preotul botează copilul.

   Plenara se solidarizează cu hotărârea comitetului.

   Mă deştept îngrozit din somn din cauza unui vis urât.

29.2. Text: Românii verzi

Spiritul de asociaţie, trebuie să constatăm cu bucurie, a luat un mare avânt la noi.

Numărul deosebitelor societăţi române, pe faţă sau secrete, este astăzi aproape incalculabil.

Românul cât trăieşte trebuie să fie membru în mai multe societăţi; ba ceva mai mult, sunt români cari, chiar înainte de naştere, sunt membri în „Cornelia, societatea mamelor române pentru ajutorul mutual în caz de naşrere"; iar alţii, chiar după ce mor, continuă a fi membri activi în societatea de îngropăciune mutuală: în schimbul unei neînsemnate[1] cotizaţiuni,[2] orice membru, la caz, Doamne fereşte, de moarte, are dreptul a fi îngropat cu muzică.

Ca orice român, am căutat şi eu să fac parte din cât mai multe societăţi. Până mai zilele trecute eram membru la opt; astăzi, graţie stăruinţelor celebrului meu amic, eminentul pedagog Marius Chicoş Rostogan, am onoarea a fi membru la nouă. A noua, cea din urmă, îmi pare mie că este societatea cea mai binevenită; ea răspunde la o mare şi arzătoare necesitate naţională. Cititorul se va convinge îndată cât de urgentă nevoie aveam de înfiinţarea noii noastre societăţi.

Dar să lăsăm pe promotorul înfiinţării acestei societăţi să vorbească...

— „Noi, românii verzi[3] purcedem[4] de la următoarele principii sănătoase de progres naţional:

• A iubi neamul său e peste putinţă din partea aceluia care nu urăşte celelalte neamuri.

• Un neam nu poate avea vrăjmaşi în propriile sale defecte; vrăjmaşii lui sunt numai şi numai calităţile altor neamuri.

• De aceea, un neam nu trebuie să-şi piardă vremea a se gândi cum să-şi îndrepteze defectele şi cum să-şi cultive calităţile; el are altceva mai profitabil de făcut; să le numere defectele şi să le ponegrească sau de-a dreptul[5] să le tăgăduiască altora calităţile.

• Prin urmare, un neam trebuie să aibă veşnică[6] groază de celelalte, deoarece existenţa unuia n-are altă condiţie decât compromiterea completă a altuia.

• De aci, necesitatea imperioasă a exclusivismului naţional celui mai extrem.

• Bărbatul care are copii cu o femeie de alt neam, sau viceversa, creşte la sânul[7] său nişte monştri, cari jumătate vor iubi până la nebunie neamul în mijlocul căruia au văzut lumina, iar jumătate îl vor urî cu înverşunare.

• Să ferească Dumnezeul străbunilor noştri pe orice român sau orice româncă să dea naştere la aşa specimene teratologice![8]

---

[1] neînsemnat *insignificant*

[2] cotizaţiune — cotizaţie *dues*

[3] Român verde *pure Romanian*

[4] a purcede *to begin, to start*

[5] de-a dreptul *by right*

[6] veşnic *eternal*

[7] sân *breast*

[8] teratologic *partaining to the study of monstruosities*

Acestea sunt principiile cari ne-au călăuzit[9] când am pus bazele noii noastre societăți.

Noua noastră societate este chemată să deștepte spiritul public național, solidarizând[10] pe toți românii; de aceea sperăm, nu! nu sperăm, suntem siguri că toți românii — și când zicem toți românii, înțelegem nu pe toți levantinii, care se dau drept români, ci pe românii adevărați — se vor grăbi să se-nscrie împreună cu familiile lor în rândurile noastre".

După această esențială expunere de motive, ne grăbim a da aci, în strâmtul spațiu[11] de care dispunem, câteva extracte din:

STATUTELE SOCIETĂȚII "ROMÂNII VERZI"
CAP. I

Despre numele, membrii și emblema societății

Art. 1 — Se înființează în România o societate română cu numele de „Românii Verzi".

Art. 2 — Oricine poate face parte din aceasta societate, fără deosebire de sex, de etate sau de culoare politică, dacă este român sau româncă verde.

Ari. 3 — Emblema societății va fi un român verde zdrobind falnic[12] cu călcâiul[13] său șearpele[14] străinismului,[15] care scrâșnește[16] și țipă.

CAP. II

Despre datoriile membrilor societății în genere

Art. 4 — Membrii de orice sex și etate ai societății „Românii Verzi" sunt datori să urască tot ce e străin și tot ce e de la străini, tot ce nu e român verde sau tot ce nu e de la român verde.

Urmează apoi mai multe articole unde se enumeră cu de-amănuntul tot ce nu este verde românesc și care trebuie sistematic respins de orice membru al societății, ca, de exemplu, sentimente neromânești, artă neromânească, idei și spirit neromânești.

Apoi:

Art. 9 — Se exceptează de la această regulă capitalurile neromânești.

---

[9] călăuzi *to guide*
[10] solidariza *to join together in a common cause*
[11] spațiu *space*
[12] falnic *splendid(ly)*
[13] călcăi *heel*
[14] șcarpe = șarpe *snake*
[15] străinism *foreignism*
[16] a scrâșni *to gnash one's teeth*

Statutele prevăd înfiinţarea unui organ de publicitate al societăţii cu titlul de *Românul Verde*, pus sub direcţiunea unui comitet de 40 membri, iar comitetul sub preşedinţia eminentului meu amic, M.Ch. Rostogan.

În acest comitet nu vor putea figura mai mult de jumătate membri nevârstnici.[17]

Ziarul *Românul Verde* va fi redactat de toţi membrii societăţii: fiecare membru, indiferent de vârstă sau sex, va fi dator a colabora măcar o dată la lună cu un articol de fond.

Se-nţelege de la sine ce idei e chemat să propage[18] *Românul Verde*.

Mai departe, statutele arată că îndată ce[19] societatea „Românii Verzi" va număra o sută de membri, se va declara constituită şi va proceda la alegerea comitetului.

CAP. III

Despre datoriile membrilor minori ai societăţii

Art. 30 — Membrii minori ai societăţii, indiferent de etate şi de sex, sunt datori a fi cât se poate mai curaţi.

Art. 31 — Ei sunt datori a asculta pe părinţii lor de ambe sexe, de preferinţă pe acei cari sunt membri activi ai societăţii.

Art. 32 — Acei care urmează la şcoală nu pot, sub nici un cuvânt, să se joace cu conşcolari străini; ei trebuie să se joace numai cu conşcolari români verzi, de preferinţă cu membrii activi ai societăţii.

Art. 33 — Membrii minori ai societăţii sunt obligaţi a obţine note bune numai la profesorii români verzi, de preferinţă la acei cari sunt membri activi în societate.

CAP. IV

Despre datoriile membrilor de sex feminin

Art. 40 — Membrele societăţii sunt datoare să fie virtuoase ca nişte matroane române.

Art. 41 — Membrele societăţii sunt datoare să devie[20] bune mame române.

Art. 42 — Ele sunt datoare a naşte copii sănătoşi după preceptul străbun; *mens sana in corpore sano*.

Art. 43 — Membrele societăţii care sunt încă june domnişoare sunt datoare să se mărite numai cu români verzi, de preferinţă dintre membrii activi ai societăţii.

Art. 44 — La cazul când o jună domnişoară s-ar mărita cu un român verde, care însă nu face parte din societate, este datoare a-l înscrie imediat printre membrii activi.

Art. 45 — Îndată ce o membră devine mamă, ea este datoare să-şi înscrie imediat copilul în societatea „Românilor Verzi".

---

[17] nevârstnic *underaged*
[18] a propaga *to propagate, spread*
[19] îndată ce *as soon as*
[20] deevie = devină

Art. 46 — Membrele societății sunt datoare a-și boteza copiii cu nume străbune ca Reea-Silvia, ca Tiberiu, ca Cicerone, ca Caracala, ca Cornelia, ca Catone etc.[21]

Art. 47 — Membrele mame sunt datoare să dea copiilor lor educație maternă în limba maternă. Sub nici un cuvânt apoi, nu-i slobod[22] să încredințeze[23] educațiunea copiilor la alte guvernante decât românce verzi.

Art. 48 — Ele sunt datoare a da singure să sugă copiilor, alăptându-i[24] în același timp cu sentimente și idei de român verde, conform statutelor de față.

Art. 49 — În cazul când o membră nu ar avea lapte sau, întâmplător, nu i-ar fi sfârcul[25] mamelelor[26] perforat, s-ar gâdila[27] prea tare, sub nici un motiv nu va putea lua o doică străină, care ar da copilului să sugă lapte[28] străin, alăptându-l în același timp cu sentimente și idei străine; ci va fi datoare să ia o doică româncă verde, de preferință o membră activă a societății.

În capitolul[29] despre membrii de sex masculin ai societății, statutele impun aceleași obligațiuni și taților ca și mamelor, afară, se-nțelege de obligațiunile privitoare la alăptare.

Se înțelege că orice abatere de la îndatoririle[30] statutelor atrage după sine: întâia oară un avertisment, a doua oară o amendă și a treia oară excluderea, în ședință plenară, a membrului vinovat, din societatea „Românilor Verzi" și declararea lui ca străin de neam.

Abaterile de la îndatoririle privitoare la alăptare atrag după sine de la întâia oară pedeapsa excluderii.

(I.L. Caragiale, *Moftul român,* nr. 6, 6 mai, 1901)

29.2.1. Întrebări

1. Ce fel de asociații și societăți cunoașteți?

2. Faceți parte din vreo asociație?

3. Ce părere aveți despre organizațiile studențești americane?

4. Credeți că orice asociație sau organizație studențească americană trebuie să aibă un caracter politic sau religios?

---

[21] In Romania it is considered bad form to concatenate two syllables both beginning with the sound (*k*) in order to avoid a common four-letter word.

[22] slobod *free, allowed*

[23] a încredința *to entrust, to ensure*

[24] a alăpta *to nurse*

[25] sfâre *nipple, teat*

[26] mamelă *breast*

[27] a gâdila, gâdil *to tickle*

[28] lapte *milk*

[29] capitol *chapter*

[30] îndatorire *duty*

5. Care este după părerea dvs. cea mai serioasă organizație americană?

6. Credeți că e bună organizarea asociațiilor culturale, sportive etc. pe criterii rasiale sau religioase?

7. Cunoașteți vreo asemenea asociație?

8. Ce credeți că ar trebui să cuprindă statutul unei asociații?

9. Cunoașteți vreo asociație care nu urmărește decât să strângă fonduri în interesele conducătorilor ei?

10. Ce părere aveți despre asociațiile sportive americane?

11. Ce condiții trebuie să îndeplinească o asociație ca să fie utilă din punct de vedere social?

12. Ce părere aveți despre diversitatea asociațiilor religioase?

13. Socotiți că e bine să se facă politică în sport și în literatură?

14. Care au fost promotorii primelor organizații studențești în America?

15. Ce aspect critică I.L. Caragiale în Statutele Societății „Românii Verzi"?

16. Enumerați cel puțin cinci articole absurde din statutul acestei societăți.

17. Dați exemple de ironie la adresa naționaliștilor extremiști.

Lesson 30
Lecţia a treizecea

30.1. Lectura pregătitoare Mihai Eminescu (1850-1889)

Mihai Eminescu s-a născut la 15 ianuarie 1850, în oraşul Botoşani, in nordul Moldovei şi şi-a petrecut copilăria în satul Ipoteşti, din apropiere.

Poezia lui va evoca acei ani în care „băiat fiind, păduri cutreiera" şi asculta melodiile pădurilor şi ale izvoarelor.

Şcoala primară şi gimnaziul le-a urmat în oraşul Cernăuţi; tot aici va scrie mai târziu poezia *La mormântul lui Aron Pumnul*, cu ocazia morţii acestui patriot român care fusese şi unul dintre profesorii cei mai iubiţi ai lui Eminescu.

Lirica lui Eminescu este o exponentă deplină, cu toate aspectele romantice, a spiritului autohton. Poezie a naturii şi a dragostei, ea mărturiseşte o permanentă nelinişte filosofică în faţa marilor întrebări ale morţii şi ale existenţei. In acelaşi timp, poetul s-a considerat părtaş la problemele vieţii contemporane; ceea ce explică accentul violent polemic (amintindu-l pe Swift) al unora dintre poeziile sale.

În anul 1869 pleacă la Viena, unde urmează timp de doi ani cursuri de filosofie. Aici, ca şi la Berlin unde urmează mai târziu cursuri de economie politică şi istorie, el trăieşte modest şi urmăreşte cu pasiune şi precipitare cele ce se petrec în patrie.

În 1874 se întoarce în ţară şi ocupă funcţia de director al Bibliotecii Centrale Universitare din Iaşi. După aceea e numit revizor şcolar pentru judeţele Iaşi şi Vaslui.

Dar nu a fost pe placul autorităţilor, deoarece băga de seamă toate lipsurile şi nu nedreptăţea pe nimeni, chiar dacă aceştia nu erau învredniciţi sau protejaţi de cei mari.

Nestatornicia situaţiei sale materiale şi viaţa pe care o ducea în veşnică fierbere i-au provocat o slăbiciune gravă de care a suferit, atât trupeşte cât şi sufleteşte, începând din 1883. Când în sfârşit cei în măsură să-l ajute l-au sprijinit, a fost în zadar. Eminescu moare la 15 iunie 1889 în vârstă de 39 ani.

Este interesant să reproducem unele cuvinte ale lui Tudor Vianu[1] despre Eminescu:

„Eminescu este în primul rând poetul tineretului, al tineretului românesc, al întregului tineret românesc.

Poezia acestui mare moldovean este aceea a tuturor românilor, deoarece ea reprezintă cu o mare forţă momentul de înnoire a poporului nostru, în epoca lui modernă. Acesta este felul în care ni se lămureşte chipul lui în împrejurările de azi, chipul unui reprezentant al progreselor româneşti. Prin acest mod de a-l înţelege, îmbogăţim cu o nouă etapă comentariul perpetuu al operei sale, adăugăm o perspectivă nouă nenumăratelor puncte de vedere, din care această operă a fost privită până acum şi va continua a fi privită în secolele viitoare.

Poezia lui Eminescu evocă o imagine a lumii înzestrată cu toate dimensiunile prelungite până la limita lor cea mai îndepărtată. Înălţimea, adâncimea, extensiunea acestei lumi în toate direcţiile sunt imense şi fără nici o analogie în tot ce au scris poeţii români mai înainte.

În vastul univers al poeziei eminesciene, gândul omenesc este purtat până la ultimile şi cele mai înalte întrebări ale lui şi sentimentele omeneşti sunt urmărite în ecourile lor cele mai profunde.”

Opera lui Eminescu, tradusă în multe limbi străine, a intrat în patrimoniul literaturii universale, la loc de cinste.

30.1.1. Vocabular

adevăr, -uri (m) *truth*	a nedreptăţi, -esc (vt) *to wrong*
a batjocori, -esc (vt) *to make fun of, to mock at*	nelinişte (f) *malaise, ill at case*
a băga, bag (vt) *to insert, put*	nestatornicie (f) *instability, insecurity*
chinuit (adj) *tortured, pained*	părtaş, -i (m) *participant*
cinism, -e (n) *cynicism*	pretutindeni (adv) *everywhere*
cânt = cântec *song*	slăbiciune, -i (f) *weakness*
cuartal (living) *area* (obs.)	tărâm, -uri (n) *realm, region*
cumpăt, -e (n) *balance, poise*	târg, -uri (n) *market*
a cutreiera, cutreier (vt) *to roam*	a trăi, -esc (vi) *to live*
depărrat (adj) *at a distance*	trup, -uri (n) *body*
întristător (adj) *saddening* a	ţăran, -i (m) *peasant*
înveli, -esc (vt) *to cover, wrap*	uliţă, -e (f) *rural street*
a se învrednici, -esc (vi) *to do one's best*	vecinic = veşnic *eternal*
măsură, -i (f) *measure*	în zadar (adv) *in vain*
necaz, -uri (n) *misfortune*	a zbura (vi) *to fly*

---

[1] Tudor Vianu (1897-1964) a fost un mare estetician, critic şi istoric literar român.

30.2. Text: La Steaua

La steaua[2] care-a răsărit[3]
E-o cale atât de lungă,
Că mii de ani i-au trebuit
Luminii să ne-ajungă.

Poate de mult s-a stins[4] în drum
În depărtări[5] albastre,
Dar raza ei abia[6] acum
Luci[7] vederii noastre.

Icoana[8] stelei ce-a murit
Încet pe cer se suie[9]:
Era pe când nu s-a zărit[10],
Azi o vedem, și nu e.

Tot astfel când al nostru dor[11]
Pieri[12] în noapte-adâncă,
Lumina stinsului amor
Ne urmărește[13] încă.

(de Mihai Eminescu)

---

[2] stea, stele (f) *star*
[3] a răsări, răsar (vi) *to rise (of sun)*
[4] a stinge, sting (vt) *to estinguish, to perish*
[5] depărtare, -ări (t) *distance*
[6] abia (adv) *just*
[7] a luci, -esc (vi) *to shine*
[8] icoană, -e (t) *icon*
[9] a (se) sui (vi, vt) *to climb*
[10] a (se) zări (vi, vt) *to be visible*
[11] dor, -uri (n) *longing*
[12] a pieri (vi) *to perish*
[13] a urmări (vt) *to follow, to hunt*

30.3. Text: Dintre sute de catarge

Dintre sute de catarge[14]
Care lasă malurile,
Câte oare le vor sparge[15]
Vânturile, valurile[16]?

Dintre păsări călătoare
Ce străbat pământurile,
Câte-o să le-nece[17] oare
Valurile, vânturile?

De-i goni[18] fie norocul,
Fie[19] idealurile,
Te urmează în tot locul
Vânturile, valurile.

Nenţeles[20] rămâne gândul
Ce-şi străbate cânturile,
Zboară vecinie[21], îngânându-l[22]
Valurile, vânturile.

(de Mihai Eminescu)

30.4. Text: Mizeria vieţii noastre publice

Cu cât trec una după alta zilele, cu cât se prelungeşte, fără nici un termen[23] prevăzut, sesiunea[24] extraordinară, cu atât chestiunea revizuirii[25] se încâlceşte[26] mai mult, cu atât neliniştea şi

---

[14] catarg, -e (n) *mast*
[15] a sparge, sparg (vr) *to break*
[16] val, -uri (n) *wave*
[17] a îneca (vt) *to drown*
[18] a goni (vt) *to chase, to fallow*
[19] fie...fie... *either... or...*
[20] nenţeles = neînţeles
[21] vecinie = veşnic
[22] a îngâna, îngân (vt) *to hum*
[23] termen *term*
[24] sesiune *exam, session*
[25] revizuire *revieew*
[26] a încâlci. -esc *to tangle*

temerile[27] cresc şi cuprind toate minţile, cu atât mai mult toată lumea îşi pierde cumpătul şi facultatea chibzuirii. O stare de nervozitate acută domneşte în toate cercurile. Judecata[28] rece lipseşte de pretutindeni şi mai ales de acolo de unde ar trebui neapărat să nu lipsească.

Trecem prin nişte zile în adevăr foarte grele şi trebuie în sfârşit să ne dăm seama că aceasta este plata, foarte scumpă poate, a greşelilor şi rătăcirilor[29] noastre politice, săvârşite[30] de treizeci de ani încoace. De la mişcarea din '48 şi până astăzi, naţiunea românească pe tărâmul politic n-a făcut alta decât a se lepăda sistematic de orice tradiţie, a răsturna orice autoritate, a arunca departe orice s-ar fi putut numi original în viaţa ei naţională, şi-n acelaşi timp a adopta, cu mai multă ardoare decât cuartalurile de coloni[31] din America de miazănoapte[32] şi pe o scară tot atât de înaltă, toate reformele, toate teoriile cosmopolite, toate calapoadele[33] internaţionale, în viaţa politică şi intelectuală, în limbă, în moravuri,[34] în tot. Libertate fără margini[35] pentru orice individ, pentru toate necurăţeniile ce s-ar scurge[36] din cele patru colţuri ale lumii în România ca şi-n America: fraternitate şi egalitate între om şi om; republici mari şi mici şi prezidenţi de republică pe toate uliţele şi-n toate cafenelele, în România ca şi-n America; şiretenia,[37] vicleşugul[38] şi cinismul virtuţii[39] cetăţeneşti,[40] gheşeftul[41], scopul şi politica umanitară, mijlocul. Acestea pe tărâmul politic; pe cel economic, nimic, curat nimic; din nenorocire, întru aceasta ne deosebim cu totul de America. Rezultatul îl vedem, şi poate că aşa de târziu încât îl vedem în zadar.

Suntem azi un popor de abia aproape cinci milioane de suflete. Nimic, aproape absolut nimic nu se produce, în adevăratul înţeles al cuvântului, în ţara aceasta decât pe tărâmul agricol; în cea mai mare parte agricultura noastră se lucrează într-un chip cu totul rudimentar şi, mulţumită[42] nestatorniciei de temperatură ce domneşte[43] în valea dintre Carpaţi, Dunăre şi Marea Neagră, pro-

---

[27] temere *fear*
[28] judecată *judgement*
[29] rătăcire *wandering*
[30] a săvârşi, -esc *to complete*
[31] colon *colonist*
[32] miazănoapte *North, midnight*
[33] calapod *last (shoe), pattern, type*
[34] moravuri (pi) *customs*
[35] margine *border, limit*
[36] a se scurge *to drain, filter*
[37] şiretenie *slyness*
[38] vicleşug *cunning, fraud*
[39] virtute *virtue*
[40] cetăţenesc *civil, citizen*
[41] gheşeft *swindle*
[42] mulţumită *thanks to*
[43] a domni, -esc *to rule*

ducţia noastră atârnă[44] mai mult de la bunăvoinţa cerului, de la mila elementelor lui. Două milioane şi jumătate de ţarani (cifră[45] exagerată, poate), populaţie în adevăr românească, lucrează pământul şi dau singura producţie reală în această ţară, pe câtă vreme restul locuitorilor romăni, cei din oraşe, târguri şi târguşoare, populaţie amestecată[46] din curcituri[47] asimilate românilor, din străini neasimilaţi încă, fac negustorie,[48] speculă,[49] camătă,[50] ocupă miile de funcţii publice, trăiesc din ghcşefturi şi din politică.

Populaţia rurală în marea ei majoritate, mai ales cea mai depărtată de târguri, n-are drept hrană zilnică decât mămăligă cu oţet[51] şi cu zarzavaturi,[52] drept băutură spirt[53] amestecat cu apă: foarte rar, la zile mari, şi nici chiar atunci în multe cazuri, se învredniceşte să mănânce carne şi să bea vin; trăind sub un regim alimentar aşa de mizerabil, ţaranul a ajuns la un grad de anemie şi de slăbiciune morală destul de întristătoare.

Cine a umblat prin satele noastre, mai ales prin cele de câmp şi de baltă,[54] a putut constata că de-abia din trei în trei case se găseşte o familie care să aibă un copil, cel mult doi, şi aceia slabi,[55] galbeni, chinuiţi de friguri[56] permanente. Această populaţie, pe lângă toate necazurile ei, mai are unul ce pune vârf la toate: administraţia. De Dumnezeu nu mai arc nici o teamă muncitorul de la ţară, pentru că Dumnezeu l-a părăsit, pentru cine ştie ce păcate, în mâna acestei administraţii, compusă în cea mai mare parte din haitele[57] de cafenegii, din ştrengarii şi necăpătuiţii de prin târguri. Această corporaţie liberală şi umanitară nedreptăţeşte, batjocoreşte şi jupoaie[58] pe ţaran fără nici o milă; sunt membri în această onorabilă corporaţie, al căror nume, numai, bagă in năbădăi[59] sate întregi.

În acelaşi timp, în oraşe mari şi mici, liberalismul şi umanitarismul ne prieşte[60] foarte bine; în numele libertăţii se face camătă fără margine; în numele egalităţii şi fraternităţii deschidem braţele

---

[44] a atâna *to hang*
[45] citră *cipher, number*
[46] amestecat *mixed*
[47] curcitură = corcitura *hybrid*
[48] negustoric *trade*
[49] a specula *to speculate*
[50] camătă *usury*
[51] oţet *vinegar*
[52] zarzaiat *vegetable*
[53] spirt *alcohol*
[54] baltă *swamp, bog*
[55] slab *weak*
[56] friguri *chills*
[57] haită *pack (of wolves)*
[58] a jupui *to flay*
[59] a băga in năbădăi *to put into a frenzy*
[60] a prii *to be favourable to*

tuturor elementelor stricate,[61] pe care le rejectează chiar societățile hiper-civilizate, și în numele națiunii române facem politică radicală, aspirând la o republică, ba chiar și la mai multe.

Toată mizeria noastră publică o îmbrăcăm în formele politice ale unei civilizații calpe,[62] precipitarea noastră spre fundul răului o numim progres, fierberea unor elemente necurate[63] și lupta lor cu elementele ce-au mai rămas încă sănătoase în țară se numește politică.

Rezultatul unei asemenea vieți publice, îl vedem astăzi: primejdia[64] revizuirii art nr. 7[65] nu stă atât în însăși chestiunea izraelită, cât în starea în care ne aflăm când ni se pune această chestiune.

Cu multă greutate, cu destul chin, poate și este speranța că se va dezlega[66] chestiunea evreilor,[67] și independența, deja destul de scump plătită, ne va fi recunoscută; va rămâne însă de dezlegat o chestiune cu mult mai gravă și mai grăbitoare:[68] chestiunea vieții noastre publice, chestiunea dacă trebuie să urmăm calea pe care rătăcim[69] de atâta vreme, sau dacă trebuie și mai putem apuca pe calea cea adevărată.

Vom fi un stat independent; cum vom face uz de această independență, aceasta e chestiunea cea mare.

(Mihai Eminescu, *Timpul* (IV), 23 iunie 1879, nr. 138, p. 1.)

30.4.1. Întrebări

1. Unde s-a născut Mihai Eminescu?
2. Care au fost izvoarele de inspirație ale poeziei eminesciene?
3. Ce studii a avut Eminescu?
4. Care au fost orașele europene vizitate de poet?
5. Ce funcții a avut Eminescu în România?
6. Care au fost cauzele îmbolnăvirii sale?
7. Cum l-a caracterizat Tudor Vianu pe Eminescu?
8. Mai cunoașteți vreun mare poet român?
9. Pe care poet din literatura universală îl pureți asemăna lui Eminescu?

---

[61] stricar *ruined, broken*
[62] calp *spurious, false*
[63] necurar *unclean*
[64] primejdie *peril*
[65] E vorba de acordarea calității de cetățean, a naționalității române străinilor.
[66] a dezlega *to unite, to loose*
[67] evreu *Jew*
[68] grăbitoare = grăbiță *hurried*
[69] a rătăci *to wonder aimlessly*

10. Ce studii a urmat Eminescu la Viena?

11. Ce atitudine a avut Eminescu faţă de aşa-zişii „intelectuali" de paradă?

12. Cum a cunoscut Eminescu viaţa ţăranilor?

13. De ce a intrat opera lui Eminescu în patrimoniul literaturii universale?

14. Ştiţi ce vârstă a avut Eminescu când a murit?

Lesson 31
Lecţia a treizeci şi una

31.1. Ion Luca Caragiale (1852-1912)

Ion Luca Caragiale s-a născut în anul 1852, în satul Haimanale de lângă Ploieşti. Tatăl său, Luca Caragiale, a fost avocat. Unchii lui, Iorgu si Costache, erau actori; Costache Caragiale era în acelaşi timp şi profesor la conservator şi autor dramatic.

I.L. Caragiale a urmat şcoala primară la Ploieşti având învăţător pe Vasile Drăgoşescu, a cărui figură o evocă cu dragoste şi respect în amintirile sale. Tot la Ploieşti urmează şi gimnaziul. După absolvirea gimnaziului, tatăl său moare şi e nevoit să-şi întrerupă studiile şi să muncească pentru a câştiga existenţa sa şi a familiei. În luptă cu viaţa a avut multe profesii, de la sufleur[1] şi copist de teatru la director al Teatrului Naţional, corector de ziar, redactor, profesor şi revizor şcolar.

De tânăr e prieten cu marele Mihai Eminescu, cu care colaborează la ziarul *Timpul*. Dar teatrul îl atrage în permanenţă, precum şi versurile şi proza umoristică.

Primul lui mare succes a fost piesa de teatru *O noapte furtunoasă*, în anul 1879.

Cea mai importantă operă a sa este însă *O scrisoare pierdură*, care s-a reprezentat pentru prima oară pe scena Teatrului Naţional în anul 1884. Această piesă, străbătută de un umor neîntrecut,[2] cuprinde o critică a moravurilor politice din acel timp. Valoarea ei artistică a făcut ca ea să fie tradusă şi jucată şi azi pe multe scene mondiale.

---

[1] sufleur *prompter*
[2] neîntrecut *unsurpassed*

O farsă de succes a lui Caragiale e *Conul Leonida faţă cu reacţiunea*. G. Ibrăileanu[3] descrie piesa astfel:

„Această perfecţie artistică cere interpreţi încercaţi, *Conu Leonidn faţă cu rcacţiunea* e foarte greu de jucat. Piesa fiind lipsită de acţiune, de peripeţii,[4] neprovocând la început nici o aşteptare, neînnodându-se[5] încă nimic multă vreme, lipsită de decoruri, dar fiind atât de plină de intenţii, arta din ea trebuie relevată întreagă, ca să nu se piardă nici un contur şi nici un ton. Şi foarte rar a fost jucată mulţumitor.”

Caragiale a condus revista de pamflet *Moftul*[6] *român*. Din proza sa trebuie menţionat volumul *Momente şi schiţe*.

În anul 1904 se retrage la Berlin unde moare în 1912.

Academia Română l-a ales membru de onoare post-mortem, iar satul in care s-a născut scriitorul îi poartă numele.

31.2. Text: Búbico...

Nouă ceasuri şi nouă minute... Peste şase minute pleacă trenul. Un minut încă şi se-nchide casa. Repede-mi iau biletul, ies pe peron, alerg la tren, sunt în vagon... Trec de colo până colo prin coridor, să văz[7] în care compartiment aş găsi un loc mai comod... Aci. O damă singură, şi fumează, atât mai bine! Intru şi salut, când auz o mârâitură[8] şi văz apărând dintr-un paneraş[9] de lângă cocoana[10] capul unui căţel lăţos,[11] plin de funde de panglici[12] roşii şi albastre, care-ncepe să mă latre ca pe un făcător de rele intrat noaptea în iatacul[13] stăpâni-si.

— Búbico! zice cocoana... şezi mumos,[14] mamă! “Norocul meu — gândesc eu — să trăiesc bine!... Lua-te-ar dracul de javră!”[15]

Búbico se linişteşte puţin; nu mai latră; îşi retrage capul în paneraş, unde i-1 acopere iar cocoana cu un tărtănaş[16] de lână roşie; dar tot mârâie[17] înfundat... Eu, foarte plictisit, mă lungesc

---

[3] G. Ibrăileanu, *Scriitori románi şi străini*. 1986, p. 270
[4] peripeţie *action*
[5] a înnoda *to knot*
[6] moft *air*
[7] văz = văd
[8] mârâitură *growling*
[9] pancraş *basket, hamper*
[10] cocoană = cucoană *lady, spouse*
[11] lăţos *hairy, shaggy*
[12] panglică *ribbon*
[13] iatac *bedroom*
[14] mumos = frumos
[15] javră *cur, mutt*
[16] tărtănaş *blanket*
[17] a mârâi *to growl*

pe canapeaua din faţa cocoanii şi-nchiz ochii. Trenul a pornit... Prin coridor umblă pasajeri[18] şi vorbesc. Búbico mârâie arţăgos.[19]

— Biletele, domnilor! zice conductorul, intrând cu zgomot în compartimentul nostru.

Acum Búbico scoate capul foarte sus şi, vrând să sară afară de la locul lui, începe să latre şi mai grozav ca adineaori. Eu întind biletul meu conductorului, care mi-l perforează. Conductorul face un pas către cucoana, care-şi căută biletul ei în săculeţul de mână, pe când Búbico latră şi chelălăie[20] desperat, smucindu-se[21] să iasă din paner.

— Búbico! zice cocoana, şezi mumos, mamiţo!

Şi-ntinde biletul. Când mâna conductorului s-a atins de mâna cocoanei, Búbico parc-a-nne- bunit. Dar conductorul şi-a terminat treaba şi iese. Cucoana îşi înveleşte favoritul mângâindu-1 "mumos"; eu mă lungesc la loc închizând ochii, pe când Búbico mârâie înfundat ca tunetul[22] care se tot depărtează după trecerea unei grozave furtuni. Acum nu se mai aude deloc. Dar auz hâşiitul[23] unui chibrit: cocoana îşi aprinde o ţigaretă... încă nu mi-e somn. De ce n-aş aprinde şi eu una? A! de grabă să nu pierz trenul, am uitat să-mi iau chibrituri. Dar nu face nimic... S-o rog pe mamiţa lui Búbico... Scot o ţigară, mă ridic şi dau să m-apropiu[24] de cocoana. Dar n-apuc să fac bine o mişcare, şi Búbico scoate capul lătrândli-mă mai furios decât pe conductor; latră şi chelălăie şi tuşeşte şi...

— Búbico — zice cocoana — şezi mumos, mamiţico!

"Lovi-te-ar-jigodia,[25] potaia[26] dracului!" zic în gândul meu. N-am văzut de când sunt o javră mai antipatică şi mai scârboasă...[27] Dac-aş putea, i-aş rupe gâtul.

În zbieretele[28] desperate ale lui Búbico, mamiţica îmi dă s-aprind. Îi mulţumesc şi m-aşez în locul cel mai depărtat din compartiment, de teamă că n-am să mai pot rezista pornirii şi am să-i trag la cap când şi l-o mai scoate din paner.

— Frumuşel căţel aveţi, zic eu cocoanii, după câteva momente de tăcere, da rău!

— Aş! nu e rău, zice cocoana; până se-nvaţă cu omul; dar nu ştiţi ce cuminte şi fidel este, şi deştept! Ei bine! e ca un om, frate! doar că nu vorbeşte...

Apoi către paner, cu multă dragoste;

---

[18] pasajeri = pasageri
[19] arţăgos *peevish, cantankerous*
[20] a chelălăi *to yelp*
[21] a se smuci *to struggle*
[22] tuner *thunder*
[23] hâşiit *striking*
[24] m-apropiu = m-aproprii
[25] jigodi *beast, distempered one*
[26] potaie *cur, scoundrel*
[27] scârbos *disgusting, nausenting*
[28] zbierăt *yelling, braying*

— Unde-i Búbico?... Nu e Búbico!...

Din paner se aude un miorlăit sentimental.

— Să-i dea mama băiețelului zăhărel?... Búbico! Búbi!!

Băiețelul scoate capul cu panglicuțe... Mamița-l degajează din țoalele[29] în cari dospește[30] -nfășurat și-l scoate afară. Búbico se uită la mine și mârâie-n surdină. Eu, apucat de groază la ideea că nenorocitul ar încerca să mă provoace, zic cocoanei:

— Madam! pentru Dumnezeu, țincți-l să nu se dea la mine! eu sunt nevricos[31], și nu știu ce-aș fi în stare... de frică...

Dar cocoana, luând în brațe pe favorit și mângâindu-1 cu toată duioșia:[32]

— Vai de mine! cum crezi d-ta?... Noi suntem băieți cuminți și binecrescuți... Noi nu suntem mojici[33] ca Bismarck...

— Ha? zic eu.

— Bismarck al ofițerului Papadopolinii.

Dându-mi această explicație, cocoana scoate din săculețul de mână o bucățică de zahăr:

— Cui îi place zăhărelul?...

Búbico (făcând pe bancă sluj[34] frumos, cu toată detinătura[35] vagonului): Ham!

— Să-i dea mamița băietului zăhărel?

Búbico: Ham! Ham!

Și apucă bucățica de zahăr și-ncepc s-o ronțăie...[36] Cocoana scoate din alt săculeț o sticlă cu lapte, din care toarnă într-un pahar; apoi:

— Cui îi place lăptic?[37]

Búbico (lingându-se pe bot[38]): Ham!

— Să-i dea mamița lăptic băiatului?

Búbico (impacient): Ham! Ham!

„Ah! suspin cu în adânc; lua-te-ar hengherul,[39] Búbico!"

Dar cocoana aprope paharul aplecat de botul favoritului care-nccpe să lăpăie, și lăpăie, și lăpăie până când un pasajer se arată la ușa compartimentului nostru, uitându-sc-năuntru. Búbico se

---

[29] țoală *rug, cloth, wrapping*
[30] a dospi *to leaven, ferment*
[31] nevricos = nervos, iritabil *irritable*
[32] duioșie *fondness, affection*
[33] mojic *cad, lout*
[34] a face sluj *to cringe*
[35] eletinătură = clătinătură *shaking, tossing*
[36] a ronțăi *to crunch, nibble*
[37] lăptic = lapte *milk*
[38] bot *muzzle, mouth*
[39] hengher = hingher *dogeatcher*

oprește din lăpăit și se pornește să latre ca o fiară, cu ochii holbași și mușcând în sec și clănțănind[40] din dinți, și tușind și...

„Vedea-te-aș la Baheș, jigăraie[41] îndrăcită!"[42] gândesc eu, și prin mintea mea încep să treacă fel de fel de idei, care de care mai crudă și mai infamă.

Pasagerul s-a retras de la geam, Búbico s-a potolit. Cocoana toarnă iar laptc-n pahar și bea și dumneaei. Eu simț cum mă năvălesc, din ce în ce mai irezistibile, ideile negre.

— *0 propos* — zic eu — madam, vorbeați adineaori de Bismarck... al...

— Al ofițerului Papadopolinii...

— Ei! Ce e Bismarck?

Un dulău[43] de curte... Era să ini-1 omoare pe Búbico... Papadopolina are o cățelușă, Zam- bilica, foar-te frumușică! șade alături de mine; suntem prietene; și dumnealui (arată pe Búbico), curte teribilă! (Către Búbico:) CraiuleL. (Cătră mine:) Mizerabila de servitoare, o dobitoacă! i-am spus, când l-a dus afară de dimineață — că nu știi ce curat e! — zic: „Bagă de seamă să nu scape, să se ducă iar la Papadopolina, că-l rupe Bismarck..." dulăul ofițerului, care șade cu chirie la ea. (Tușește cu mult înțeles.) Eu nu știu ce făceam pân casă, când auz afară chelălăituri și țipete... Strig: "Búbico! Búbico! unde e băiatul?!" Alerg... Mi-1 aducea dobitoaca pe brațe; de-abia-1 scoseseră ea și Papadopolina și soldatul ofițerului din gura dulăului. Ce să-l vezi?... tăvălit,[44] leșinat și moale ca o cârpă. Zic: „Vai de mine! moare băiatul!" Stropește-I cu apă! dă-i cu odicolon la nas! Ce-am pătimit, numai eu știu... Două săptămâni a zăcut... Am adus și doftor. Da-n sfârșit, slavă Domnului! a scăpat... (Cătră Búbico:) Mai merge la Zambilica băiatul?

Bubico: Ham!

— Să te mănânce Bismarck... craiule!

— Ham! Ham!

Și sare de pe bancă jos în vagon și apucă spre mine.

— Cocoană! strig eu, ridicându-mi picioarele; eu sunt nevricos, să nu se dea la mine, că...

— Nu, frate! zice cocoana, nu vezi că vrea să se-mprietinească? Așa e el: numaidecât simte pe cine-l iubește...

— A! zic eu, având o inspirație infernală; a! simte pe cinc-1 iubește... vrea să ne-mprietenim?... Bravo!

Și pe când cățelul se apropie să mă miroasă, iau un pachețel de bonboane, pe cari le duc în provincie la un prietin; îl deschid, scot un bonbon și, întinzându-1 în jos, cu multă blândețe:

— Cuțu, cuțu! Búbico băiatul! Búbi!

---

[40] a clănțăni *to chatter, tremble*
[41] jigăraie = jigodie *mutt*
[42] îndrăcit *devilish(ly), wild(ly)*
[43] dulău *mastiff*
[44] tăvălit *rolled, trampled*

Búbico, dând din coadă, se apropie mai întâi cu oarecare sfială[45] și îndoinţă[46] apoi, încurajat de blândeţea mea, apucă frumos bonbonul și-nccpc să-l clefăie.

— Vezi că v-aţi împrietenit, zice cocoana cu multă satisfacţie de această apropiere.

Apoi îmi spune genealogia favoritului... Búbico este copilul lui Garson și al Gigichii, care era soră cu Zambilica a Papadopolinii, ceea ce care va să zică, însemnează că Zambilica este mătușa lui Búbico după mamă... În timp ce cocoana-mi povestește, eu înfrânându-mi aversiunea și dezgustul în favoarea unui scop înalt, întrebuinţez cele mai înjositoare mijloace spre a intra în bunele graţii ale nepotului[47] Zambilichii. Și-n adevăr, Búbico se tot apropie de mine, până se lasă să-l iau în braţe. Simţ că mi se bate inima de teamă ca nu cumva, print-o mișcare ori privire, să trădez un plan mare ce l-am croit[48] în adâncul conștiinţei mele. Cocoana nu se poate mira[49] îndestul de prietenia ce-mi arară Búbico, pe când eu cultiv cu stăruinţa această prietenie atât de scumpă mie, prin mângâieri și bonboane.

— Ei vezi! cum v-aţi împrietenit... Ce e, Búbico? ce e, mamă? iubești pe domnul? da?

Și Búbico răspunde, gudurându-se-n[50] braţele mele:

— Ham!

— Așa? ai trădat-o care va să zică pe mamiţica?... crainic!

Búbico: Ham! Ham!

— Trebuie să fii om bun! Nu trage el la fitecine...

— Firește, coconiţă; simte cânele; are instinct.

Când zic acestea, iată că trenul se oprește în Crivina. Pe peron se aud lătrături și ceartă de câni. Búbico dă să se smucească din braţele mele; eu îl ţiu bine; el începe să latre îndârjit cătră fereastra vagonului. Trenul pornește iar și Búbico, întorcând capul către partea de unde s-aude depărtându-se cearta semenilor lui, latră mereu; eu îl mângâi să-l potolesc; el, când nu se mai aude nimic, ridică botul spre tavan și începe, în braţele mele, să urle... în braţele mele!

„Ah! Búbico — zic eu în sine-mi, mângâindu-l frumos — de capu-ţi!... vedea-tc-aș mănuși!"

Dar Búbico urlă mereu.

— Doamnă — zic eu — rău faceţi că-l ţineţi așa de aproape pe Búbico și acoperit așa in căldură, poate să turbeze...[51] Chiar așa, aici e prea cald.

Și zicând acestea, mă scol cu Búbico-n braţe și in-apropiu de fereastra vagonului. Pun pe Búbico binișor jos lângă mamiţa lui și cobor geamul, aplecându-mă să respir. Afară noapte neagră ca și ideile mele.

— Bine faci! să mai iasă fumul de ţigară, zice cocoana.

---

[45] sfială *shyness, bashfullness*
[46] îndoinţă = îndoială
[47] nepot *grandson, nephew*
[48] a croi *to tailor, to sew*
[49] a se mira *to wonder, be surprised*
[50] a se gudura *to fawn upon*
[51] a turba *to go rabid, be incensed*

Intrăm pe podul Prahovii. Mă-ntorc, iau o bonboană, i-o arăt lui Búbico, care s-apropie de mine bâțâind frumușel din coadă.

„Pe memoria lui Plutone[52] și a fidelului său Cerber[53]! zic eu în gând; jur că au mințit acei cari au cântat instinctul cânilor! E o minciună! Nu există!"

Búbico îmi ia bonboana; îl iau iar în brațe și mă dau lângă fereastră, ridicându-1 în dreptul deschizăturii. Aerul răcoros, trecândti-i pe la bot, face mare plăcere lui Búbico. Scoate limba și respiră din adânc.

— Să nu-1 scapi pe fereastră!... pentru Dumn...

Dar n-apucă mamițica să rosteasc-ntreg sfântul nume al creatorului, și Búbico dispare ca un porumbel[54] alb în neagra noapte, înapoi spre București, zburând — la Zambilica, probabil. Mă-ntorc cu fața spre cocoana și, prezentându-mi manile goale, strig exasperat:

— Doamnă!

Un răcnet![55]... A-nnebunit cocoana!

— Repede, doamnă, semnalul de alarmă! O duc la semnal și o-nvăț cum să-l tragă. Pierdută de durere, execută mișcarea cu o supremă energie. Trenul, stop! pe loc. Cletinătură colosală. Emoție generală-ntre pasageri.

— Cine? cine a dat alarmă?

— Dumneaei! zic eu către personalul trenului, arătând pe cocoana leșinată[56].

Trenul se pune din nou în mișcare. La Ploiești, cocoana s-a deșteptat din leșin; zdrobită de nenorocire, trebuie să răspunză la proccsul-verbal ce i se dresează[57] pentru întrebuințarea semnalului. Pe când, in mijlocul pasajerilor grămădiți, cocoana se jelește, eu m-apropiu de urechea ei și, c-un rânjet, îi șoptesc răspicat:[58]

— Cocoană! eu l-am aruncat, mânca-i-ai-coada![59]

Ea leșină iar... Eu trec ca un demon prin mulțime și dispar în noaptea neagră...

(din I.L. Caragiale, *Moftul român,* 1901: „Momente schițe, amintiri," 1908)

---

[52] Plutone = Pluto, the god of inferno and death;
[53] Cerber, a mythological dog, with three heads, which guarded the entrance gate of the inferno;
[54] porumbel *dove*
[55] răcnet *roar, yell*
[56] a leșina *to faint*
[57] i se dresează = i se întocmește
[58] răspicat *plainly, clearly*
[59] coadă *tail*

Appendix

A.l Pronunciation

A.1.1 Alphabet

	Name:	*Sound:*	*As in:*	*Example and variants*
a	*a*	(a)	father	*mamă:* tends to (ă) when unstressed except in neologisms and in word-initial position.
ă	*ă*	(o)	*a*bout	*băiat:* tenser than its English counterpart, becomes (e) after front vowels and palatalized consonants: *băţ beţe.*
â	*â din a*	(i)		occurs only interior to the word close to *i* in stat *ic român, vârf.* Alternates with *(i)* in a few words: *cuvânt-cuvinte, vând-vinde,* etc.
b	*be*	(b)	*b*ad, *b*eauty	*bun:* palatalized (b) before a final *i limbi.*
c	*ce*	(k, c)	*c*andy, *ch*urch	pronounced (k) *carte* before back vowels and (c) *cine* before front vowels. When in combination with 'h', i.e., 'ch' it indicates a palatalized (k) *vechi.*
d	*de*	(d)	*d*andy	*da*u: alternates with (z) before final *i. cad, cazi.*
e	*e*	(e)	l*e*t, lat*e*, y*e*s	*merge:* pronounced (je) initially *este, eu;* alternates with (ea) when *ă* in following syllable: *meargă.*
f	*fe*	(f)	*f*ate, *f*ew	*fete:* palatalized before final *i: vătafi.*

g	*ghe*	(g, g)	gate, *gem*	(g) before back vowels: *găsi* and (j) before front vowels: *geniu*; with 'h' represents palatalized (g): *gheață*.
h	*ha*	(x)	like Scottish Ioc*h*	*haină, harep.*
i	*i*	(i, y)	sh*ee*p, bo*y*, *y*es	*citire*: normally a glide when in the same syllable with another vowel: *rai, iute;* and is severely reduced or lost finally: *limbi.*
î	*î din i*	(i)	close to *i* in stat*i*c	*in, coborî;* has same pronunciation as *â*.
j	*je*	(z)	pleasure	*joc, garaj.*
k	*ca*	(k)	*k*ilogram	only in borrowed words: *kilo, kripton.*
l	*le*	(1)	*l*ong	*lapte*: sometimes lost when followed by *i: cale, căi.*
m	*me*	(m)	*m*other	*mamă*: palatalized (m) in position before final *i: mărimi.*
n	*ne*	(n)	*n*ip, new	*nimic*: palatalized (n) before final *i: nimeni,* and sometimes lost: *pun, pui.*
o	*o*	(o)	*o*ught (Eastern American dialects)	*omorî*: alternates with (oa) when stressed and followed in next syllable by *e* or *ă: oală, oaspete;* sometimes alternates with u when unstressed: *port purtare.*
P	*pe*	(P)	s*p*in	*papă*: palatalized (p) before final *i: papi.*
r	*re*	(r)	lightly trilled *r* like Spanish *rio*	*rar.* palatalized (r) before final *i: mari.*
s	*se*	(s)	*s*alt	*sare*: alternates with (s) before final *i: las, lași.*
ş	*eş*	(s)	*sh*ip	*şa, duş.*
t	*ţe*	(t)	*t*able	*trist*: alternates with (c) before final *i: pot, poţi.*
ţ	*ţe*	(f)	boo*ts*	*ţară, învăţare.*
u	*u*	(u, w)	d*oo*m, co*w*	*umăr.* normally a glide (w) when in a syllable with another vowel: *rău, cadou.*
v	*ve*	(V)	*v*alue	*valoare*: palatalized before final *i: zugrăvi.*

w	*dublu ve*	(v)	*w*ent	*watt, whisky*: (found only in borrowed words).
x	*ics*	(ks)	mi*x*	*xilofon, xenofob*: (found only in borrowed words).
z	*z*	(z)	*z*ebra	*zahăr*: palatalized before final *i*: *francezi*.

A.1.2. Stress

The Romanian stress accent is really penultimate, but, since final *u* is no longer part of the official orthography, one may say that it normally falls on the last vowel or diphthong before the last consonant of the word, counting the semi-vowels *u, i* as consonants.

| carte | cadou | creion | întâi |
| masă | tăcere | bărbat | copil |

The addition of the article or plural does not affect the placement of the accent: *carte-cărțile, cadou-cadouri.*

The infinitive forms are a clear exception, probably because they were related to a verbal noun (the 'long' infinitive) in *-re*, where their accent was penultimate:

| coborâ(re) | pleca(re) | vede(re) |
| adresa(re) | citi(re) | tăce(re |

Note that, as final stressed *-e* is unstable in Romanian, verbs like *vedea, tăcea* added *a* when the *-re* was removed. Verbs like *face(re), stinge(re),* and *duce(re)* are exceptional in the fact that the stress remains on the first syllable in the present tense. The imperfect, the simple perfect, and the pluperfect all contain exceptions to the general stress rule: they are consistently stressed on the theme vowel except for a few forms (see examples below).

The verbal suffixes *-un-, -în-, -ăn-, -ăr-, -ui* are inherently unstressable and verbs containing them form a regular group of exceptions:

cumpăra	cumpăr	substitui	substitui
	cumperi		substitui
	cumpără		substituie
	cumpărăm		substituim

Another exception is provided by nouns borrowed from various languages. Although many borrowings already fit or have adjusted to fit, some resist. For example, Turkish borrowings that end in *-a* or *-ea* are always stressed: *baclava, cafea, mahala, cişmea.*

Many Latin neologisms are also exceptional; for example, some words in *-ție: abstracție, atracție* or *-ic: geometric, filologic, ontologic, genetic.*

All exceptions to the general rule, except infinitives, will be noted in the glossary with a dot under the appropriate syllable.

A.2. Inflection

A.2.1. Nominal Inflection

In the following charts are the forms for each of the types of Romanian noun. Although there are slots for eight possible forms, one can readily see that it is really the article that is inflected. Except for the feminine, the oblique case in Romanian appears only as a part of the articles. The one true case form is that of the feminine oblique and its form is equivalent to the unarticulated plural. Thus, the student is advised to concentrate on the singular-plural contrast for each noun and the appropriate addition of the article when necessary. The so-called genitive or possessive article *al, a, ai, ale* is omitted here.

MASCULINE	Indefinite		Definite	
	Singular	Plural	Singular	Plural
Nominative	un copil	niște copii	copilul	copiii
Oblique	unui copil	unor copii	copilului	copiilor
Nom.	un perete	niște pereți	peretele	pereții
Obl.	unui perete	unor pereți	peretelui	pereților
Nom.	un om	niște oameni	omul	oamenii
Obl.	unui om	unor oameni	omului	oamenilor
Nom.	un dentist	niște dentiști	dentistul	dentiștii
Obl.	unui dentist	unor dentiști	dentistului	dentiștilor
NEUTER				
Nom.	un creion	niște creioane	creionul	creioanele
Obl.	unui creion	unor creioane	creionului	creioanelor
Nom.	un picior	niște picioare	piciorul	picioarele
Obl.	unui picior	unor picioare	piciorului	picioarelor
Nom.	un lucru	niște lucruri	lucrul	lucrurile
Obl.	unui lucru	unor lucruri	lucrului	lucrurilor
Nom.	un birou	niște birouri	biroul	birourile
Obl.	unui birou	unor birouri	biroului	birourile
FEMININE				
Nom.	o fată	niște fete	fata	fetele
Obl.	unei fete	unor fete	fetei	fetelor

Nom.	o carte	nişte cărţi	cartea	cărţile
Obl.	unei cărţi	unor cărţi	cărţii	cărţilor
Nom.	o cofetărie	nişte cofetării	cofetăria	cofetăriile
Obl.	unei cofetării	unor cofetării	cofetăriei	cofetăriilor
Nom.	o cultură	nişte culturi	cultura	culturile
Obl	unei culuri	unor culturi	culturii	culturilor
Nom.	o mahala	nişte mahalale	mahalaua	mahalalele
Obl.	unei mahalale	unor mahalale	mahalalei	mahalalelor
Nom.	o cafea	nişte cafele	cafeaua	cafelele
Obl.	unei cafele	unor cafele	cafelei	cafelelor
Nom.	o soră	nişte surori	sora	surorile
Obl.	unei surori	unor surori	surorii	surorile
Nom.	o blană	nişte blănuri	blana	blănurile
Obl.	unei blăni	unor blănuri	blănii	blănurilor
Nom.	o treabă	nişte treburi	treaba	treburile
Obl.	unei trebi	unor treburi	trebii	treburilor

Pronouns

PERSONAL				
Nominative	Accusative		Dative	
	Emphatic	Short	Emphatic	Short
eu	mine	mă	mie	îmi
el	el	îi	lui	îi
ea	ea	o	ei	îi
noi	noi	ne	nouă	ne (ni)
voi	voi	vă	vouă	vă (vi)
ei	ei	îi	lor	le
ele	ele	le	lor	le

POLITE				
Nominative	**Accusative**		**Dative**	
	Emphatic	**Short**	**Emphatic**	**Short**
dumneata	dumneata	re	dumitale	îţi
dumneavoastră	dumneavoastră	vă	dumneavoastră	vă
dumnealui	dumnealui	îl	dumnealui	îi
dânsul	dânsul	îl	dânsului	îi
dumneaei	dumneaei	o	dumneaei	îi
dânsa	dânsa	o	dânsei	îi
dumnealor	dumnealor	îi	dumnealor	le
dânşii	dânşii	îi	dânşii	le
dânsele	dânsele	le	dânsele	Ie

POSSESIVE							
al	meu	a	mea	ai	mei	ale	mele
	tău		ra		tăi		tale
	lui		lui		lui		lui
	ei		ei		ei		ei
	său		sa		săi		sale
al	nostru	a	noastră	ai	noştri	ale	noastre
	vostru		voastră		voştri		voastre
	lor		lor		lor		lor

DEMONSTARTIVE						
MASC.	acesta	aceştia	acela	aceia	celălalt	ceilalţi
	acestuia	acestora	aceluia	acelora	celuilalt	celorlalţi
FEM.	aceasta	acestea	aceea	acelea	cealaltă	celelalte
	acesteia	acestora	aceleia	acelora	celeilalte	celorlalte

INTERROGATIVE						
MASC.	care	care	cine	ce	cât	câţi
	cârui(a)	câror(a)	cui	—	—	—
FEM.	care	care	cine	ce	câtă	câte
	cărei(a)	câror(a)	cui	—	—	câtor(a)

INDEFINITE						
MASC.	unul	unii	tot	toţi	altul	alţii
	unui(a)	unor(a)	—	tuturor(a)	altui(a)	altor(a)
FEM.	una	unele	toată	toate	alta	altele
	unei(a)	unor(a)	—	tururor(a)	altei(a)	altor(a)

NEGATIVE		
nimeni	nimic	nitninui

A.2.2 Verbal Inflection:
Regular Verbs (back vowel)

	INFINITIVE			
	a pleca *to leave*	a adresa	a cobori	a uri
		to address	to descend	to hate
	GERUND			
	plecând	adresând	coborând	urând
	IMPERATIVE			
	pleacă	adresează	coboară	urăşte
	plecaţi	adresaţi	coborâţi	urâţi
	PRESENT INDICATIVE			
	plec	adresez	cobor	urăsc
	pleci	adresezi	cobori	urăşti
	pleacă	adresează	coboară	urăşte
	plecăm	adresăm	coborâm	urâm
	plecaţi	adresaţi	coborâţi	urâţi
	pleacă	adresează	coboară	urăsc
	FUTURE			
	plec	adresez	cobor	urăsc
	pleci	adresezi	cobori	urăşti
o să	plece	adreseze	coboare	urască
	plecăm	adresăm	coborâm	urâm
	plecaţi	adresaţi	coborâţi	urâţi
	plece	adreseze	coboare	urască
voi vci va vom veţi vor	pleca	adresa	coborî	uri
	CONDITIONAL			
ai ar am aţi ar	pleca	adresa	cobori	uri

IMPERFECT				
	plecam	adresam	coboram	uram
	plecai	adresai	coborai	urai
	pleca	adresa	cobora	ura
	plecam	adresam	coboram	uram
	plecaţi	adresaţi	coborâţi	uraţi
	plecau	adresau	coborau	urau
COMPOUND PAST				
am ai a am aji au	plecat	adresat	coborât	urât
AORIST (SIMPLE PERFECT)				
	plecai	adresai	coborâi	urâi
	plecaşi	adresaşi	coborâşi	urâşi
	plecă	adresă	coborî	urî
	plecarăm	adresarăm	coborârăm	urărăm
	plecarăţi	adresarăţi	coborârăţi	urărăţi
	plecară	adresară	coborâră	urără
PLUPERFECT (PAST PERFECT)				
	plecasem	adresasem	coborâsem	urîsem
	plecaseşi	adresaseşi	coborâseşi	urâseşi
	plecase	adresase	coborâse	urîse
	plecaserăm	adresase(ră)m	coborâserăm	urîserăm
	plecaserăţi	adresaserăţi	coborâserăţi	urâserăţi
	plecaseră	adresaseră	coborâseră	urâserră
PAST CONDITIONAL				
aş fi ai fi ar fi am fi aţi fi ar fi	plecat	adresat	coborât	urât
PAST SUBJUNCTIVE				
să fi	plecat	adresat	coborât	urât

Regular Verbs (Front Vowel)

		INFINITIVE		
		a fugi	a citi	a tăcea	a merge
		to run	*to read*	*to be quiet*	*to go*
		GERUND			
		fugind	citind	tăcând	mergând
		IMPERATIVE			
		fugi!	citeşte!	taci!	mergi!
		fugiţi!	citiţi!	tăceţi!	mergeţi!
		PRESENT INDICATIVE			
		fug	citesc	tac	merg
		fugi	citeşti	taci	mergi
		fuge	citeşte	tace	merge
		fugim	citim	tăcem	mergem
		fugiţi	citiţi	tăceţi	mergeţi
		fug	citesc	tac	merg
		FUTURE			
		fug	citesc	tac	merg
		fugi	citeşti	taci	mergi
o să		fugă	citească	tacă	meargă
		fugim	citim	tăcem	mergem
		fugiţi	citiţi	tăceţi	mergeţi
		fugă	citească	tacă	meargă
voi					
vei					
va		fugi	citi	tăcea	merge
vom					
veţi					
vor					
		CONDITIONAL			
aş					
ai					
ar		fugi	citi	tăcea	merge
am					
aţi					
ar					

IMPERFECT					
		fugeam	citeam	tăceam	mergeam
		fugeai	citeai	tăceai	mergeai
		fugea	citea	tăcea	mergea
		fugeam	citeam	tăceam	mergeam
		fugeaţi	citeaţi	tăceaţi	mergeaţi
		fugeau	citeau	tăceau	mergeau
COMPOUND PAST					
am ai a am aţi au		fugit	citit	tăcut	mers
AORIST (SIMPLE PERFECT)					
		fugii	citii	tăcui	mersei
		fugişi	citişi	tăcuşi	merseşi
		fugi	citi	tăcu	merse
		fugirăm	citirăm	tăcurăm	merserăm
		fugirăţi	citirăţi	tăcurăţi	merserăţi
		fugiră	citiră	tăcură	merseră
PLUPERFECT (PAST PERFECT)					
		fugisem	citisem	tăcusem	mersesem
		fugiseşi	citiseşi	tăcuseşi	merseseşi
		fugise	citise	tăcuse	mersese
		fugiserăm	citiserăm	tăcuserăm	merseserăm
		fugiserăţi	citiserăţi	tăcuserăţi	merseserăţi
		fugiseră	citiseră	tăcuseră	merseseră
PAST CONDITIONAL					
aş fi ai fi ar fi am fi aţi fi ar fi		fugit	citit	tăcut	mers
PAST SUBJUNCTIVE					
să fi		fugit	citit	tăcut	mers

Irregular verbs

	INFINITIVE					
	a sta	a fi	a lua	a avea	a vrea	a da
	to stay	*to he*	*to take*	*to have*	*to want*	*to give*
	GERUND					
	stând	fiind	luând	având	vrând (voind)	dând
	IMPERATIVE					
	stai!	fii!	ia!	ai!	—	dai!
	staţi!	fiţi!	luaţi!	aveţi!	—	daţi!
	PRESENT INDICATIVE					
	stau	sunt	iau	am	vreau	dau
	stai	eşti	iei	ai	vrei	dai
	stă	este	ia	are	vrea	dă
	stăm	suntem	luam	avem	vrem	dăm
	staţi	sunteţi	luaţi	aveţi	vreţi	daţi
	stau	sunt	iau	au	vreau (vor)	dau
	FUTURE					
o să	stau	fiu	iau	am	vreau	dau
	stai	fii	iei	ai	vrei	dai
	steă	fie	ia	aibă	vrea	dea
	stăm	fim	luâm	avem	vrem	dăm
	staţi	fiţi	luaţi	aveţi	vreţi	daţi
	stea	fie	ia	aibă	vreau	dea
voi vei va vom veţi vor	sta	fi	lua	avea	vrea	da
	CONDITIONAL					
aş ai ar am aţi ar	sta	fi	lua	avea	vrea	da

IMPERFECT						
	srâream	eram	luam	aveam	vream	dădeam
	stăteai	erai	luai	aveai	vreai	dădeai
	stătea	era	lua	avea	vrea	dădea
	stăteam	eram	luam	aveam	vream	dădeam
	stăteaţi	eraţi	luaţi	aveaţi	vreaţi	dădeaţi
	stăteau	erau	luau	aveau	vreau	dădeau

COMPOUND PAST						
am ai a am aţi au	stat	fost	luat	avut	vrut	dat

AORIST (SIMPLE PERFECT)						
	stătui	fui	luai	avui	vrui	dădui
	stătuşi	fuşi	luaşi	avuşi	vruşi	dăduşi
	stătu	fu	luă	avu	vru	dădu
	stăturăm	furăm	lua(se)răm	avu(se)răm	vrurăm	dădurăm
	stăturăţi	furăţi	lua(se)răţi	avu(se)răţi	vrurăţi	dădurăţi
	stătură	fură	lua(se)ră	avu(se)ră	vrură	dădură

PLUPERFECT (PAST PERFECT)						
	stătusem	fusesem	luasem	avusesem	vrusesem	dădusem
	srătuseşi	fuseseşi	luaseşi	avuseseşi	vruseseşi	dăduseşi
	stătuse	fusese	luase	avusese	vrusese	dăduse
	stătuserăm	fuseserăm	luaserăm	avuseserăm	vrueserăm	dăduse(ră)m
	stăruserăţi	fuseserăţi	luaseraţi	avuseserăţi	vruseserăţi	dăduse(ră)ţi
	stătusără	fuseseră	luaseră	avuseseră	vruseseră	dăduseră

PAST CONDITIONAL						
aş fi ai fi ar fi am fi aţi fi ar fi	stat	fost	luat	avut	vrut	dat

PAST SUBJUNCTIVE						
să fi	stat	fost	luat	avut	vrut	dat

Romanian-English Glossary
Glosar român-englez

In the following glossary all words in the textbook are included except for the most obvious neologisms which have both similar meanings to their English counterparts and perfectly regular inflectional forms; also excluded are the personal pronouns.

Nouns are given in the singular with the plural termination indicated by a dash. Adjectives are given only in the masculine singular unless the feminine or plural is unusual. No indication is given for the adjectives which may he used adverbially or for adverbs in *-este* which are regularly derived from adjectives in *-esc*. Alternations provoked by addition of the plural or feminine endings are not given unless they are unusual. The following are regular vowel alternations:

ea —> *e* when next syllable has *e* or *i* or it is unstressed: *seară, seri; creastă, creste*

oa —> *o* when next syllable has *-i* or it is unstressed: *boală, boli; coală, coli*

e —> *ea* when next syllable has *-ă: (eu) cert, (el) ceartă*

o —> *oa* when next syllable has *-ă* or *-e: (eu) pot, (el) poate; (eu) port, (el) poartă*

a —> *ă* with feminine nouns when next syllable has *-i: scară, scări; ţară, ţări*

And these are the regular consonant alterations:

d —> *z* before final *-i: (eu) cad, (tu) cazi*

t —> *ţ* before final *-i: (eu) pot, (tu) poţi*

s —> *ş* before final *-i: pas, păşi*

sc —> *şt* before final *-e* or *-i (eu) cresc, (el) creşte*

Accent is indicated only for words that deviate from the norm. (See Appendix A for accentual information.)

Verbs are quoted in their infinitive form with the present tense infixes *-ez, -esc*. Suppletive verbal stems are also indicated by including the first singular present tense form. The reader is referred to the review of the verbal information in Lesson 17 and the sample conjugations in the Appendix for further information. The reflexive is noted only in those cases where the verb occurs only or mainly in its reflexive form or it has a special meaning that is not derivable from the non-reflexive one. Likewise the "long infinitive in *-re* is omitted except where its meaning is not obvious from the meaning of the verb.

The following abbreviations are used:

adj adjective	*n* neuter
adv adverb	*pl* plural
conj conjunction	*Prep* preposition
dem demonstrative pronoun	*pron* pronoun
f feminine	*refl* reflexive verb
impers impersonal	*vi* intransitive verb
m masculine	*vt* transitive verb

A

abajur, -uri (n) *lampshade*

a abate, abat (vt) *to lead astray*

abatere, -i (f) *deviation*

abecedar, -e (n) *ABC book*

aberaţie, -i (f) *aberration*

abia (adv) *hardly, merely*

abrutizat (adj) *made to be a brute*

a absolvi (vt) *to graduate, forgive*

abstracţie, -i (f) *abstraction*

absurditate, absurdităţi (f) *absurdity*

acasă (adv) *at home, homeward*

a accentua, -ez (vt) *to stress, emphasize*

a accepta (vt) *to accept*

acceptare, acceptări (f) *acceptance*

accepţie, -i (f) *meaning, opinion*

acces, -e (n) *access*

accident, -e (n) *accident*

acea, acel, acele, acei (dem sg: f, m / pl: f, m)
    that, those

această, acesta, acestea, aceştia (dem sg: f, m / pl: f,
    m) *this, these*

aceeaşi, acelaşi, aceleaşi, aceiaşi (dem sg: f, m / pl: f,
    m) *the same (one)*

a achita (vt) *to pay off (a debt)*

aci = aici (adv) *here*

acolo = colo = colea (adv) *there*

a acoperi, acopăr (vt) *to cover*

acord, -uri (n) *agreement* (de — cu) *in agreement*
    with

a acorda, -ez (vt) *to award, to tune*

act, -e (n) *act*

activitate, activităţi (f) *activity*

actual (adj) *current*

a acţiona, -ez (vi) *to act, work*

acum (adv) *now*

acut (adj) *acute*

a adapta, -ez (vt) *to fit, adapt*

adăpost, -uri (n) *shelter*

a adăuga (vt) *to add*

adânc (adj) *deep*

a ademeni, -esc (vt) *to lure*

adesea = adeseori (adv) *often*

adevăr, -uri (n) *truth*

adevărat (adj) *true*

a adia (vi) *to waft*

adică (adv) *that is to say*

adineauri (adv) *just now*

a administra, -ez (vt) *to administrate, to organize*

administraţie, -i (f) *administration*

a admira (vt) *to admire*

admiraţie, -i (f) *admiration*

a admite, -s (vt) *to admit*

a adopta (vt) *to adopt*

a adormi (vt) *to put to sleep* (vi) *to fall asleep*

a adresa, -ez (vt) *to address*

adresant, -i (m) *addressee*

a aduce, aduc (vt) *to bring, to fetch*

a aduna (vt) *to gather, add*

afară (adv) *outside*

a afirma (vt) *to assert, affirm*

afiş, -e (n) *poster*

a afla (vt) *to learn, hear, find* (refl) *to be*

agent, -i (m) *agent*

aici, aci (adv) *here*

aievea (adv) *in reality, really*

aiurit (adj) *scatter-brained*

a ajunge, ajung (vt) *to suffice, catch up (to)*

a ajuta (vt) *to help*

ajutor, ajutoare (n) *help*

a alarma, -ez (vt) *to alarm, frighten*

a alăpta, -ez (vt) *to suckle*

alături (adv) *beside, along*

alb (adj) *white*

albastru (adj) *blue*

alburiu (adj) *whitish*

a alcătui, -esc (vt) *to make, organize*

alcool, -uri (n) *alcohol*

alee, alei (f) *lane, path*

a alege, aleg (vt) *to choose*

a alerga (vi) *to run*

alimentară, -e (f) *food score*

alimentare, alimentări (f) *feeding, diet*

alimentar (adj) *food, alimentary*

a alinta (vt) *to caress, spoil (a child)*

alo (interj) *hello (telephone); hey! (street)*

alpin (adj) *alpine*

altă, alt, alte, alţi (adj sg: f, m / pi: f, m) *other*

altar, -e (n) altar

altădată (adv) *some other time*

altceva (pron) *something else*

a altera, -ez (vt) *to alter, to change; to spoil;* (refl)
    to go bad

alternanţă, -e (f) *alternation*

altfel = altminteri (adv) *otherwise*

aluzie, -i (f) *allusion*

amabil (adj) *amiable, kind*

amănunt, -e (n) *detail, particular*

amărât (adj) *embittered*

amândouă, amândoi (pron: f, m) *both*

ambarcaţiune, -i (f) *boat, raft*

ambele, ambii (num: f, m) *both*

ambiţios (adj) *ambitious*

a amenaja, -ez (vt) *to arrange*

a amenda, -ez (vt) *to line*

amendă, -i (n) *fine*

amestec, -uri (n) *mixture*

a amesteca, amestec (vt) *to mix, mingle*

ameţeală, -i (1) *giddiness*

amiază, -i (f) *noon*

amic, -i (m) *friend*

amical (adj) *friendly*

amiciţie, -i (f) *friendship*

a aminti, -esc (vt) *to remind*(vi) *to remember*

amor, -uri (n) *love (affair)*

amor propriu (n) *self-respect, pride*

amprentă, -e (f) *mark, fingerprint*

an, ani (m) *year*

a analiza, -ez (vt) *to analyze*

analiză, -e (f) *analysis*

anapoda (adv) *upside down, against the current*

anarhic (adj) *anarchic*

a ancora, -ez (vt) *to anchor*

anecdotă, -e (f) *anecdote, joke*

anemie, -i (f) *anemia*

a angaja, -ez (vt) *to hire, engage*

animal, -e (n) *animal*

antichitate, antichităţi (f) *antiquity*

anume (adv) *purposely*

anumit (adj) *a certain*

a anunţa, anunţ (vt) *to announce, advertize*

aparat, -e (n) *device, machine*

apartenenţă, -e (f) *the act of belonging*

a aparţine, aparţin (vi) *to belong (ro)*

apă, -e (f) *water*

a apăra, apăr (vt) *to defend*

a apărea, apar (vi) *to appear*

a apăsa, apăs (vt) *to press, oppress*

apel, -uri (n) *appeal*

a aplica, aplic (vt) *to apply*

apoi (adv) *then, afterwards*

apreciere, -i (f) *appreciation*

a aprinde, aprind (vt) *to light*

aproape (adv) *close, near-by; almost*

a aproba, aprob (vt) *to approve*

a apropia, apropii (vt) *to bring near, approach*

apropiere, -i (f) *proximity, approach; intimacy.*
    closeness

aptitudine, -i (f) *aptitude, talent*

a apuca (vt) *to grasp* (refl) *to begin*

apucat (adj) *seized; hot headed, insane*

apus, -uri (n) *sunset, west*

a ara, ar (vt) *to plough, till*

arabil (adj) *arable*

a aranja, -ez (vt) *to arrange*

a arăta, arăt (vt) *to show*

arhicitadin (adj) *ultra metropolitan*

a arde, ard (vi, vt) *to burn*

ardei, ardei (m) *pepper*

ardoare, -i (f) *eagerness, fervor, passion*

argint (n) *silver*

a argumenta, -ez (vt) *to argue*

arie, -i (f) *area*

aripă, -i (f) *wing*

aristotelic (adj) *pertaining to Aristotle*

aritmetică, -i (f) *arithmetic*

a arma, -ez (vt) *to cock a gun* (a înarma, -ez *to arm*)

armată, -e (f) *army*

armonică, -i (f) *harmonica, harmonics*

artă, -e (f) *art*

artist, -i (m) *artist, performer*

a arunca (vt) *to throw*

arzător, -e (n) *burner* (adj) *burning*

a asasina, -ez (vt) *to assassinate*

ascendent (adj) *ascending*

ascensiune, -i (f) *climbing, ascent*

a asculta (vi) *to listen (to)*

ascultător, -i (m) *listener,;* (adj) *obedient*

a ascunde, ascund (vt) *to hide*

a ascuţi (vt) *to sharpen*

aseară (adv) *last night*

a asedia, -ez (vt) *to besiege*

asemănare, asemănări (f) *similarity*

asemenea (adj) *similar,* (adv) *similarly*

a aservi, -esc. (vt) *to subjugate*

aservit (adj) *obsequious*

a asigura, asigur (vt) *to assure*

asigurare, asigurări (f) *insurance*

a asimila, -ez (vt) *to assimilate*

asociaţie, -i (f) *association, society*

aspect, -e (n) *aspect*

a aspira (vt) *to aspire, suck in*

aspru (adj) *severe, rough*

astăzi (adv) *today*

asupra (prep) *on, about*

aşa (adv) *so, thus*

a aşeza (vr) *to set*

a aştepta (vt) *to wait for, expect*

aşteptare, aşteptări (f) *waiting, expectation*

a aşterne, aşterne (vt) *to spread*

aşternut, -uri (n) *bedspread*

a ataca (vt) *to attack*

atare (adj) *such;* (ca atare *in consequence*)

a atârna (vt) *to depend* (vt) *to hang*

atât, -a (adj adv) *so much*

atelier, -e (n) *workshop, studio*

atent (adj) *attentive*

atenţie, -i (f) *attention*

a atinge, ating (vt) *to touch, affect*

atitudine, -i (f) *attitude*

a atrage, atrag (vt) *to attract*

a atrofia, -ez (vi) *to atrophy*

atunci (adv) *then, at that time*

a aţipi, -esc (vi) *to doze*

aur (n) *gold*

auriu (adj) *gold-colored*

autentic (adj) *authentic*

autocritică, -i (f) *self-criticism*

autohton, -i (m) *native, local resident*

autor, -i (m) *author*

autoservire, -i (f) *self-service*

a auzi, aud (vt) *to hear*

avânt, -uri (n) *elan, impetus*

a avea, am (vt) *to have*

a (se) aventura, -ez (refl) *to venture*

aviatic (adj) *of aviation*

avocat, avocaţi (m) *lawyer*

B

bagaj, -e (n) *baggage*

bagatelă, -e (f) *insignificant matter*

baie, băi (f) *bath*

balnear (adj) *pertaining to spa*

baltă, bălţi (f) *puddle, swamp*

ban, bani (m) the l/100th part of a leu, *money*

banc, -uri (n) *joke, sandbar*

bandă, benzi (f) *gang; strip, tape*

barbă, bărbi (f) *beard*

barcă, bărci (f) *boat*

a baricada, -ez (vt) *to barricade*

baricadă, -e (f) *barricade*

başca (adv) *besides, in conclusion*

a bate, bat (vt) *to hit, beat*, (vi) *to blow* (of wind);
a-şi bate capul *to worry*

a batjocori, -esc (vt) *to mock, scoff at*

a baza, -ez (vt) *to base*

a se baza (pe), -ez (refl) *to rely on*

bază, -e (f) *base*

băcan, -i (m) *grocer*

băcănie, -i (f) *grocery*

a băga, bag (vt) *to insert, place*

a băga pe cineva în răcori *to strike someone with
terror*

a băga de seamă *to realize*

băiat, băieţi (m) *boy*

a bănui, -esc (vt) *to suspect*

bărbat, bărbaţi (in) *husband, man*

bărbier, -i (m) *barber*

bătaie, bătăi (f) *fight*

a mânca bătaie *to lose, to be beaten*

a trage o bătaie *to beat*

bătălie, -i (f) *battle*

bătrân (adj) *old, aged*

băutură, -i (f) *drink*

a bântui (vi) *to infest, invade*

a bea, beau (vt) *to drink*

beat frânt, beat mort (adj) *dead drunk*

beletristică, -i (f) *belle-lettres, fiction*

belşug, -uri (n) *abundance*

a beneficia, -ez (vi) *to benefit, profit*

biblie, -i (f) *bible*

bibliotecă, -i (f) *library*

bicicletă, -e (f) *bicycle*

biet, biată (f) (adj) *unfortunate, poor*

bilet, -e (n) *ticket*

bine (adv) *well*

binefacere, -i (f) *charity*

binefăcător, -i (m) *benefactor*, (adj) *beneficent*

bineînţeles (adv) *of course*

binevenit (adj) *welcome*

a binevoi, -esc (vi) *to be willing (to)*

binişor (adv) *fairly well*

bir, -uri (n) *exorbitant tax*

birjar, -i (m) *cabman, cab driver*

birjă, -e (f) *hack, cab*

birou, -uri (n) *office, desk*

a birui, -esc (vt) *to vanquish*

biruinţă, -e (f) *victory*

bisect (adj) *leap*

an bisect *leap year*

biserică, -i (f) *church*

bisericesc (adj) *of the church, ecclesiastic*

bloc, -uri (n) *block of flats*

bloc de desen *drawing pad*

bloc de piatră *stone block*

a bloca, blochez (vt) *to block, prevent*

boboc, -i (m) *flower bed, chick*

bocanc, -i (m) *boot*

bogat (adj) *rich*

bogăţie, -i (f) *wealth*

boier, -i (m) *boyar*

boierime, -i (f) *boyar class*

bolnav (adj) *ill*

bor, -uri (n) *brim*

bordură, -i (f) *curb*

boroboaţă, -e (f) *blunder*

a boteza, botez (vt) *to baptize*

bou, -i (m) *ox*

braţ, -e (n) *arm*

bravură, -i (f) *bravery*

a brăzda, -ez (vt) *to slash, plow*

brăzdat (adj) *crisscrossed*

a bronza, -ez (vt) *to tan*

brusc (adj) *sudden, abrupt*

bucătărie, -i (f) *kitchen*

bucăţică, bucăţele (f, dim. from bucată) *small piece*

a (se) bucura (vt, refl) *to please, gladden*

bucurie, -i (f) *joy*

buletin, -e (n) *bulletin, I.D. card*

bun (adj) *good*

bunăstare, bunăstări (f) *well-being, condition*

bunătate, -i (f) *kindness* (pl *goodies)*

bunăvoinţă, -e (f) *goodwill, benevolence*

bunic, -i (m) *grandfather*

bunică, -i (f) *grandmother*

bunuri (n pl) *goods*

burghez (adj) *bourgeois*

butuc, -i (m) *stump, log*

C

ca (conj comp) *like, as*

cabană, -e (f) *mountain chalet, hut*

cabinet, -e (f) *doctor's office*

cadou, -ri (n) *gift*

cafea, cafele (f) *coffee*

cafenegiu, -i (m) *one who hangs around coffee shops*

caiet, -e (n) *notebook*

caisă, -e (f) *apricot*

cal, cai (m) *horse*

calabalâc, -uri (n) *personal stuff*

calapod, -e (n) *last, shoe form*

calcaros (adj) *of calcium*

calcul, -e (n) *calculus*

cald (adj) *warm*

cale, căi (f) *avenue, way, road*

calitate, -i (f) *quality*

calp (adj) *spurious, false* (rare)

cam (adv) *rather*

camătă, camete (f) *usury*

cameră, -e (f) *room*

canava, -le (f) *canvas*

cantitate, -i (f) *quantity*

a cantona, -ez (vt) *to billet*

cap, -ete (n) *head*

capăt, -e (n) *end, limit*

capitol, -e (n) *chapter*

capră, -e (f) *goat*

a captura, -ez (vt) *to capture*

car, care (n) *cart*

care (pron) *who, which*

cartă, -e (f) *charter*

carte, -i (f) *book,* carte poştală ilustrată *picture postcard*

carton, cartoane (n) *cardboard*

casă, -e (f) *house, building; cashier*

casnic (adj) *domestic*

castel, -e (n) *castle*

castru, -e (n) *(military) camp*

caş, -uri (n) *a kind of cheese*

cataif, -uri (n) *kind of Turkish cake with whipped cream*

catarg, -e (n) *mast*

categoric (adj) *definite, postive, categorical*

a cauza, -ez (vt) *to cause*

cauză, -e (f) *cause*

caz, -uri (n) *case*

cazan, -e (n) *boiler, tub*

că (conj) *that, because*

a cădea, cad (vi) *to fall*

călător, -i (m) *traveller*

a călători, -esc (vi) *to travel*

a călăuzi, -esc (vt) *to guide*

cămătar, -i (m) *usurer*

a căpăta, capăt (vt) *to obtain, get*

căpătâi, căpătâie (n) *head of bed, cushion*

cărare, -i (f) *path*

căsătorit (adj) *married*

căscat, -uri (n) *yawn*

căsuţă, e (f) *cottage*

către (prep) *toward;* de către *by*

a căuta, caut (vt) *to look for*

câine, -i (m) *dog*

câmp, -uri (n) *field*

câmpie, -i (f) *open field, plain*

când (adv) *when*

a cânta, cânt (vt) *to sing*

cântec, -e (n) *song*

a cârni, -esc (vi) *to swerve,* a cârni din nas *to get one's nose our of joint* a câştiga, câştig (vt) *to win, earn*

cât (adv) *how many, how much?*

cât, câţi, câtă, câte (adj) *how many?*

câteodată (adv) *occasionally, several*

ce (pron) *what*

cearceaf, -uri (n) *(bed) sheet*

ceas, -uri (n) *clock, watch, hour*

ceaţă, -uri (f) *mist, fog*

celălalt (pron, adj) *the other (one)*

celebru (adj) *famous, well-known*

cenuşiu (adj) *ashen, grey*

cer, -uri (n) *heaven, sky*

cerc, -uri (n) *circle*

a cere, cer (vt) *to ask for, demand*

cereală, -e (f) *grain*

cerinţă, -e (f) *want, need*

a cerşi, -esc (vt) *to beg, panhandle*

a certa, cert (vt) *to scold;* (refl) *to quarrel*

cetate, cetăţi (f) *fortress*

cetăţenesc (adj) *civil, civic*

cetăţean, -i (m) *citizen*

ceva (pron) *something*

cheag, -uri (n) *dot, curd*

chef, -uri (n) *appetite, drinking party*

chelner, -i (m) *waiter*

a chema, chem (vt) *to call*

chemare, -i (f) *calling*

chestiune, -i (f) *problem, issue*

chiar (adv) *even*

chibrit, -uri (n) *match*

a chibzui, -esc (vi) *to reflect, think*

chilie, -i (f) *(monk's) cell*

chimie, -i (f) *chemistry*

chintesenţă, -e (f) *quintessence*

chinuit (adj) *tortured*

chiot, -e (n) *shout, cry*

a chirci, -esc (refl) *to crouch, be stunted*

chitanţă, -e (f) *receipt*

a chiti, -esc (vt) *to judge, consider*

a chiui, chiui (vi) *to shout, yell*

cică (conj) *it is said, one says*

cifră, -e (f) *figure, number*

cină, -e (f) *supper*

cinci (num) *five*

cine (pron) *who*

cinema(tograf), -e (n) *cinema*

cineva (pron) *someone, somebody*

cinism (n) *cynicism*

cinste (f) *honor*

a cinsti, -esc (vt) *to honor, treat (to drink)*

cioc, -uri (n) *beak, bill, goatee*

circ, -uri (n) *circus*

circa (adv) *approximately*

a circula, circul (vi) *to circulate, move about*

circulaţie, -i (f) *circulation, traffic*

a cita, -ez (vt) *to cite, quote*

a citi, -esc (vt) *to read*

cititor, -i (m) *reader*

ciudat (adj) *strange*

a se ciudi (refl) *to be angry, spiteful*

a ciuli, -esc (vt) *to prick up;* a ciuli urechile *to listen attentively*

ciumă, -e (f) *plague*

a ciunti, -esc (vt) *to cut off, amputate*

clar (adj) *dear, obvious*

clădire, -i (f) *building*

climat, -e (n) *climate*

climateric (adj) *climatic*

climă, -e (f) *clime*

clipă, -e (f) *moment, instant*

a coace, coc (vt) *to cook, bake*

coadă, -i (f) *tail, line*

coajă, -i (f) *peeling, hide*

a coase, cos (vt) *to sew*

a coborî, cobor (vi) *to descend*

codru, -i (m) *dense forest*

cofetărie, -i (f) *coffee shop*

a coincide, coincid (vi) *to coincide*

a colabora, -ez (vi) *to collaborate*

coleg, -i (m) *colleague*

colegă, -e (f) *colleague*

colorant, -i (m) *dye stuff, coloring*

colţ, -uri (n) *corner*

a comanda, comand (vt) *to order*

combină, -e (f) *combine*

comedie, -i (f) *comedy*

a comenta, -ez (vt) *to comment*

comerţ (n) *trade, commerce*

comic (adj) *comical*

comitet, -e (n) *committee, board*

a compătimi, -esc (vt) *to sympathize with*

compătimitor (adj) *sympathetic*

complet (adj) *complete*

a completa, -ez (vt) *to complete*

complicaţie, -i (f) *complication*

comportare, -i (f) *behavior*

compoziţie, -i (f) *composition*

a comprima, comprim (vt) *to compress*

a compromite, compromit (vt) *to compromise*

concediu, -i (n) *vacation*

a concentra, -ez (vt) *to concentrate*

a concepe, concep (vt) *to conceive*

concluzie, -i (f) *conclusion*

concret (adj) *concrete*

concurs, -uri (n) *competition, support, assistance*

a condamna, condamn (vt) *to condemn, blame*

condei, -e (n) *penholder, pen*; om de condei *writer*

condiţie, -i (f) *circumstances, condition*

a conduce, conduc (vt) *to conduct, drive (a car)*

confecţie, -i (f) *ready-made clothes*

a conferi , confer (vt) *to confer (on), consult (one another)*

conform (prep. w/oblique) *in conformance with, conforming to*

a se conforma, -ez (refl) *to conform*

a confrunta, confrunt (vt) *to confront*

a confunda, confund (vt) *to confound, confuse*

confuzie, -i (f) *confusion*

coniac, -uri (n) *cognac*

a conjuga, conjug (vt) *to conjugate*

a conjura, conjur (vt) *to conjure, implore*

a consacra, consacru (vt) *to consecrate*

consiliu, -i (n) *committee, council*

consimţământ, -minte (n) *agreement*

a consolida, -ez (vt) *to consolidate*

a consta, constă (vi, impers) *to consist of*

a constata, constat (vt) *to state, establish*

a constituí, constítui (vt) *to constitute*

constitutiv (adj) *constituent*

a construi, -esc (vt) *to construct, build*

conştient (adj) *conscious, aware*

conştiincios (adj) *consciencious*

conştiinţă, -e (f) *conscience*

a conta, -ez (vt) *to count on* (vi) *to matter*

contemporan (adj) *contemporary*

a continua, continui (vi) *to continue* (vt) *to keep on (doing)*

a contopi, -esc (vt) *to melt, fuse*

a contrazice, contrazic (vt) *to contradict*

a contribuí, contríbui (vi) *to contribute*

a controla, -ez (vt) *to check, supervise*

contur, -uri (n) *contour, outline*

a conţine, conţin (vt) *to contain, include*

conţinut (n) *content(s)*

a contracta, -ez (vt) *to contract*

a conveni (vi) *to agree (on), suit, fit*

a convieţui, -esc (vi) *to live together*

a convinge, conving (vt) *to convince*

convingere, -i (f) *conviction*

a coopta, -ez (vt) *to include, coopt*

a coordona, -ez (vt) *to coordinate*

copil, -i (m) *child*

copios (adj) *copious*

copt (adj) *baked, ripe (see a coace)*

corcitură, -i (f) *hybrid*

corector, -i (m) *proof-reader*

corigent, -i (m) *one who has to take a repeat examination*

corn, coarne (n) horn

corn, -uri *crescent roll*

corp, -uri (n) *body*

cort, -uri (n) *tent*

cortină, -e (f) *curtain*

a corupe, corup (vt) *to corrupt*

a cosra (vi) *to cost*

costişă, -e (f) *slope, declivity*

costum, -e (n) *suit*

cot, coate (n) *elbow*

coteţ, -e (n) *hen house*

cotizaţie (f) *dues, subscription*

cotropitor, -i (m) *attacker*

crap, -i (m) *carp*

a crea, creez (vt) fo *create*

a crede, cred (vt) *to believe, trust*

credinţă, -e (f) *belief*

creier, -i (m) *brain*

creion, creioane (n) pencil

a creşte, cresc (vi) *to increase* (vt) *to rear*

criteriu, -i (n) *criterion*

critic (adj) *critical, dangerous*

critică, -i (f) *criticism*

criză, -e (f) *crisis*

cronică, -i (f) *chronical*

cruce, -i (f) *cross*

a se cruci, -esc (refl) *to cross oneself*

cu (prep) *with*

cuartal, -e (n) *quarter*

cub, -uri (n) *cube*

cuc, -i (m) *cuckoo*

a cuceri, -esc (vt) *to conquer*

cuceritor (adj) *conquering, charming*

cucoană, -e (f) *'ma'am'*

cuivá (pron) *to someone*

a culca (vt) *to put to bed*

culcuş, -uri (n) *lair, couch*

a culege, culeg (vt) *to collect, harvest*

culme, -i (f) *top, apex; punchline*

culoare, -i (f) *color*

a cultiva, cultiv (vt) *to cultivate*

cultură, -i (f) *culture*

cum (adv) *how*

cumătru, -i (m) *godfather*

cuminte (adj) *obedient, good*

cumpănă, -e (f) *balance;* a sta în cumpănă *to hesitate*

a cumpăra, cumpăr (vt) *to buy, purchase*

cumpărător, -i (m) *buyer, customer*

cumpăt (n) *balance, poise*

a cunoaşte, cunosc (vt) *to know; be acquainted with*

cunoscut (adj) *known*

a cuprinde, cuprind (vt) *to encompass, contain, include*

cuprins, -uri (n) *content*

curat (adj) *neat, clean*

curând (adv) *soon*

curea, curele (f) *belt*

curent, -e (n) *current, trend* (adj) *fluent*

a curge, curg (vi) to *run, flow*

curs, -uri (n) *course*

curte, -i (f) *yard (court)*

a cutreiera, cutreier (vt) *to roam*

a se cuveni (refl) *to be fit, deserve*

cuvânt, cuvinte (n) *word*

cunviincios (adj) *seemly, decorous*

cuviinţă, -e (f) *decency, politeness*

D

da (adv) *yes*

a da, dau (vt) *to give;* a da de gol *to betray*

dacă (conj) *if*

dactilografă, -e (f) *typist*

dar (conj) *but*

dascăl, -i (m) *teacher* (obs)

dată, -e (f) *date, time*

dator (adj) *indebted*

a datora, -ez (vt) *to owe*

datorie, -i (f) *debt, duty*

datorită (prep) *owing (to)* (+ oblique)

datornic, -i (m) *debtor*

a dărâma, dărâm (vt) *to demolish*

dăunător (adj) *harmful*

de (prep) *of, from*

de-a lungul (prep) *along* (+ oblique)

de asemenea (adj) *as well, too*

debandadă, (f) *disorder, confusion*

debarcader, -e (n) *dock*

decădere, -i (f) *decadence*

decât (conj) *than*

deceniu, -i (n) *decade*

deci (adv) *consequently, thus*

a decide, decid (vt) *to decide*

a declara, declar (vt) *to dedare, state*

decor, -uri (n) *setting, decor*

decret, -e (n) *decree*

a decurge (vi, impers) *to flow forth, evolve*

a deduce, deduc (vt) *to deduce, infer*

defensivă, -e (f) *defense*

a degaja, -ez (vt) *to free, emit*

degeaba (adv) *vainly, uselessly*

deget, -e (n) *finger*

a deghiza, -ez (vt) *to disguise*

degrabă (adv) *quickly*

deloc (adv) *not at all*

demnitate, -i (f) *dignity*

a denunța, denunț (vt) *to denounce*

deoarece (conj) *since, because*

deocamdată (adv) *meanwhile*

deochiat (adj) *bewitched by an evil eye; ill-famed*

deodată (adv) *at the same time; all of a sudden*

deopotrivă (adv) *alike*

a deosebi, -esc (vt) *to distinguish*

deosebit (adj) *different*

departe (adv) *distantly, far away*

depărtare, -i (f) *distance, remoteness*

depărtat (adj) *far off, distant*

dependență, -e (f) *dependance*

a deplânge, deplâng (vt) *to pity, deplore*

deplin (adj) *full*

a se deprinde, deprind (refl) *to accustom to*

derizoriu (adj) *ridiculous*

des (adj) *dense* (adv) *often*

a desăvârși, -esc (vt) *to improve, finish*

a descărca, descarc (vt) *to unload*

a deschide, deschid (vt) *to open*

deschis (adj) *open*

a descoperi, descopăr (vt) *to discover*

a descrie, descriu (vt) *to describe*

a descurca, descurc (vt) *to disentangle, solve*

desert, -uri (n) *desert*

a desfășura, desfășor (vt) *to unfold, develop*

desigur (adv) *certainly*

a desmembra, -ez (vt) *to dismember*

a despărți, despart (vt) *to separate*

despre (prep) *about*

destul (adv) *enough*

deși (conj) *although*

deștept (adj) *dever*

a deștepta, deștept (vt) *to wake (up)*

a determina, determin (vt) *to determine*

detunătură, -i (f) *thunder, blast*

deunăzi (adv) *the other day, recently*

a deveni, devin (vi) *to become*

devreme (adv) *early*

a dezbrăca, dezbrac (vt) *to undress*

deziderat, -e (n) *wish, grievance*

a dezlănțui, -esc (vt) *to unchain, set free, unbridle*

a dezlega, dezleg (vt) *to unbind, untie, solve*

a dezvălui, dezvălui (vt) *to reveal, uncover*

a dezvolta, dezvolt (vt) *to develop*

diacon, -i (m) *deacon*

dialog, -uri (n) *dialogue*

diateză, -e (f) *mood* (grammar)

diferență, -e (f) *difference*

a diferenția, -ez (vt) *to differentiate*

diferit (adj) *different*

dimineață, -i (f) *morning*, dis-de-dimineață *early morning*

din (prep) *our of, from*

dinafară (adv) *by heart, on the outside*

dinainte (adv) *before*

dinte, dinţi (m) *tooth*

dintre (prep) *from among, of*

direcţiune, -i (f) *direction, management*

direcţie, -i (f) *direction*

a dirija, -ez (vt) *to direct*

discordanţă, -e (f) *discord, discrepancy*

a discuta, discut (vt) *to discuss*

discuţie, -i (f) *discussion*

a dispărea, dispar (vi) *to disappear*

disperare, -i (f) *desperation*

dispoziţie, -i (f) *disposition*

a dispune, dispun (vt) *to decide*

dispus (să) (adj) *ready (to), inclined (to)*

distincţie, -i (f) *distinction*

distins (adj) *distinguished*

a distra, -ez (vt) *to entertain*

distribuţie, -i (f) *distribution, cast*

a diviza, -ez (vt) *to divide*

diviziune, -i (f) *division, partition*

doamnă, -e (f) *lady, Mrs.*

doar (adv) *only, just*

dobândă, dobânzi (f) *interest*

a dobândi, -esc (vt) *to obtain*

dobitoc, -i (in) *blockhead, dolt*

doctor, -i (m) *doctor*

doi (num m) *two*

doică, -i (f) *wet-nurse*

doisprezece (num m) *twelve*

domeniu, -i (n) *domain, estate*

domn, -i (m) *gentleman, Mr.*

a domni, -esc (vi) *to reign, hold sway*

domnie, -i (f) *reign*

domnişoară, -e (f) *Miss*

domnitor, -i (m) *ruler, prince*

dor, -uri (n) *longing, nostalgia*

a dori, -esc (vt) *to desire*

dorinţă, -e (f) *wish, desire*

a dormi, dorm (vi) *to sleep*

două (num f) *two*

douăsprezece (num f) *twelve*

douăzeci (num) *twenty*

dovadă, dovezi (f) *proof*

a dovedi, -esc (vt) *to prove*

drag (adj) *dear*

dramaturg, -i (m) *dramatist*

drăgălăşenie, -i (f) *loveliness*

drăguţ (adj) *pretty, charming*

a drege, dreg (vt) *to repair, mend*

drept, -uri (n) *right*

drept (adj) *right*

la, pe, în dreapta *on the right*

de-a dreptul *by right, downright*

dreptate, -i (f) *justice, rightousness*

drum, -uri (n) *way road*

a dubla, -ez (vt) *to double*

dublu (adj) *double*

a duce, duc (vt) *to lead, take, carry*

dulap, -uri (n) *wardrobe*

dulce (adj) *sweet*

duminică, -i (f) *Sunday*

dumitale (d-tale) (pron) *of, to you*

dumneaei (pron) *she (her honor)*

dumnealor (pron) *they (their honor)*

dumnealui (pron) *he (his honor)*

dumneata (pron sing) *you*

dumneavoastră (pron pl) *you*

dungă, -i (f) *stripe*

după (prep) *after*

a dura, -ez (vi) *to last*

durată, -e (f) *duration*

durere, -i (f) *pain*

duşman, -i (m) *enemy (adj) enemy*

duşmănie, -i (f) *enmity*

duşmănos (adj) *enemy, hostile*

E

ecou, -ri (n) *echo*

editor, -i (m) *publisher*

editură, -i (f) *publishing house*

ediţie, -i (f) *edition*

efort, -uri (n) *effort*

a egala, -ez (vt) *to equalize*

egalitate, -i (f) *equality*

electrician, -cieni (m) *electrician*

a elimina, elimin (vt) *to eliminate*

a emancipa, -ez (vt) *to emancipate*

emblemă, -e (f) *emblem*

a emigra, -ez (vi) to *emigrate*

emoţionat (adj) *excited, moved*

episod, -e (n) *episode*

epocă, -i (f) *epoch*

eră, -e (f) *era, epoch, age*

eroic (adj) *heroic*

eroină, -e (f) *heroine*

erou, -i (m) *hero*

etaj, -e (n) *story, floor*

etapă, -e (f) *stage*

etate (f) *age*

etic (adj) *ethical*

etichetă, -e (f) *label, etiquette*

etnic (adj) *ethnical*

evantai, -e (n) *fan*

eventual (adj) *possible, eventual*

a evita, evit (vt) *to avoid*

a evolua, -ez (vi) *to evolve, develop*

evreu, -i (m) *Jew*

a exaspera, -ez (vt) *to exasperate, make mad*

a excepta, -ez (vt) *to except, make an exception*

excursie, -i (f) *excursion*

exemplu, -e (n) *example*

a exercita, exercit (vt) *to practice, exercise, use*
    one's prerogatives

exerciţiu, -i (n) *exercise*

existenţă, -e (f) *existence*

experienţă, -e (f) *experiment, experience*

a explica, explic (vt) *to explain*

explicabil (adj) *explainable*

explozie, -i (f) *explosion*

expresie, -i (f) *expression*

a exprima, exprim (vt) *to express, say, utter*

expunere, -i (f) *dissertation, speech*

extern (adj) *external, outer*

a extrage, extrag (vt) *to extract*

F

fabrică, -i (f) *factory, plant*

a face, fac (vt) *to do, make*

factor, -i (m) *factor*

facultate, -i (f) *department, school*

fag, -i (m) *beech*

faimă, -e (f) *fame, reputation*

falcă, -i (f) *jaw, jowl*

falnic (adj) *excellent, proud*

a falsifica, falsific (vt) *to falsify*

familie, -i (f) *family*

fapt, -e (n) *fact*

farfurie, -i (f) *plate*

farmec, -e (n) *charm, style*

fată, fete (f) *girl*

faţă, faţe (f) *face;* în faţă *in front of,* de faţă
            present, pe faţă *frankly, openly*

a favoriza, -ez (vt) *to favor*

făclie, -i (f) *torch*

a făgădui, -esc (vt) *to promise*

făptură, -i (f) *creature, person*

fără (prep) *without*

a fărâma, fărâm (vt) *to crumble*

a fărâmiţa, -ez (vt) *to crumble, crush*

a făta, făt (vt) *to calve, give birth*

făurar, -i (m) *blacksmith, creator*

a făuri, -esc (vt) *to forge*

fâneaţă, -e (f) *hayfield*

fântână, -i (f) *fountain, well*

fecorie, -i (f) *virginity*

fel, -uri (n) *type, kind, way;* la fel *the same*

a felicita, felicit (vt) *to congratulate*

felicitare, -i (f) *congratulation*

femeie, femei (f) *woman*

fereastră, -e (f) *window*

a feri, -esc (vt) *to protect, avoid*

fericire, -i (f) *happiness*

fericit (adj) *happy*

feroce (adj) *ferocious*

fetiţă, -e (f, dim from fată) *little girl*

a fi, sunt (vt) *to be*

fie... fie (conj) *either... or*

fiecare (adj) *every* (pron) *each (one)*

a fierbe, fierb (vt, vi) *to boil*

fierbinte (adj) *hot*

a figura, -ez (vi) *to appear, occur*

fiindcă (conj) *because, being that*

fiinţă, -e (f) *being*

film, -e (n) *film, movie*

filosofie, -i (f) *philosophy*

fir, -e (n) *strand, fiber*

fire, -i (f) *nature*

fireşte (adv) *surely*

fistichiu (adj) *mottled, clashing*

fiu, -i (m) *son*

a fixa, -ez (vt) *to fix, attach*

flacon, -e (n) *bottle*

flexiune, -i (f) *flexion, inflection*

a flirta, -ez (vi) *to flirt*

floare, -i (f) *flower*

fluviu, -i (n) *river (to sea)*

foame (f) *hunger*

foarte (adv) *very*

foc, -uri (n) *fire*

folos, foloase (n) *use*

a folosi, -esc (vt) *to use*

fond, -uri (n) *background, fund*

for, -uri (n) *forum*

a forma, -ez (vt) *to form*

forţă, -e (f) *force, power*

fost (adj) *former*

fotoliu, -i (n) *easy chair*

francez (adj) French

frate, -i (m) *brother*

a frământa, frământ (vt) *to knead, torment*

a frânge, frâng (vt) *to break in two*

frânghie, -i (f) *rope, cord*

frică, -i (f) *fear, fright*

fricos (adj) *timerous, coward*

frig, -uri (n) *cold* (pl) *fever*

a frige, frig (vt) *to roast, bake*

friptură, -i (f) *roast, steak*

frontieră, -e (f) *border, frontier*

frumos (adj) *beautiful*

frumuseţe, -i (f) *beauty*

fruntaş, -i (m) *person in forefront*

frunte, frunţi (f) *forehead*

fugar, -i (m) *fugitive*

fugă, fúgi (f) *flight*

a fugí, fug (vi) *to run*

funciar (adj) *fundamental; of landed gentry*

funcţie, -i (f) *function, rank*

funcţionar, -i (m) *clerk*

fund, -uri (n) *bottom, back*

funie, -i (f) *rope*

furie, -i (f) *fury, rage*

a furniza, -ez (vt) *to furnish, supply*

furtunos (adj) *stormy*

G

galben (adj) *yellow*

garanţie, -i (f) *guarantee*

gară, -i (f) *train station*

gardă, -i (f) *guard*

garnizoană, -e (f) *garrison*

gata (adj) (invariable) *ready*

gaz (n) *lamp oil*

a găsi, -esc (vt) *to find*

a găti, -esc (vt) *to cook, prepare*

a găzdui, -esc (vt) to lodge, host

a gâdila, gâdil (vt) *to tickle*

gând, -uri (n) *thought*

a gândi, -esc (vi) *to think*

gânditor (adj) *thoughtful*

gelozie, -i (f) *jealousy*

generaţie, -i (f) *generation*

genere (în —) *in general*

generozitate, -i (f) *generosity*

genunchi, genunchi (m) *knee*

gheară, gheare (f) *claw*

gheată, ghete (f) boot

gheşeft, -uri (n) *business, speculation*

ghiaur, -i (m) *giaour, non-muslim*

glas, -un (n) *voice*

glob, -uri (n) *globe*

glorie, -i (f) *glory*

a glumi, -esc (vi) *to joke*

glumă, -e (f) *joke*

golf, -uri (n) *gulf, bay*

a goli, -esc (vt) *to empty*

a goni, -esc (vt) *to chase, hunt* (vi) *to run*

grabă (f) *haste*

grafologie (f) *graphology*

grai, -uri (n) *speech, dialect*

gramofon, -e (n) *record player*

gramatical (adj) *grammatical*

gramatică, -i (f) *grammar*

gratuit (adj) *gratuitous, free*

graţios (adj) *graceful, gracious*

grav (adv) *grave, serious*

a grăbi, -esc (vt) *to hurry, rush*

grăbit (adj) *urgent, pressing, hurried*

grădină, -i *(f) garden*

grămadă, -i (f) *mass, heap*

grăsime, -i (f) *far*

grâne (f pl) *seed grain*

grâu, grâie (n) *wheat*

greşeală, -i (f) *error*

a greşi, -esc (vi) *to err, mistake*

greu, grea (adj) *heavy, difficult*

greutate, -i (f) *weight, difficulty*

grijă, -i (f) *concern, care*

groază, -e (f) *fear, terror*

grozav (adj) *terrible, terrific, woderful*

grup, -uri (n) *group, duster*

gură, -i (f) *mouth*

gust, -uri (n) *taste*

a gusta, gust (vt) *to taste*

guvernantă, -e (f) *governess, day nurse*

H

hai, haide (interj) *come! let's!*

haină, -e (f) *coat, clothes*

haită, -e (f) *pack (of dogs)*

halal (interj) *bravo, hurrah*

halat, -e (n) *dressing gown*

halbă, -e (f) *mug*

hambar, -e (n) *barn, granary*

haotic (adj) *chaotic*

harnic (adj) *hard-working*

hatâr, -uri (n) *favor*

haz (n) *joy, amusement*

hârtie, -i (f) *paper*

hol, -uri (n) *entryway, living room*

a holba, -ez (vi) *to gape, stare*

horă, -e (f) *circle dance*

a hotărî, -ăsc (vt) *to decide*

hotărâre, -i (f) *decision*

hotel, -uri (n) *hotel*

hoţ, -i (m) *thief*

hrană (f) *food, nourishment*

a hrăni, -esc (vt) *to nourish, feed*

I

iacă, iacătă (interj) *well, look here!*

iad, -uri (n) *hell*

iahnie, -i (f) *vegetable stew*

iar (conj) *and, but* (adv) *again*

iarăşi (adv) *again*

iarnă, ierni (f) *winter*

iată (interj) *there is/are... look!*

icoană, -e (f) *icon*

ideal, -uri (n) *ideal*

idee, -i (f) *idea*

idiom, -uri (n) *idiom*

ieftin (adj) *cheap*

iepure, -i (m) *rabbit*

ierarhie, -i (f) *hierarchy*

ieri (adv) *yesterday*

a ierta, iert (vt) *to forgive*

a ieşi, ies (vi) *to exit, go out of*

ieşire, -i (f) *exit*

ilegal (adj) *illegal*

iluzoriu (adj) *illusory*

imagine, -i (f) *image*

imens (adj) *immense, huge*

impacientat (adj) *impatient, anxious*

imperiu, -i (n) *empire*

a implica, implic (vt) *to imply, involve*

importanţă, -e (f) *importance*

impozit, -e (n) *tax, duty*

impresie, -i (f) *impression*

imprimare, -i (f) *recording, impression*

imprimat (adj) *printed*

impunător (adj) *impressive*

a impune, impun (vt) *to impose*

a incita, incit (vt) *to incite, stir*

inconştient (adj) *unconscious*

incultură (f) *lack of education*

a incumba, incumb (vi) *to devolve upon*

a indica, indic (vt) *to indicate, show*

individ, -i (m) *individual, guy*

indulgenţă, -e (f) *indulgence*

a influenţa, -ez (vt) *to influence*

influenţă, -e (f) *influence*

inimă, -i (f) *heart, soul*

iniţiativă, -e (f) *initiative*

a insista, insist (vi) *to insist*

a instala, -ez (vt) *to install*

a instrui, -esc (vt) *to instruct*

intenţie, -i (f) *intention*

interes, -e (n) *interest, concern*

interesant (adj) *interesting*

intermediu (n) *means*

intern (adj) *internal*

interpret, -i (m) *interpreter, singer*

a interpreta, -ez (vt) *to interpret, sing*

a interveni, intervin (vi) *to intervene, interfere*

a interzice, interzic (vt) *to forbid*

intonaţie, -i (f) *intonation*

a intra, intru (vi) *to enter*

intrare, -i (f) *entrance*

a introduce, introduc (vt) *to introduce*

a inunda, inund (vt) *to flood*

invadator, -i (m) *invader*

a invita, invit (vt) *to invite*

invitaţie, -i (f) *invitation*

iod (n) *iodine*

ipohondrie, -i (f) *hypochondria*

iradiaţie, -i (f) *irradiation*

a isca, isc (vt) *to bring about, cause to appear*

ispăşire, -i (f) *penance*

istorie, -i (f) *history*

a iubi, -esc (vt) *to love*

iute (adj) *quick, spicy* (adv) *quickly*

a se ivi, -esc (refl) *to appear (suddenly)*

ivoriu (n) *ivory*

a izola, -ez (vt) *to isolate*

izvor, -e (n) *spring, source*

Î

a îmbărbăta, -ez (vt) *to encourage*

a îmbătrâni, -esc (vi) *to grow old*

a îmbogăţi, -esc (vt) *to enrich* (vi) *to get rich*

a îmbrăca, îmbrac (vt) *to dress*

îmbrăcăminte, i (f) *clothing*

a îmbrăţişa, -ez (vt) *to embrace*

îmbucătură, -i (f) *mouthful*

îmbulzeală, -i (f) *crowd, throng*

a îmbunătăţi, -esc (vt) *to improve*

a împăca (vt) *to placate* (refl) *to make-up*

împăciuitor (adj) *conciliatory, pacificatory*

a împărtăşi, -esc (vt) *to communicate, share*, (refl)
    to receive the eucharist

a împărţi, impart (vt) *to divide, share*

a împiedica, împiedic (vt) *to hamper, hinder, pre-vent*

împotrivă (prep) *against* (w/oblique)

împrejur (adv) *around,* de jur împrejur *all around, from all sides*

împrejurare, -i (f) *circumstances, occurence, situa-tion*

împrejurime, -i (f) *surroundings, environment*

împreună (adv) *together*

a împrumuta, împrumut (vt) *to borrow, loan*

în (prep) *in;* într-un, într-o *in a*

înaintat (adj) *advanced*

înalt (adj) *high, tall*

înapoi (adv) *to the rent, backwards*

a înapoia, -ez (vt) *to return, give back* (refl) *to return, regress, decline*

înaripat (adj) *winged*

înălţime, -i (f) *altitude, height*

înăuntru (adv) *inside*

înăuntrul (prep) *inside* (w/oblique)

încă (adv) *still, yet, more*

a încăleca, încalec (vt) *to mount;* (refl) *to overlap*

a încăpea, încap (vt) *to hold;* (vi) *to fit into*

a încărca, încarc (vt) *to load*

a încătuşa, -ez (vt) *to put in irons*

a încâlci, -esc (vt) *to tangle, confuse*

a încânta, încânt (vt) *to delight, charm*

a încârliga, încârlig (vt) *to bend, hook*

a începe, încep (vi, vt) *to begin*

început, -uri (n) *beginning*

a încerca, încerc (vt) *to try, attempt*

încercare, -i (f) *trial, test, try*

încet (adj) *slow*

a înceta, -ez (vt) *to cease, stop*

a închega, încheg (vt) *to solidify, coagulate, unite*

a încheia, închei (vt) *to button, finish*

încheiere, -i (f) *close, conclusion, end*

a închide, închid (vt) *to close*

a închina, închin (vt) *to consecrate;* (refl) *to cross oneself, bow;* (vi) *to drink one's health*

a închipui, -esc (vt) *to imagine, fancy*

a încinge, încing (vt) *to gird, surround, seize, make hot*

înclinaţie, -i (f) *propensity*

încoace (adv) *here (hither)*

a încolţi, -esc (vi) *to germinate, spring up, corner*

a înconjura, înconjur (vt) *to go around, encircle*

a încorpora, -ez (vt) *to incorporate, draft (into mili-tary)*

a încredinţa, -ez (vt) *to entrust, assure*

a încremeni, -esc (vi) *to freeze (in awe), be petrified*

a încrucişa, -ez (vt, vi) *to intersect*

a încuia, încui (vt) *to lock*

îndată (adv) *immediately;* îndată ce (conj) *as soon as*

îndatorat (adj) *indebted*

îndatorire, -i (f) *obligation, debt, duty*

a îndârji, -esc (vt) *to irritate, embitter*

îndemână, la — (adv) *at hand*

îndemn, -uri (n) *encouragement, advice*

îndeosebi (adv) *especially*

îndepărtat (adj) *distant*

a îndeplini, -esc (vt) *to fulfill*

îndesat (adj) *pressed down, fat*

a îndesi, -esc (vt) *to make dense, make frequent*

a îndoí, -esc (vi) *to doubt*

a îndoí, îndói (vt) *to bend*

îndoială, -i (f) *doubt*

a îndrepta (vt) *to straighten*

îndreptar, -e (n) *guide, handbook*

îndreptăţit (adj) *authorized, justified*

a îndruma, -ez (vt) *to guide, lead*

îndrumător (adj) *advisory*

a (se) îneca (vt, refl) *to drown*

a înfăţişa, -ez (vi) *to appear* (vt) *to present*

a înfige, înfig (vt) *to thrust, insert*

a înfiinţa, -ez (vt) *to set up, establish;* (refl) *to appear*

(în) fine (n) *finally*

a înfiora, înfiorez (vt) *to thrill, frighten*

înfloritor (adj) *blooming, prosperous*

a înfometa, -ez (vt) *to starve*

înfometat (adj) *starved, hungry*

a înfrânge, înfrâng (vt) *to defeat*

înfrângere, -i (f) *defeat, breaking up, breaking of a law*

a înfrunta, înfrunt (vt) *to confront, stand against*

înfruntare, -i (f) *confrontation*

a înfuria, înfurii (vt) *to anger* (refl) *to get mad*

a îngâna, îngân (vt) *to imitate, ape, echo, hum*

înger, -i (m) *angel*

a înghesui, înghesui (vt) *to press, crowd*

a îngloba, -ez (vt) *to include*

a îngriji, -esc (vt) *to take care of* (refl) *to be concerned*

îngrijit (adj) *careful, correct, fine, trim*

îngrijorat (adj) *worried, alarmed, concerned*

a îngropa, îngrop (vt) *to bury*

îngropăciune, -i (f) *burial*

îngrozit (adj) *frightened, terrified*

îngust (adj) *narrow*

a înjuga, injug (vt) *to yoke, harness*

a înlocui, -esc (vt) *to replace*

a înmărmuri, -esc (vi) *to be dumbfounded*

a înmulți, -esc (vt) *to multiply*

a înnebuni, -esc (vt) *to madden* (vi) *to become mad*

a înnoda, -ez (vt) ro *knot, tie*

a înota, înot (vi) *to swim*

a înregistra, -ez (vt) *to register, record*

înrudire, -i (f) *relationship*

înrudit (adj) *related*

însă (adv) *however, although*

a înscrie, înscriu (vt) *to register*

a însemna, însemn (vt) *to mean, denote*

însemnat (adj) *important*

însemnătate (f) *significance*

a (se) însenina, -ez (vt, refl) *to brighten*

înspăimântat (adj) *terrified, scared*

a însura, însor (vt) *to marry* (refl) *to get married*

a însuși, -esc (vt) *to assimilate, master*

a înșela, înșel (vt) *to deceive, cheat, betray*

a înșira, înșir (vt) *to string, align*

a înșirui, înșirui (vt) *to string, align*

a întări, -esc (vt) *to strengthen*

întâi (ord num) *first*

a întâlni, -esc (vt) *to meet*

a se întâmpla (refl) *to happen, occur*

întâmplător (adj) *accidental, chance*

întârziere, -i (f) *lateness, delay*

a întemeia, -ez (vt) *to found, establish*

întemeietor, -i (m) *founder*

întindere, -i (f) *area, extent*

a (se) întoarce, întorc (vt, refl) *to return*

întocmai (adv) *precisely*

întorsătură, -i (f) *turn, curve*

întotdeauna (adv) *always, forever*

într-adevăr (adv) *really, indeed*

între (prep) *between, among*

a întreba, întreba (vt) *to ask*

întrebare, -i (f) *question*

a întrebuința, -ez (vt) *to use, employ*

întreg (adj) *whole*

întregime, -i (f) *whole* în întregime *entirely*

a întrerupe, întrerup (vt) *to interrupt, cut*

întristător (adj) *saddening*

întrucât (conj) *inasmuchas, because*

întuneric (n) *dark, darkness*

a înțelege, înțeleg (vt) *to understand, see*

înțelepciune (f) *wisdom*

a (se) înțepeni, -esc (vi, refl) *to stiffen, go rigid*

a învălui, învălui (vt) *to envelop, cover*

a învăța, învăț (vt) *to learn, reach*

învățător, -i (m) *instructor, teacher*

învățătură, -i (f) *learning, knowledge*

a înveli, -esc (vt) *to cover, wrap*

înverșunare, -i (f) *fury, rage, frenzy*

a învinge, înving (vt) *to defeat, vanquish*

a se învrednici, -esc (refl) *to* be able, be capable of

a înzestra, -ez (vt) *to bestow dowry, inspire, endow*

J

jale (f) *sadness*

jertfă, -e (f) *sacrifice, martyrdom*

a jigni, -esc (vt) *to offend, insult*

joacă (f) *child's play, fun, game*

joc, -uri (n) *game, dance*

joi (f) *Thursday*

jos (adj) *low* (adv) *down*

josnic (adj) *base, low down, mean*

a (se) juca (vt refl) *to play*

jucărie, -i (f) *toy*

judecată (f) *reason, judging, trial*

judecătoresc (adj) *judicial*

jumătate, -i (f) *half*

june (adj) *young*

a jupui, jupoi (vt) *to graze, skin*

jur (n) *space around something*

a jura, jur (vt) *to swear*

juridic (adj) *juridicial*

K

kil, kile (n) *kilogram*

kilogram, -e (n) *kilogram*

kilometru, -i (m) *kilometer*

kilowat, -i (m) *kilowatt*

L

la (prep) *at, to, per*

lac, -uri (n) *lake, varnish*

lacrimă, lacrimi (f) *tear*

laic (adj) *lay, secular*

lampă, lămpi (f) *lamp*

lapte (n) *milk*

larg (adj) *wide, broad*

laş, -i (m) *coward*

lămâie, lămâi (f) *lemon*

a lămuri, -esc (vt) *to bring someone up to date, clear up*

a se lămuri, -esc (refl) *to understand*

a lăsa, las (vt) *to let, leave*

lăsata secului *Shrovetide, the days before Ash Wednesday*

(în) lături *to one side*

lăuntric (adj) *inner*

lăutar, -i (m) *folk musician*

lână (f) *wool*

lângă (prep) *near, dose, beside, along*

leafă, -uri (f) *salary*

lecţie, -i (f) *lesson*

legătură, -i (f) *connection, link*

lege, -i (f) *law*

legitim (adj) *legitimate*

legiune, -i (f) *legion*

legumă, -e (f) *vegetable*

lehamite (f) *disgust, dislike;* a se lăsa lehamite *to give up*

a se lehămeţi, -esc (refl) *to be disgusted*

lemn, -e (n) *wood*

lene (f) *laziness*

leneş (adj) *lazy* (m) *lazy bones*

lenevire (f) *laziness, idleness*

lent (adj) *slow*

a lepăda, lepăd (vt) *to drop, leave behind;* a se lepăda (de) *to leave off, deny*

lesne (adv) *easily*

leu, -i (m) *Hon (Romanian monetary unit)*

liber (adj) *free* liber arbitru *free will*

liceal (adj) *of a highschool*

liceu, -e (n) *academic high school*

limbă, -i (f) *language, tongue*

a (se) limita, -ez (vt, refl) *to limit, restrict, restrain*

limpede, (pl) limpezi (adj) *clear*

a limpezi, -esc (vt) *to clear up*

linişte (f) *quiet*

a lipsi, -esc (vi) *to be absent, miss* (vt) *to deprive* (refl) *go without*

listă, -e (f) *list, menu*

literă, -e (f) *letter*

litoral (n) *seacoast*

litru, -i (m) *liter*

livadă, livezi (f) *orchard, pasture*

livresc (adj) *bookish*

loc, -uri (n) *place, position, setting*

localitate, -i (f) *populated place, community, locale*

locuitor, -i (in) *inhabitant*

a se logodi, -esc (refl) *to engage to marry*

logodnic, -i (m) *fiancée*

lot, -uri (n) *lor, group, parcel*

a lovi, -esc (vt) *to hit, strike*

a lua, iau (vt) *to take*

lucernă (f) *alfalfa*

a luci, -esc (vi) *to sparkle, shine*

a lucra, -ez (vt, vi) *to work*

lucrare, -i (f) *work, paper, report*

lucru, -uri (n) *work, thing*

lume, -i (f) *people, world, humanity*

a lumina, -ez (vt, vi) *to light*

lumină, -i (f) *light*

luminat (adj) *illuminated*

luminos (adj) *light, clear*

lunatec (adj) *smnnabulistic, absent-minded*

lună, -i (f) *month, moon*

lung (adj) *long*

lungime, -i (f) *length*

luni (f) *Monday*

lup, -i (m) *wolf*

a lupta, lupt (vi, refl) *to fight, battle*

luptă, -e (f) *fight, struggle*

M

magazin, -e (n) *store, shop*

maghiar, -i (adj) *Hungarian*

mahala, mahalale (f) *suburb, slum*

mai (adv) *more* (f) *May*

maică, -i (f) *mother, nun*

major (adj) *adult; important*

mal, -uri (n) *bank, coast, shore*

mama, -e (n) *mother*

mamelă, -e (f) *breast*

manuscris, -e (n) *manuscript*

mare, mări (f) *sea, ocean*

marc (adj) *big, large*

marfă, mărfuri (f) *goods*

margine, margini (f) *edge, boundary*

mariaj, -e (n) *marriage*

marin (adj) *marine*

marţi (f) *Tuesday*

masă, mase (f) *mass*

masă, mese (f) *table*

masiv, -e (n) *massif* (adj) *massive, huge*

maşină, -i (f) *car, machine;* maşină de călcat *iron*

matematică, -i (f) *mathematics*

material (adj) *material, concrete*

materie, -i (f) *matter, substance, material, subject matter (school), domain, sphere*

matineu, -uri (n) *matinee (daytime performance)*

matricolă, -e (f) *roll, list, register*

matroană, -e (f) *matron*

mă, măi! (interj) *you!*

măi, măi! (interj) *really?, don't you say!*

măcar (adv) *at least, even though*

măgar, -i (m) *ass, donkey*

măicuţă, -e (f, dim) *mother, nun*

mămăligă, -i (f) *cornmeal mush*

mănăstire, -i (f) *monastary*

măr, mere (n) *apple*

a (se) mărgini, -esc (vt, refl) *to border, restrain*

a se mări, -esc (vt, refl) *to grow, enlarge*

mărime, -i (f) *size*

a mărturisi, -esc (vt) *to confess, admit*

măslină, -e (f) *olive*

măsură, -i (f) *measure, size*

mătuşă, -i (f) *aunt*

mâine (adv) *tomorrow*

a mâna, mân (vt) *to drive, direct*

mână, mâini (f) *hand, arm*

a mânca, mănânc (vt) *to eat*

mâncare, mâncăruri (f) *food, meal*

mândrie, -i (f) *pride*

mândru (adj) *proud*

a mângâia, mângâi (vt) *to caress, touch, comfort, delight*

mânie, -i (f) *anger, fury, rage*

mânz, mânji (m) *colt*

medicină, -e (f) *medicine*

membru, -i (n) *member*

memorie, -i (f) *memory*

menaj, -uri (n) *household*

a meni, -esc (vt) *to decide, predestine*

a menţine, menţin (vt) *to maintain, preserve*

mereu (adj) *always, continually, standing*

a merge, merg (vi) *togo, walk*

a merita, merit (vt) *to merit, deserve*

meserie, -i (f) *trade, occupation*

a mesteca, mestec (vt) *to stir, dissolve*

miazănoapte, -i (f) *north, midnight*

mic (adj) *small, short*

mie, -i (f) *thousand*

miercuri (f) *Wednesday*

miezul nopţii *midnight*

mijloc, -uri (n) *middle, center, half, waist;* mijloc, mijloace (n) *means, procedure, method, way*

mijlociu (adj) *middle, average*

milostiv (adj) *charitable, kind*

milă, -e (f) *pity, mercy*

miliard, -e (n) *billion*

milion, milioane (n) *million*

miliţian, -i (m, obsl) *policeman, militiaman*

mimică (f) *mimicry*

mincinos (adj) *lying, mendacious*

mineral, -e (n) *mineral*

minge, -i (f) *ball*

minister, -e (n) *ministry*

ministru, miniştri (m) *minister*

minor (adj) *under age, minor; unimportant*

minte, mínţi (f) *mind, brain*

a minţí, mint (vi) *to lie* (vt) *to betray*

a (se) minuna, -ez (vt, refl) *to astonish, surprise, wonder*

minunat (adj) *marvelous*

minune, -i (f) *wonder, marvel*

minut, -e (n) *minute*

minuţios (adj) *meticulous* (adv) *minutely*

a miorlăí, mlorlăí (vi) *to miaow, mew*

mirare, mirări (f) *astonishment, wonder, surprise*

a (se) mişca, mişc (vi, vt, refl) *to move*

mişelesc (adj) *mean, vile*

mişelie, -i (f) *meanness, baseness*

mititel, mititei (m) *spicy meatball*

mititel (adj) *very small*

mitocănesc (adj) *boorish*

mitropolit, -i (m) *metropolitan (bishop)*

mizerabil (adj) *miserable, wretched, mean*

mizerie, -i (f) *misery*

mlăştinos (adj) *marshy*

moarte, morţi (f) *death*

mobilă, móbile (f) *furniture*

mod, -uri (n) *manner, fashion*

a modifica, modific (vt) *to modify*

moft, -uri (n) *air, trifle*

mofturos (adj) *with airs, spoiled, moody*

mondial (adj) *world*

monstru, monştri (m) *monster*

a monta, -ez (vt) *to set up, mount* (fig) — împotriva *to set at, to provoke against, wind up*

morală, -e (f) *morals, ethics*

moravuri (n pl) *customs, manners, habit*

mormânt, morminte (n) *grave, tomb*

morţiş (adv) *at any price, stubbornly*

moşie, -i (f) *estate, large farm*

a moşteni, -esc (vt) *to inherit*

motiv, -e (n) *cause, motive, motif*

a muia, moi (vt) *to dip, soak, wet*

muiat (adj) *soft*

mujdei (n) *pressed garlic*

mult (adj) *much, many*

mulţumitor (adj) *satisfactory, enough, sufficient*

mulțime, -i (f) *large quantity, crowd*

a mulțumi, -esc (vi) *to thank* (vt) *to satisfy*

mulțumit (adj) *satisfied, content*

muncă, múnci (f) *work*

a muncí, -esc (vi) to work

muncitor, -i (m) *worker*

munte, munți (m) *mountain*

a murdări, -esc (vt) *to dirty, soil*

a muri, mor (vi) *to die*

mustață, mustăți (f) *moustache*

muzică, muzici (f) *music*

N

naiv (adj) *naive*

nas, -uri (n) *nose*

naș, -i (m) *godfather*

a naște, nasc (vt) *to give birth to*

naștere (f) *birth, delivery*

națiune, -i (f) *nation*

a se năbădăí, -esc (refl) *to get mad, lose one's*
          temper

nămol, -uri (n) *mud*

năpastă, -e (f) *calamity, slander*

nărav, -uri (n) *bad habit*

născut (adj) *born*

năstrușnic (adj) *extraordinary, terrifying*

a năvăli, -esc (vt) *to attack, invade, rush*

năvălitor, -i (in) *invader*

nea, nene (m) *polite address from youngster for*
          older person: you

nea (f) *snow*

neam, -uri (n) *people, tribe, kin*

neamț, nemți (m) *German*

neapărat (adv) *necessarily*

neascultător (adj) *disobedient*

neasemănat (adj) *without equal*

neastâmpăr (n) *impatience, agitation*

neavenit (adj) *invalid*

nebănuit (adj) *unsuspected*

nebun (adj) *crazy*

nebunie, -i (f) *madness, lunacy*

necaz, -uri (n) *trouble, grief*

a necăji, -esc (vt) *to irritate, irk, tease*

necontenit (adj) *incessant*

necurat (adj) *dirty, unclean*

necurățenie, -i (f) *dirtiness, rubbish*

nedezmințit (adj) *steadfas*

a nedreptăți, -esc (vt) *to wrong*

nedumerire, -i (f) *surprise*

negru (adj) *black*

negustor, -i (m) *dealer, merchant*

negustorie, -i (f) *shopkeeping, business*

neîntrecut (adj) *unsurpassed, the best*

nemaipomenit (adj) *unprecedented, unparalleled*

nenorocit (adj) *unlucky, wretched, miserable*

neplăcut (adj) *unpleasant*

nerăbdător (adj) *impatient*

nesecat (adj) *inexhaustible*

nesimțitor (adj) *insensitive*

nestatornicie, -i (f) *inconsrancy, fickleness*

neutru (adj) *neutral*

nevastă, neveste (f) *wife, bride*

nevăzător (adj) *useeing, blind*

nevăzut (adj) *unseen;* pe nevăzute *blindly*

nevârstnic (adj) *underage, unfledged*

neverosimil (adj) *improbable, unlikely*

nevinovat (adj) *innocent, not guilty*

nevoie (f) *need*

nevricos (adj) *nervous*

nici (neg partide) *none, neither*

niciodată (adv) *never*

nimeni (neg pron) *no one*

nimic (neg pron) *nothing*

a nimici, -esc (vt) *to destroy, anihilate*

niște (pl indefinite article) *some*

nivel, -uri (n) *level, stage*

noapte, nopți (f) *night*

normă, -e (f) *norm, standard*

noroc, -e (n) *chance, luck*

a noroci, -esc (vt) *to make happy*

nostim (adj) *funny, cure*

a nota, -ez (vt) *to note*

notaţie, -i (f) *notation, mention*

notă, -e (f) *note, grade*

noţiune, -i (f) *notion, idea*

nou (adj) *new*

nu (neg particle) *no*

numai (adv) *only*

număr, numere (n) *number*

a număra, număr (vt) *to count*

numărătoare, numărători (f) *reckoning, calculation*

nume, nume (n) *name*

a numi, -esc (vt) *to name, call, appoint*

a nutri, -esc (vt) *to nourish* (fig) *to harbour, cherish, entertain (thoughts, hopes, wishes)*

nuvelă, -e (f) *short story*

O

oaie, oi (f) *sheep*

oară, ori (f) *time;* de trei ori *three times*

oarecare (adj) *some, certain*

obârşie, -i (f) *point of departure, origin*

obicei, -uri (n) *custom, habit;* de obicei *usually*

obiect, -e (n) *object, (school) subject*

obiectiv, -e (n) *tense* (adj) *objective*

a (se) obişnui, -esc (vt, refl) *to accustom*

a obliga, oblig (vr) *to obligate, compell*

obligatoriu (adj) *mandatory, compulsory*

obligaţie, -i (f) *obligation, duty*

a obosi, -esc (vt) *to tire*

obraz, obraji (m) *cheek, face, person*

obraznic (adj) *brazen, cheeky*

obştesc (adj) *common, public*

a obţine, obţin (vt) *to obtain*

occidental (adj) *western*

ochelari (m pl) *glasses, spectacles*

ochi, ochi (m) *eye*

a ocupa, ocup (vt) *to occupy*

odaie, odăi (f) *room, chamber*

odată (adv) *once, at one time*

odihnă (f) *rest*

odinioară (adv) *in times past*

odios (adj) *odious*

ofensat (adj) *offended*

a oferi, ofer (vt) *to offer*

om, oameni (m) *person, man* (pl) *people*

omenesc (adj) *human, decent*

omenire, -i (f) *mankind*

a omite, omit (vt) *to omit*

a omorî, omor (vt) *to kill*

onoare, onoruri (f) *honor*

onorat (adj) *honored, esteemed*

operă, -e (f) *work (of art), opera*

opinie, -i (f) *opinion*

a opri, -esc (vt) *to stop*

opt (num) *eight*

a opune, opun (vt) *to oppose*

oră, -e (f) *hour, lesson*

oraş, -e (n) *city*

orăşean, -i (m) *city dweller*

a orândui, -esc (vt) *to arrange, order*

ordin, -e (n) *order, command*

ordine, -i (f) *order, succession*

a ordona, ordon (vt) *to command*

a ordona, ordonez (vt) *to arrange, put in order*

orez (n) *rice*

organ, -e (n) *organ, authority, journal*

orgolios (adj) *vain, conceited*

ori (conj) *or*

oricare (pron) *anyone, anything*

oricât (pron) *any amount*

oricine (pron) *anyone*

oricum (adv) *anyhow, in any case*

original (adj) *original, genuine*

origine, -i (f) *origin*

oriunde (adv) *anywhere*

orizont, -uri (n) *horizon*

orz, -uri (n) *barley*

a osândi, -esc (vt) *to condemn*

oştean, oşteni (m) *soldier*

oştire, -i (f) *army*

a otrăvi, -esc (vt) *to poison*

oţel, -uri (n) *steel*

oţet (n) *vinegar*

ou, ouă (n) *egg*

ovăz, -uri (n) *oats*

ovine (f pl) *sheep*

P

pace (f) *peace*

pagină, pagini (f) *page*

pagubă, pagube (f) *loss*

pai, paie (n) *straw*

paisprezece (num) *fourteen*

palmă, -e (f) *palm*

pamflet, -e (n) *pamphlet*

pantalon, -i (m) *pants*

pantof, -i (m) *shoe*

papuc, -i (ni) *slipper*

parc, -uri (n) *park*

parcă (adv) *it seems, probably*

parizian (m, adj) *Parisian*

parol (interj) *really!*

parte, părţi (f) *parr, side*

a participa, particip (vi) *to participate*

particular (adj) *private, personal*

particularitate, particularităţi (f) *peculiarity, charac-teristic*

partid, -e (n) *(political) party*

pas, paşi (in) *step*

pasăre, păsări (f) *bird, fowl*

paşnic (adj) *peaceful*

paşti (f pl) *Easter;* la paştilc cailor *never*

pat, -uri (n) *bed*

patrie, -i (f) *fatherland*

patru (num) *four*

patruzeci (num) *forty*

pauză, -e (f) *pause, break*

păcat, -e (n) *sin, fault*

pădure, -i (f) *wood, forest*

pălărie, -i (f) *hat*

pământ, -uri (n) *earth, ground*

păpuşă, -i (f) *doll*

păr, peri (m) *hair*

a părăsi, -esc (vt) *to leave, abandon*

a părea, par (vi) *to seem, appear*

părere, -i (f) *opinion, suggestion*

părinte, părinţi (m) *parent, priest*

părtaş, -i (m) *participant, supporter*

păstor, -i (m) *shepherd*

a păstori, -esc (vt, vi) *to graze, herd (sheep)*

a păstra, -ez (vt) *to keep, preserve*

a păşi, -esc (vi) *to step*

păşune, -i (f) *pasture*

a pătrunde, pătrund (vt) *to penetrate, pierce*

a păţi, -esc (vt) *to endure, undergo*

pătimaş (adj) *ardent, fervent, passionate*

pâine, -i (f) *bread*

a pâlpâi, pâlpâi (vi) *to flicker*

până (prep) *until, up to*

pândă, -e (f) *watch, ambush*

pântece, pântece (n) *abdomen* (fig) *heart*

pânză, -e (f) *cotton cloth, sail*

pârtie, -i (f) *ski run*

pe (prep) *on, during*

pedagogie, -i (f) *pedagogy, teaching*

pedeapsă, -e (f) *penalty, punishment*

peisaj, -e (n) *landscape, scenery*

a pendula, -ez (vi) *to swing*

peniţă, -e (f) *little feather, quill*

pensie, -i (f) *pension*

pentru (prep) *for*

pereche, -i (f) *pair, couple*

perete, pereţi (m) *wall*

perfecţiune, -i (f) *perfection*

a perfora, -ez (vt) *to perforate*

pericol, -e (n) *danger*

peripeţie, -i (f) *adventure, series of events*

a permite, permit (vt) *to permit, allow*

peron, -e (n) *(railway) platform*

persoană, -e (n) *person*

personal (adj) *personal, local train*

peste (prep) *over, across, after*

peşteră, -i (f) *cavern, cave*

petit (n) *8 point type*

a petrece, petrec (vt) *to spend (time), to party*

petrecere, -i (f) *diversion, party*

petrol (n) *oil*

piatră, pietre (f) *rock*

picior, picioare (n) *foot*

piedică, piedici (f) *obstacle*

piele, piei (f) *skin, hide*

piept, -uri (n) *chest, breast;* a ţine piept *to resist*

a pierde, pierd (vt) *to lose, miss*

pierdere, -i (f) *loss*

a pieri, pier (vi) *to die, perish*

piersic, -i (m) *peach tree*

piesă, -e (f) *play; part (machine)*

pieton, -i (m) *pedestrian*

pilaf, -uri (n) *rice dish with meat*

pildă, -e (f) *model, example*

piper, -i (m) *pepper*

pisică, -i (f) *cat*

pistol, pistoale (n) *pistol*

pitoresc (adj) *picturesque, colorful*

plajă, -e (f) *beach;* a face plajă *to sunbathe*

plan, -uri (n) *plan;* prim plan *foreground*

planetă, -e (f) *planet*

a planifica, planific (vt) *to plan (economic)*

plată, plăţi (f) *payment, pay*

plăcere, -i (f) *pleasure, delight*

a plăcea, plac (vi) *to please, to like*

plapumă, -i (f) *guilt*

a plăti, -esc (vt) *to pay*

plăvan -i (m) *ox;* (adj) *grey, buff (of animals)*

a plânge, plâng (vi) to cry; (refl) *to complain*

a pleca, plec (vt) *to leave; bow, bend*

plecare, -i (f) *departure*

plenar (adj) *plenary*

plenară, -e (f) *plenary meeting*

a se plimba (vt refl) *to walk, promenade*

plimbare, i (f) *promenade, walk*

plin (adj) *full*

ploaie, ploi (f) *rain*

poartă, porţi (f) *gate*

pod, -uri (n) *bridge*

podiş, -uri (n) *plateau, little bridge*

poezie, -i (f) *poem, poetry*

poftă, -e (f) *appetite, wish*

a pofti, -esc (vt) *to wish, invite, dare;* poftim! (interj) *Please!, Here you are!* poftim? *What?*

politeţe, -uri (f) *politeness*

politicos (adj) *polite*

poliţie, -i (f) *police*

pom, -i (m) *tree*

a pomeni, -esc (vt) *to mention*

a ponegri, -esc (vt) *to backbite, defile*

popă, -i (m) *priest*

popor, popoare (n) *people, nation*

popular (adj) *of the people, popular*

a porni, -esc (vi) *to set off, start*

port, -uri (n) *carrying, port, native dress, costume, harbor*

portărel, -i (m) *bailiff*

porumb, -i (m) *corn (maize)*

posmag, -i (m) *dry bread, crumbs*

postpus (adj) *posrposed*

potrivit (adj) *fitting, matching*

poveste, poveşti (f) *story*

a povesti, -esc (vt) *to tell, relate*

poză, -e (f) *pose, snapshot*

poziţie, -i (f) *position*

pradă, prăzi (f) *plunder, animal food*

prăjitură, -i (f) *pastry, cookies*

a prăpădi, -esc (vt) *to destroy, kill*

prăpădit (adj) *dilapidated, wretched*

prânz, -uri (n) *dinner*

prâslea (m) *youngest son*

prea (adv) *too*

precauţie, -i (f) *precaution*

precedent, -e (n) *precedent* (adj) *previous*

a precipita, precipit (vt) *to hurry, precipitate*

precis (adj) *precise*

precocitate, precocități (f) *precociousness*

precupeț, -i (m) *petty trader, vendor*

a preda, predau (vt) *to hand over, teach*

a prefera, prefer (vt) *to prefer*

preferință, -e (f) *preference*

a pregăti, -esc (vt) *to prepare*

prejudiciu, -i (n) *prejudice, harm*

a prelua, preíau (vt) *to take over*

prelung (adj) *oblong, prolonged*

a prelungi, -esc (vt) *to prolong*

preot, preoți (m) *priest*

presă, -e (f) *press*

prestigiu, -i (n) *prestige, fame*

a presupune, presupun (vt) *to take for granted, pre-suppose*

președinte, președinți (m) *president*

pretenție, -i (f) *pretension*

a pretinde, pretind (vt) *to claim, insist*

pretutindeni (adv) *everywhere*

preț, -uri (n) *price*

a prevedea, prevăd (vt) *to foresee*

a prezenta, prezint (vt) *to introduce, present, show*

a pribegi, -esc (vi) *to wander, roam*

pribegie, -i (f) *wandering, exile*

a pricepe, pricep (vt) *to figure our, understand*

pricină, -i (f) *reason, motive*

a pricintii, -esc (vt) *to cause, produce*

pricopseală, -i (f) *gain, advantage*

prieten, -i (m) *friend*

prietenie, -i (f) *friendship*

a prii, -esc (vi) *to suit, be good for*

prim (adj) *prime, first*

primejdie, -i (f) *danger, peril*

a primi, -esc (vt) *to receive*

prin (prep) *through, by means of*

principe, -i (m) *prince*

principial (adj) *principled*

principiu, -i (n) *principle*

a prinde, prind (vt) *to catch, grasp*

printre (prep) *among*

pripit (adj) *hasty, rash*

priveliște, -i (f) *landscape, view, sight*

a privi, -esc (vt) *to look at, regard*

privință, -e (f) *respect, viewpoint*

privire, -i (f) *look, glance, view*

proaspăt (adj) *fresh*

a proba, -ez (vt) *to try (on), test*

probabil (adj) *probably*

problemă, -e (f) *problem, trouble*

a proceda, -ez (vi) *to proceed, act*

proces, -e (n) *process, case, trial*

a proclama, proclam (vt) *to proclaim*

a produce, produc (vt) *to produce*

producție, -i (f) *production*

produs, -e (n) *produce*

profit, -uri (n) *profit*

a profita, profit (vi) *to benefit (by), profit*

profitabil (adj) *profitable, advantageous*

profund (adj) *profound*

program, -e (n) *schedule, program*

proiect, -e (n) *project*

a promite, promit (vt) *to promise*

promotor, -i (m) *promoter*

a promova, -ez (vt) *to promote*

pronume, pronume (m) *pronoun*

a pronunța, pronunț (vt) *to pronounce, utter, speak*

propriu (adj) *personal, specific*

a propune, propun (vt) *to propose*

prospețime, -i (f) *freshness*

prost (adj) *ignorant, simple, dull*

prostie, -i (f) *stupidity, foolishness*

protecție, -i (f) *protection, support*

publicitate, -i (f) *publicity, advertisement*

puhoi, puhoaie (n) *torent, flood*

pui, pui (m) *chicken, offspring*

pumn, -i (m) *fist, blow*

punct, -e (n) *period, point*

a pune, pun (vt) *to place, put*

pungă, pungi (f) *purse, sack*

a pupa, pup (vt) *to kiss*

pur (adj) *pure*

a purcede, purced (vi) *to start*

a purta, port (vt) *to carry, wear*

pustiu, -uri (n) *desert*

a pustii, -esc (vt) *to empty, isolate*

puşcă, puşti (f) *rifle, gun*

a putea, pot (vt) *to be able*

putere, -i (f) *power*

puternic (adj) *strong*

puţin (adv) *little*

R

rachetă, -e (f) *racket, rocker*

radiator, -e (n) *radiator, heater*

radio, radiouri (n) *radio*

rafinat (adj) *refined*

ramă, -e (f) *frame*

ramură, -i (f) *branch*

randament, -e (n) *work capacity*

rapid (adj) *fast*

rar (adj) *rare*

raţă, -e (f) *duck*

raţiune, -i (f) *reason*

rază, -e (f) *ray, beam*

răbdare, răbdări (f) *patience*

răposat (adj) *deceased, defunct*

a răsări, răsar (vi) *to rise, appear in the sky, appear suddenly*

răscoală, -e (f) *uprising*

a răscoli, -esc (vt) *to search wildly, cause to revolt*

răsconvins (adj) *fully convinced*

a răsfoi, -esc (vt) *to leaf through*

râsmeriţă, -e (f) *revolt*

a (se) răspândi, -esc (vt refl) *to spread, diffuse*

răspândit (adj) *widespread*

a răspopi, -esc (vt) *to defrock*

a răspunde, răspund (vi) *to answer, respond*

răspundere, -i (f) *responsibility*

răspuns, -uri (n) *answer*

a răsturna, răstorn (vt) *to overturn*

a (se) rătăci, -esc (refl) *to lose one's way, wander*

rătăcire, -i (f) *madness, error*

rău, rea, răi, rele (adj) *bad*

război, războaie (n) *war*

a răzbuna, răzbun (vt) *to revenge*

răzeş, -i (m) *free peasant in feudal state*

a râde, râd (vt) *to laugh*

rând, -uri (n) *line, turn, rank*

a rândui, -esc (vt) *to put in order*

rânduială, -i (f) *ordering, disposition*

râu, râuri (n) *river*

râuleţ, -e (n) *stream*

reacţionar (adj) *reactionary*

reacţiune, -i (f) *reaction*

real (adj) *real, actual*

realitate, realităţi (f) *reality*

rebut, -uri (n) *defective product*

a recâştiga, recâştig (vt) *to regain*

reciproc (adj) *reciprocal*

reclamă, -e (f) *sign, advertisement*

a recomanda, recomand (vt) *to recommend*

a recunoaşte, recunosc (vt) *to recognize, admit*

recunoscător (adj) *grateful*

recuzită, -e (f) *stage properties*

a reda, redau (vt) to restitute, render

a redacta, -ez (vt) *to write out, edit*

a reduce, reduc (vt) *to reduce*

redus (adj) *reduced, without character*

a reface, refac (vt) *to remake, restore*

a reflecta (vt) *to reflect* (vi) *to ponder*

a reforma, -ez (vt) *to reform*

rege, -i (m) *king*

regim, -uri (n) *regime, diet*

registru, -e (n) *register*

regiune, -i (f) *region*

regulament, -e (n) *regulations*

regulă, -i (f) *rule;* în regulă *as it should be, O.K.*

relativ (adj) *relative*

relaţie, -i (f) *relation, connection*

a releva, relev (vt) *to remark, underline*

relief, -uri (n) *relief (geography)*

a remarca, remarc (vt) *to observe, notice*

a remedia, -ez (vt) *to remedy*

a remorca, remorchez (vt) *to tug, tow*

renaştere, -i (f) *renaissance, rebirth*

renumit (adj) *famous*

a renunţa, renunţ (vi) *to renounce, give up*

a reorganiza, -ez (vt) *to reorganize*

a repara, repar (vt) *to repair*

repede (adj) *fast, quick*

a (se) repezi, reped (vt) *to fling, cast* (refl) *to flee*

a repeta (vt) *to repeat*

repetent (adj) *of a student who must repeat an exam or course*

represiune, -i (f) *repression*

a reprezenta, -zint (vt) *to represent*

respect (n) *respect*

respectuos (adj) *respectful*

a respinge, resping (vt) *to refuse, reject*

a respira, respir (vi) *to breath*

responsabil (adj) *responsible*

responsabil, -i (m) *man in charge*

a restituí, restítui (vt) *to return*

resursă, -e (f) *resource*

a retrage, retrag (vt) *to pull back* (reft) *to withdraw*

a reţine, reţin (vt) *to retain, keep in mind*

reţinere, -i (f) *retention, hesitation*

reuşită, -e (f) *success*

a revărsa, revărs (vi) *to overflow*

a revedea, revăd (vt) *to see again*

a reveni, revin (vi) *to return, recover*

revistă, -e (f) *periodical, magazine, review*

a revizui, -esc (vt) *to revise, review*

rezultat, -e (n) *result, effect*

rezumat, -e (n) *resume, summary*

ridicol (adj) *ridiculous, embarassing*

rinocer, -i (m) *rhinocerous*

a risca, risc (vt) *to risk*

rol, -uri (n) *role*

roman, -e (n) *novel*

roman, -i (m) *Roman*

român, -i (m) *Romanian* (adj) *Romanian (intrinsically)*

românesc (adj) *Romanian, of Romania, Romanian-like*

rost, -uri (n) *sense, meaning, aim, justification, mission, condition, position*

a rosti, -esc (vt) *to articulate, pronounce, utter*

roşie, -i (f) *tomato*

roşu, roşie (adj) *red*

rubiniu (adj) *ruby colored*

rudă, -e (f) *relation, kin*

rudenie, -i (f) *relation(ship), kin*

rudimentar (adj) *rudimentary*

a ruga, rog (vt) *to pray, ask for*

rugă, -i (f) *prayer*

rugăciune, -i (f) *prayer, request*

rugină, -i (f) *rust*

a rupe, rup (vt) *to rip, tear*

ruşine, -i (f) *shame*

S

sac, -i (m) *bag*

salariat, salariaţi (m) *wage-earner, employee*

salată, -e (f) *salad, lettuce*

a saluta, salut (vt) *to greet, salute*

a salva, -ez (vt) *to save, rescue*

sanatoriu, -i (n) *sanatorium*

sapă, -e (f) *hoe*

sarailie, -i (f) *honey cake*

saramură, -i (f) *brine, food prepared in brine*

sarcină, -i (f) *weight, load, task, duty*

sare, săruri (f) *salt*

sarma, sarmale (f) *stuffed cabbage or grape leaves*

sat, -e (n) *village*

satiric (adj) *satirical*

a satisface, satisfac (vt) *to satisfy; content*

satisfăcător (adj) *satisfying, sufficient*

sau (conj) *or, orelse, otherwise*

să (conjunctive partide) *to, that*

sămânţă, seminţe (f) *seed*

sănătos (adj) *healthy*

săptămână, -i (f) *week*

săpun, -uri (n) *soap*

sărac (adj) *poor*

sărat (adj) *salty, salted*

sărăcie, -i (f) *poverty*

sărbătoare, sărbătóri (f) *celebration*

a sărbătorí, -esc (vt) *to celebrate*

a sări, sar (vi) *to jump, leap*

sărman (adj; *poor, needy*

a săruta, sărut (vt) *to kiss, embrace;* sărut mâna
        respectful greeting

sătean, săteni (m) *villager, peasant*

sătesc (adj) *village, rural*

a (se) sătura, satur (vt, refl) *to saturare*

a săvârşi, -esc (vt) *to commit, complete*

sâmbătă, sâmbete (f) *Saturday*

sâmbure, -i (f) *seed, pip, kernal*

sân, -i (m) *bosom, breast, chest*

sânge (n) *blood*

scandal, -uri (n) *scandal, fuss*

scară, scări (f) *ladder, scale*

scaun, -e (n) *chair, throne*

a scădea, scad (vt, vi) *to reduce, diminish*

a scăpa, scap (vi) *to escape* (vt) *drop, miss*

scenă, -e (f) *scene,* pe scenă *on the stage*

schimb, -uri (n) *change, shift*

a schimba, schimb (vt) *to change*

schiţă, -e (f) *skit, outline, sketch*

a scinda, -ez (vt) *to divide, separate*

a scoate, scot (vt) *to take out, remove*

scop, -uri (n) *goal*

a scrie, scriu (vt) *to write*

scriitor, -i (m) *writer, author*

serin, -uri (n) *chest of drawers*

scrisoare, scrisori (f) *letter*

scrisorică, scrisorele (f, dim) *little, dear letter*

a scrâşni, -esc (vi) *to gnash, grit (one's teeth)*

scufie, -i (f) *night cap, nun's cap*

a scula, scol (vt) *to awake, arouse, stand up*

a sculpta, -ez (vt) *to sculpt*

scump (adj) *expensive, dear*

a scurge, scurg (vt) *to filter, strain*

scurt (adj) *short, brief*

a scurta, -ez (vt) *to shorten*

scurtime, -i (f) *shortness, brevity*

a scuza, scuz (vt) *to excuse*

scuzabil (adj) *excusable, pardonable*

seamă, -i (f) *account, importance;* a ţine seama *to
        consider,* mai cu seamă *special*

seară, -i (f) *evening*

sec (adj) *dry*

secară (f) *rye*

secol, -e (n) *century*

secule! (interj) *stupid! (O, dry one!)*

a selecţiona, -ez (vt) *to select, sort*

semafor, -e (n) *semaphore, traffic signal*

a semăna, semăn (vi) *to resemble, look like* (vt) *to
        sow, seed*

semn, -e (n) *sign*

semnificaţie, i (f) *sense, meaning*

senil (adj) *senile*

senin (adj) *clear (of sky)*

sentiment, -e (n) *sentiment, affection*

serie, -i (f) *series, succession*

serios (adj) *serious*

seriozitate, i (f) *seriousness, sobriety*

a servi, -esc (vt, vi) *to serve*

serviciu, -i (n) *service, work, job*

servitute, -i (f) *servitude*

sesiune, -i (f) *session, exam session*

sete (f) *thirst*

sfat, -uri (n) *advice, council*

a sfătui, -esc (vt) *to advise, counsel*

sfârc, -uri (n) *nipple, teat*

a sfârşi, -esc (vt) *to finish, end*

sfârşit (n) *end, ending*

sfeclă, -e (f) *beer*

sfert, -uri (n) *quarter*

a sforăí, sfârăi (vi) *to snore*

sigur (adj) *secure, sure*

siguranţă, -e (f) *safety, security*

a sili, -esc (vt) *to force* (refl) *to hurry*

silitor (adj) *strong, industrious*

simpatic (adj) *nice, 'simpatico'*

a simplifica, simplific (vt) *to simplify*

simplu (adj) *simple, plain*

simţ, -uri (n) *sense, feeling*

a simţi, simt (vt) *to feel, sense*

simţitor (adj) *sympathetic, sensitive*

sincer (adj) *sincere*

sindicat, -e (n) *union*

singur (adj) *alone*

singuratic (adj) *alone, lonely*

sintetic (adj) *synthetic*

slab (adj) *thin, slim*

a slăbi, -esc (vt) *to weaken* (vi) *to lose weight*

slăbiciune, -i (f) *weakness, feebleness*

slobod (adj) *free*

slujnică, -e (f) *maid servant*

a smuci, -esc (vt) *to jerk*

a smulge, -s (vt) *to tear off*

soare, -i (m) *sun*

soartă, -i (f) *(ate*

sobă, -e (f) *stove (for heat)*

socoteală, -i (f) *calculation*

a socoti, -esc (vt) *to reckon, calculate*

a se solidariza, -ez (refl) *to join together in a common cause*

somn, -uri (n) *sleep*

soră, surori (f) *sister*

soţ, -i (m) *husband, spouse*

spaimă, -e (f) *dread*

a sparge, sparg (vt) *to break, crush*

spate (n) *back*

spaţiu, -i (n) *space*

a spăla, spăl (vt) *to wash*

a spânzura, spânzur (vt) *to hang, kill by hanging*

spânzurătoare, -i (f) *gallows*

a sc specializa, -ez (refl) *to specialize*

specific (adj) *specific, distinctive*

specimen, -e (n) *specimen, sample*

spectacol, -e (n) *spectacle, performance*

speculă, -e (f) *speculation*

a spera, sper (vt) *to hope*

a speria, sperii (vt) *to frighten*

spinare, spinări (f) *back, spine*

spion, -i (m) *spy*

spirit, -e (n) *mind, spirit*

spiritual (adj) *mental, clever*

spirt, -uri (n) *spirits, alcohol*

spirtieră, -e (f) *alcohol lamp, camp stove*

splendoare, splendori (f) *splendor*

spontan (adj) *spontaneous*

a spori, -esc (vt vi) *to grow, bloom*

sportiv (adj) *of sport*

sprânceană, sptâncene (f) *eyebrow*

spre (prep) *toward*

sprijin, -e (n) *help, support*

a spune, spun (vt) *to say*

a sta, stau (vi) *to stand, stay*

a stabili, -esc (si) *to establish, stabilize*

stadiu, -i (n) *stage*

stagiune, -i (f) *season, staging*

stare, stări (f) *state, situation*

a statornici, -esc (vt) *to establish, place*

statuie, statui (f) *statue*

staţie, -i (f) *bus, trolley stop;* staţie de benzină *gas station*

a staţiona, -ez (vt) *to station, park*

staţionare, staţionări (f) *parking*

a stăpâni, -esc (vt) *to dominate, master,* (refl.) *make calm*

a stăruí, stărui (vi) *to insist, persist*

stâng (adj) *left*

a stârni, -esc (vt) *to stir up, disturb*

stea, stele (f) *star*

steag, -uri (n) *flag*

stepă, -e (f) *steppe*

stil, -uri (n) *style, manner*

stilou, stilouri (n) *fountain pen*

stimat (adj) *esteemed, respected*

a stinge, sting (vt) *to put out, extinguish*

a stoarce, storc (vt) *to squeeze, wring*

stofă, -e (f) *material, cloth*

stradă, străzi (f) *Street*

strat, -uri (n) *layer, stratum*

a străbate, străbat (vt) *to pass through*

străbun, -i (m) *ancestor* (adj) *ancestrial*

a se strădui, -esc (refl) *to strive*

străin, -i (m) *foreign* (adj) *foreign, stranger*

a străluci, -esc (vi) *to shine, sparkle*

strămoş, -i (m) *ancestor*

străveche (adj) *ancient*

a strânge, strâng (vt) *to squeeze, gather*

stâmt (adj) *narrow, restricted*

a strica, stric (vt) *to damage, ruin, corrupt*

a striga, strig (vt) *to shout, cry out*

strigăt, -e (n) *shout, cry*

strigoi, strigoi (m) *ghost*

structură, -i (f) *structure*

strugure, -i (m) *grape*

student, studenţi (m) *student*

studentă, -e (f) *student*

studiu, -i (n) *study, essay*

sub (prep) *under*

subiect, -e (n) *subject, topic*

a substitui substitui (vt) *to substitute*

substrat, -uri (n) *substratum*

suc, -uri (n) *soft drink, juice*

succes, -e (n) *success*

sud (n) *south*

a suferi, sufăr (vt) *to put up with* (vi) *to suffer*

a sufla, suflu (vt) *to blow* (vi) *to expire*

suflet, -e (n) *soul, spirit*

sufletesc (adj) *spiritual*

sufragerie, -i (f) *dining room*

sufragiu, -i (n) *suffrage*

a suge, sug (vt) *to suck*

a (se) suí, súi (vt, vi) *to climb, mount* (refl) *to rise*

sul, -uri (n) *roll, cylinder*

sumar (adj) *summary, succinct, brief*

sumedenie, -i (f) *large quantity*

a suna, sun (vi) *to sound, ring*

a supăra, supăr (vt) *to anger, bother*

suprafaţă, suprafeţe (f) *surface*

suprapreţ, -uri (n) *extra high price*

a suprima, suprim (vt) *to eliminate*

a (se) supune, supun (vt) *to conquer, tame* (refl) *to submit*

surd (adj) *deaf*

surâzător (adj) *smiling*

a surprinde, surprind (vt) *to surprise*

surpriză, -e (f) *surprise*

sus (adv) *up, upward*

susţinător, -i (m) *upholder, supporter, fan*

a susţine, susţin (vt) *to maintain, support*

sută, -e (f) *hundred*

Ş

şa, şei (f) *saddle*

şaizeci (şasezeci) (num) *sixty*

şapte (num) *seven*

şaptezeci (num) *seventy*

a şarja, -ez (vt) *to charge* (vi) *to lampoon*

şarpe, şerpi (m) *snake, serpent*

şase (num) *six*

şcoală, şcoli (f) *school*

a şedea, şed (vi) *to be seated, sit*

şedinţă, -e (f) *meeting*

şef, -i (m) / şefă, -e (f) *chief, head*

şes, -uri (n) *field, plain* (adj) *level, flat*

şi (conj) *and*

şir, -uri (n) *series, set*

şiretenie, -i (f) *slyness, cunning*

a şlefuí, -esc (vt) *to grind, polish*

şoarece, -i (m) *mouse*

şofer, -i (m) *driver*

a şoptí, -esc (vt) *to whisper*

şosea, şosele (f) *highway*

a ştampila, -ez (vt) *to stump*

a şterge, şterg (vt) *to wipe, dean, erase*

a şti, -ut (vt) *to know*

ştire, -i (f) *piece of news, knowledge*

ştrand, -uri (n) *beach, swimming pool*

ştrengar, -i (m) *prankster*

a se şubrezi, -esc (refl) *to become weak*

a şuiera, şuier (vi) *to whistle*

T

tablou, -ri (n) *picture, painting*

tare (adj) *heavy, tough, aloud*

tată, taţi (in) *father*

tăciune, -i (in) *ember*

a tăgăduí, -esc (vt) *to deny, negate*

a tăia, tai (vt) *to cut*

tămbălău (n) *ado, fuss*

tărie, -i (f) *force, strength*

tărâm, -uri (n) *realm, region*

tăticu (m, dim) *daddy*

tânăr, tineri (adj) *young*

târg, -uri (n) *townlet, borough*

târgoveţ, -i (m) *townsman*

a târguí, -esc (vt) *to bargain for, buy*

târguşor (n) *small market*

târziu (adj) *late*

teamă (f) *fear*

teatru, -e (n) *theatre*

tehnicism (n) *over-reliance on technology*

telefon, telefoane (n) *telephone, call*

a telefona, -ez (vi) *to telephone*

temă, -e (f) *theme, homework*

a se teme, tem (refl) *to be afraid*

temei, -uri (n) *basis*

tendinţă, -e (f) *tendency*

teren, -uri (n) *terrain, place for activity*

teritoriu, teritorii (n) *territory*

termen, -e (n) *term, condition*

termen, -i (m) *term, expression*

text, -e (n) *text*

tigru, -i (m) *tiger*

a timbra, -ez (vt) *to stamp, put a stamp on*

timp, -uri (n) *time*

timpuriu (adj) *early*

tip, -i (m) *individual*

tip, -uri (n) *type, kind*

tipărire, -i (f) *printing*

tipăritură, -i (f) *printed work*

tipograf, -i (m) *printer*

tiranic (adj) *tyranical*

tiranie, -i (f) *tyranny*

titlu, -uri (n) *title, caption*

tobă, -e (f) *drum*

tocmai (adv) *exactly, just*

tocmeală, tocmeli (f) *bargaining*

toi, -uri (n) *high point*

ton, -uri (n) *tone*

tort, -uri (n) *cake*

tot (adv) *still, also, exactly*

tot, toate (adj, pron) *all, entirely*

total, -uri (n) *total* (adj) *complete, fully*

a totaliza, -ez (vt) *to add up, total*

totdeauna (adv) *(see* întotdeauna*)*

totodată (adv) *at the same time*

totuşi (conj) *inspire of*

tovarăş, -1 (m) *comrade, companion*

tovarăşă, -e (f) *comrade, companion*

traducere, -i (f) *translation*

a trage, trag (vt) *to pull, haul;* a trage un tighel *to rebuke*

trai, traiuri (n) *life, existence*

trainic (adj) *lasting, solid*

a transcrie, transcriu (vt) *to transcribe, copy*

a transforma, transform (vt) *to transform, change*

a transmite, transmit (vt) *to transmit, send*

a transpune, transpun (vt) *to transpose*

tranziție, -i (f) *transition*

a trata, -ez (vt) *to treat*

tratament, -e (n) *treatment*

a traversa, -ez (vt) *to traverse, cross*

a trăi, -esc (vi) *to live, reside*

trăsătură, -i (f) *characteristic, feature*

trăsnit (adj) *thunderstruck, strange*

trăsură, -i (f) *carriage, coach*

trândav (adj) *lazy, slow*

trântor, -i (ni) *drone, lazy bum*

treabă, treburi (f) *occupation, task, thing*

treaptă, trepte (f) *step, stage*

a trebuí, trébuie (vi) *need, must*

trecător (adj) *temporary, passing*

a trece, trec (vi) *to pass*

trei (num) *three*

treisprezece (num) *thirteen*

a tremura, tremur (vi) *to tremble, shake with...*

tren, -uri (n) *train*

treptat (adj) *gradual, transitional*

a trezi, -esc (vt) *to awake, sober up*

tribut, -uri (n) *tribute, tax*

trifoi (m) *clover*

a trimite, trimit (vt) *to send*

triplu (adj) *triple*

trist (adj) *sad*

tristețe, -i (f) *sadness*

trofeu, trofee (n) *trophy*

rrup, -uri (n) *body*

tulpan, -e (n) *muslin cap, muslin*

tun, -uri (n) *cannon*

a tunde, tund (vt) *to trim, cut hair;* tuns și ras *hair cut and shave*

tura-vura *and so on, blah blah*

turmă, -e (f) *flock, herd*

turmentat (adj) *drunk*

turn, -uri (n) *tower*

tutun, -uri (n) *tobacco*

T

țară, țări (f) *land, country, countryside*

țăran, -i (m) *peasant*

țărănime, -i (f) *peasantry*

a țese, țes (vt) *to weave*

țesut, țesături (n) *tissue, texture*

țigan, -i (m) *Gypsy*

țigară, țigări (f) *cigarette*

a ține, țin (vt) to hold; ține minte! *retain, remember!;* a ține la cineva *to care for someone*

ținut, -uri (n) *area, region*

a țipa, țip (vi) *to scream*

țipăt, țipete (n) *cry, scream*

țuică, -i (f) *Romanian plum brandy*

U

a ucide, ucid (vt) *to murder*

ucigaș, -i (m) *murderer*

a uda, ud (vt) *to wet*

a uimí, -esc (vt) *to surprise, impress*

uimire (f) *astonishment*

a (se) uita, uit (vt) *to forget* (refl) *to look*

uite (interj) *look! (shortened form of* uită-te!)

ulei, -uri (n) *oil*

uliță, -e (f) *lane, narrow street*

ulterior (adj) *later, subsequent*

ultim (adj) *last*

uman (adj) *human*

umăr, umeri (m) *shoulder*

umbră, -e (f) *shadow, shade*

a umfla, umflu (vt) *to fill, ridicule*

umil (adj) *humble, lowly*

a umili, -esc (vt) *to humble*

una (num) *one*

unanim (adj) *unanimous*

unchi, unchi (m) *uncle*

unde? (adv) *where?*

undeva (adv) *somewhere*

uneori (adv) *sometimes*

a uni, -esc (vt) *to unite, link*

unic (adj) *unique*

unificare, unificări (f) *unification*

unitar (adj) *unitary*

unitare, unităţi (f) *unit*

universitate, universităţi (f) *university*

unsprezece (num) *eleven*

unt (n) *butter*

untură (f) *fat, grease*

a ura, -ez (vt) to wish, congratulate

urare, urări (f) *good wish, congratulation*

urâciune, -i (f) *ugliness*

urât (adj) *ugly*

a (se) urca (vt, refl) *to climb*

urcare, urcări (f) *climbing, ascent*

ureche, -i (f) *ear*

urgenţă, -e (f) *urgency, emergency*

uriaş, -i (ni) *giant* (adj) *colossal, gigantic*

a urî, urăsc (vt) *to hate, detest*

a urma, -ez (vt, vi) *to follow, come after*

urmare, urmări (f) *following, effect, result*

urmaş, -i (m) successor, inheritor

urmă, -e (f) *trace, clue*

a urmări, -esc (vt) *to follow, pursue*

următor (adj) *following, next*

a usca, ustic (vt) *to dry*

usturoi (m) *garlic*

uşă, -i (f) *door*

uşor (adj) *light, easy*

util (adj) *useful, utile*

a utiliza, -ez (vt) *to utilize, use*

uz, -uri (n) *use*

uzină, -e (f) *factory, plant*

V

vacanţă, -e (f) *vacation*

vacă, -i (f) *cow*

vagon, vagoane (n) *(train) car*

vai! (interj) *woe, oh, ouch!;* vai de mine! *poor me!*

val, -uri (n) *wave*

vale, văi (f) *valley*

valiză, -e (f) *suitcase*

valoare, valori (f) *value*

vanílie (f) *vanilla*

vapor, vapoare (n) *ship, boat*

vaporaş, -e (n) *little ship*

vară, veri (f) *summer*

variat (adj) *varied, various*

vădit (adj) *obvious, dear*

văduv, -i (m) *widower*

văduvă, -e (f) *widow*

a văduvi, -esc (vt) *to widow, deprive*

văr, veri (m) *cousin*

vară, vere (f) *cousin*

a vărsa, vărs (vt) *to spill, throw out*

a vâna, -ez (vt) *to hunt, chase*

vânt, -uri (n) *wind*

vânzător, -i (m) *salesclerk*

vânzătoare, vânzătoare (f) *salesclerk*

vârf, -uri (n) *apex, summit;* în vârful degetelor *on tiptoe*

a vârî, vâr (vt) *to put in, insert*

vârstă, -e (f) *age*

vârstnic (adj) *older*

veac, -uri (n) *century, age*

vechi (adj) *old (of things)*

vechime (f) *oldness, seniority, years of service*

vecin, -i (m) *neighbor* (adj) *neighboring*

vecinătate, vecinătăţi (f) *neighborhood*

a vedea, văd (vt) *to see*

vedere, -i (f) *view, vision, sight*

veleitate, veleităţi (f) *unjustified ambition, pretension*

a veni, vin (vi) *to come*

verde (adj) *green*

vesel (adj) *gay, joyful*

vestă, -e (f) *vest*

vestigiu, -i (n) *vestige, remains*

vestit (adj) *renowned*

veşnic (adj) *eternal, permanent*

viață, vieți (f) *life*

viciu, vicii (n) *vice*

vigoare, vigori (f) *vigor*

vilegiatură, -i (f) *rest, leave*

vin, -uri (n) *wine*

vină, -i (f) *fault, gliile*

a vinde, vând (vi) *to sell*

vineri (f) *Friday*

vinovat (adj) *guilty*

vioară, viori (f) *violin*

virtuos (adj) *virtuous*

virtute, virtuți (f) *virtue*

a visa, -ez (vt) *to dream*

viteaz (adj) *brave*

viteză, -e (f) *speed, velocity*

vitriol, -uri (n) *sulfuric acid*

vițel, viței (m) *calf, veal*

viu, vie, vii (adj) *alive*

a viza, -ez (vt) *to stamp, issue a visa, aim at, hint at*

a vizita, -ez (vt) *to visit*

vizitator, -i (m) *visitor, caller*

vizită, -e (f) *visit*

vizitiu, -i (m) *(horse) cab driver*

vicleșug, -uri (n) *treachery, hypocrisy*

vóie, vói (f) *permission, will*

voievod, voievozi (m) *leader (history)*

voință, -e (f) *will, desire*

vorbă, -e (f) *talk, speech*

a vorbi, -esc (vi) *to talk, converse*

vorbire, -i (f) *speech*

vrajbă, -e (f) *discord, enmity*

vrăjmaș (adj) *hostile, inimical*

a vrea, vreau (vt) *to want, desire*

vreme, -uri (f) *rime, weather*

vreo (w/ numbers) *approximately*

vreun, vreo (adj) *some kind of*

Z

zadar (n) *inutility;* în zadar *in vain.*

zahăr (n) *sugar*

zarzavat, -uri (n) *vegetable*

zăpadă, zăpezi (f) *snow*

a (se) zăpăci, -esc (vt, refl) *to perplex, confuse*

a zări, -esc (vt) *to perceive, catch sight of*

zău? (interj) *really?, so?*

zâmbet, -e (n) *smile*

a zâmbi, -esc (vi) *to smile*

a zbura, zbor (vi) *to fly, glide*

zdravăn (adj) *sturdy, vigorous*

a se zdrențui, -esc (refl) *to be frayed, worn*

a zdrobi, -esc (vt) *to crush, destroy*

zece (num) *ten*

a zeflemisi, -esc (vt) *to mock, sneer*

zeiță, -e (f) *goddess*

zeu, -i (m) *god*

a zgâria, zgârii (vt) *to scratch*

zgomot, -e (n) *noise*

zgomotos (adj) *noisy*

zi, ziuă, zile (f) *day*

ziar, -e (n) *newspaper*

a zice, zic (vt) *to say*

a zidi, -esc (vt) *to build a wall*

zor (n) *haste, speed*

zori (m pl) *dawn*

a zugrăvi, -esc (vt) *to paint*

HISTRIA

BOOKS

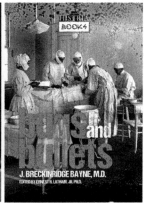

GAUDIUM

Addison & Highsmith

VITA HISTRIA

HISTRIABOOKS.COM

Printed by Printforce, United Kingdom